Study on Capital Regulation in Banking—From a Risk-based Perspective

基于风险视角的

商业银行资本监管研究

■ 杨新兰 著

厦门大学出版社　国家一级出版社
XIAMEN UNIVERSITY PRESS　全国百佳图书出版单位

图书在版编目(CIP)数据

基于风险视角的商业银行资本监管研究/杨新兰著.—厦门:厦门大学出版社,
2018.10
ISBN 978-7-5615-7080-7

Ⅰ.①基…　Ⅱ.①杨…　Ⅲ.①商业银行—银行监管—研究—中国　Ⅳ.①F832.33

中国版本图书馆 CIP 数据核字(2018)第 198720 号

出 版 人	郑文礼
责任编辑	吴兴友
封面设计	张雨秋
技术编辑	朱 楷

出版发行　厦门大学出版社

社　　址	厦门市软件园二期望海路 39 号
邮政编码	361008
总 编 办	0592-2182177　0592-2181406(传真)
营销中心	0592-2184458　0592-2181365
网　　址	http://www.xmupress.com
邮　　箱	xmup@xmupress.com
印　　刷	厦门市万美兴印刷设计有限公司

开本	720 mm×1 000 mm　1/16
印张	16.5
插页	2
字数	237 千字
版次	2018 年 10 月第 1 版
印次	2018 年 10 月第 1 次印刷
定价	58.00 元

厦门大学出版社
微信二维码

厦门大学出版社
微博二维码

本书如有印装质量问题请直接寄承印厂调换

摘　要

资本是企业承担业务经营风险和带来剩余价值的价值,商业银行资本具有承担风险、吸收损失、抵御意外冲击及保障存款人利益的特殊作用,为此资本监管成为全球银行业审慎监管的核心。由美国次贷危机演变成的全球金融危机表明,银行资本监管在维护宏微观金融体系稳健性方面极端重要,但也突显出资本监管的"顺周期性""不完备性"和"监管套利"问题,在此以后的资本监管制度改革的范围和力度之大史无前例。如何加强和改进商业银行资本监管以降低金融体系风险日益成为监管当局和学术界关注的焦点。

确立合理有效、动态适度的资本监管标准是实现有效资本监管的前提。本书由此出发,在评析现有资本监管理论不足的基础上,基于风险的视角,提出我国监管当局应随时关注银行愿意承担的风险水平的变化,分析其成因和影响,实施动态的资本监管。而银行愿意承担的风险水平的变化,是银行与储蓄者、银行与借款人、银行与银行、银行与政府之间的博弈以及受经济周期的影响所共同决定的,以此初步构建了一个动态有效的资本监管的理论分析范式。进一步探讨了全球资本监管大变革的背景下,我国银行业风险演变中的资本监管改进方向,认为现代商业银行资本监管演进将呈现新的特征,即从微观审慎监管转变为宏微观审慎监管并举,从传统风险监管转变为并表监管,从规则导向的监管转变为激励相容,以及强化系统重要性银行监管和内部资本充足评估。接下来,本书从宏微观两个维度出发,分别选取当前宏观审慎监管领域的两个研究难点——资本套利和逆周期资本监管问题,以及微观审慎监管领域的两个研究难点——资本对银行风险承担行为的影响和最适资本充足率问题,分别展开论证或实证检验,力求在资本监管研究难点领域取得一些突破。

监管资本套利一直影响着资本监管制度的实施效果。本书探讨了监管资本套利的一般模式和我国的套利渠道以及正负效应。本书认为监管资本标准若不能反映银行面临的真实风险,就会被监管资本套利活动逐渐扭曲。资本套利的负外部性增大了监管追踪的难度,影响了金融市场秩序,增加了系统性金融风险水平,削弱了资本监管的有效性,加大了社会融资成本。本书针对负外部性和系统性金融风险防控提出了七项监管措施。逆周期资本监管问题一直备受关注,但大多数国家仍在实践中,我国尚未启动。本书借鉴巴塞尔委员会推荐的模型,对我国广义信贷余额/GDP、修正后的社会融资余额/GDP 作为逆周期资本缓冲指标的适用性进行了检验,认为二者测度的逆周期资本缓冲计提结果基本一致,具有一定的适用性,但需要结合狭义信贷增长、宏观经济景气"一致性"指数等来审慎确定资本缓冲的计提时点。关于资本监管制度约束下对商业银行资本与风险调整行为的影响问题,一直为理论界与业界所关注。本书基于 16 家上市商业银行的最新数据,对我国上市银行在不同时期、不同监管资本压力下的资本变动与风险变动之间的动态关系进行了实证研究。结果发现,在2004 年 6 月至 2009 年底期间,资本监管的实施促使资本不足的银行大幅度提高资本充足率水平的作用尚不明显。2010 年以来,随着资本监管"硬约束"以及配套的激励惩罚措施的落实,资本监管产生了显著效果,但对银行的风险行为约束作用尚未达到预期,需要充分考虑不同时期、不同银行对资本监管制度的敏感性差异而实施差异化、动态的资本监管。资本监管制度约束下,商业银行是否存在一个最适的资本缓冲水平或资本充足率?本书运用存货管理中的(s,S)策略,利用 46 家商业银行数据,研究检验资本监管约束下的各类银行最适资本缓冲,发现模型对股份制银行的资本配置行为模拟最佳,且地方中小银行的整体资本缓冲水平不尽合理,这些实证发现使研究具有特殊的实用价值。最后,本书基于研究结论提出了相应政策建议。

关键词:商业银行;资本监管;风险管理;监管套利;逆周期资本

Abstract

Capital is the contract that corporations undertake operational risks and gain residual interests.Capital of commercial banks plays an important role in assuming risks, absorbing losses, surviving unexpected attacks and guaranteeing depositors' interest.Therefore, capital regulation is the core of prudential regulation in global banking industry.The financial crisis evolved from American subprime crisis further demonstrates the significance of capital regulation in maintaining the stability of macro and micro financial system and also illustrates "pro-cyclicality", "non-completeness" and "regulation arbitrage" problem of capital regulation.The coming capital regulation reform can be so widespread and extensive, thus how to strengthen and improve capital regulation of commercial banks to lower the risk of financial system is increasingly becoming the focus of the authority and the academia in China.

Establishing reasonable and effective, dynamic and adequate capital requirement is the foundation of realizing effective capital regulation.Based on this philosophy, this book starts with the banks' risk adjustment and proposes that the authority should keep up with the changes of risk levels banks are willing to take, analyze its causes and influences and conduct dynamic and scientific capital regulation. The changes of risk levels banks are willing to take is determined by the game played between banks and depositors, banks and borrowers, banks and banks, banks and governments and co-determined by the macroeconomic cycle. This book initially establishes an dynamic and effective capital supervisory framework from a perspective of risk based on in-depth analysis. It further investigates the background of global capital regulatory system reform, the development and improvement of capital regulatory system in the evolution of financial risk and effective capital regulatory instruments. It illustrates that the evolution of capital regulation of modern commercial banks presents new characteristics: from micro-prudential supervision to macro-micro-prudential supervision, from traditional risk management to consolidated supervision, from rule-based to incentive-compatible and strengthened supervision of systematically important banks and "ICAAP". Then this study starts with macro and micro-regulation and chooses two research challenges respectively. For macro-prudential supervision, this book analyzes countercyclical capital regulation and capital arbitrage problem; for micro-prudential supervision, this book analyzes the influence of capital on risk-taking behaviors and optimal capital adequacy ratios. This book conducts both theoretical and empirical study and strives to make some contribution in these research difficulties.

The implementation effect of capital regulation is greatly influenced by regulatory capital arbitrage. Combined with China's current situation, this book studies general patterns of regulatory capital arbitrage, domestic channels of arbitrage and its positive and negative externalities. It concludes that if regulatory capital standards can't converge to real economic risk, it will be distorted by growing regulatory capital arbitrage methods. Negative externalities of capital arbitrage make it more difficult to track supervision, disrupt financial market discipline, increase systematic market risk, weaken capital regulation's effectiveness and increase social cost. This dissertation demonstrates seven supervision measures aimed at reducing negative externalities and systemic risk.

Countercyclical capital regulation has always attracted extensive attention but is still in practice in many countries and China has yet to start. Referring to the Basel Committee model, this book uses gross credit/ GDP, revised total social financing/GDP as countercyclical capital buffer indicators and tests their feasibilities. It finds that the above two indicators have certain applicability but should be combined with credit growth and macro-economic climate "consistency" index to carefully determine the time to set aside capital buffer.

The influence of capital regulation system on capital and risk-adjustment behavior of commercial banks has always been the focus in both academic and practical world. This book conducts empirical study on the dynamic relationship between changes of capital levels and risk levels based on panel data of 16 listed commercial banks in different periods. The results show that it is not obvious that the implementation of capital regulation has effectively promoted under-capitalized banks to significantly raise their capital adequacy ratios from June, 2004 to December, 2009. However, with the implementation of hard constraints of capital regulation and the supporting incentive and punitive measures, capital regulation has played its role effectively since 2010 although its binding effect on banks' risk behaviors is far from expected. Therefore, we must fully consider these sensitive differences of different banks during different periods and orderly implement differentiation regulation.

Does it exist an optimal capital buffer level or capital adequacy ratio under capital regulation system? Using strategy in inventory management from sample of 46 domestic banks, this book analyzes and tests optimal capital buffer for different banks under capital regulation system. It finds that models best simulates allocation behaviors of share-holding banks' capital levels. It also finds that small and medium banks have unreasonable capital buffer levels. Hopefully, these empirical findings will add specific practical value to this study.

Finally, this book proposed several policy suggestions for an effective capital supervisory framework in China.

Key Words: Commercial banks; Capital regulation; Risk management; Regulatory arbitrage; Countercyclical capital buffer

序

　　市场失灵情况下对银行实施资本充足率监管有助于维护公众利益,银行体系的内在脆弱性需要资本监管来防控,银行业的转型发展亦需要资本监管来激励。为此,资本监管成为全球银行业审慎监管的核心。由2008年美国次贷危机演变成的全球金融危机暴露了原巴塞尔资本协议的缺陷与不足,掀起了银行资本监管的反思与变革,催生了第三版巴塞尔资本协议及后续改革方案,但是如何解决资本监管的"不完备性""顺周期性"和套利问题,提高资本监管的有效性,一直是各国监管当局和学者的关注焦点。2017年全国金融工作会议提出"强化监管""把主动防范化解系统性金融风险放在更加重要的位置";十九大报告指出,要"健全金融监管体系,守住不发生系统性金融风险的底线"。在当前"强监管、防风险、守底线、促转型"的大背景下,本书从宏微观两个维度出发,选取当前的研究重点和难点——资本套利、逆周期资本监管和资本对银行风险承担行为的影响以及最适资本充足率问题,深入开展研究论证,对推动完善我国宏微观一体化的商业银行资本监管框架具有重要意义。

　　商业银行高杠杆率的风险特性决定了资本监管的特殊视角。杨新兰博士作为一名金融监管者,注重将学术研究与监管实践有机结合起来,从防范控制我国银行业系统性金融风险的监管视角,探讨国际银行业资本监管改革背景下,我国银行资本监管的政策制度和方法技术的改进逻辑及宏微观资本监管领域的难题,这些研究具有较高的理论价值和实践指导作用。

现有资本监管理论大多数从银行体系的不稳定性和市场失灵出发,聚焦于"为何监管",而鲜见从风险视角、聚焦于"如何监管"的规范分析。商业银行在不同时期、不同发展阶段将面临不同的风险类型及偏好,风险水平和管理能力不同,潜在的系统性金融风险亦不同。杨新兰博士通过经济模型分析,创新提出了资本监管的"风险调整"标准,即监管当局应当根据银行风险承担水平的变化动态适度地监管,而银行愿意承担的风险水平的变化,是银行与其利益相关者(储蓄者、借款人、银行、政府)之间的博弈以及受宏观经济周期的影响所共同决定的。本书初步建立了基于风险视角的资本监管理论分析范式,一定程度上填补了资本监管的理论空白。

杨新兰博士勇于创新突破,利用定量方法开展了大量应用研究,研究方法较为丰富和规范。比如,在描述银行与储蓄者二者博弈均衡时,对李稻葵(2003)提出的自由放任情况下银行与储蓄者博弈模型进行改进,提出银行风险水平的有效区域的概念;在描述宏观经济周期对银行风险水平影响时进一步运用这个概念,阐述在这个有效区域内银行尽可能地提高风险水平以获取最大收益。又如,商业银行为维护其特许经营价值,需要维持一定的资本缓冲,然而维持过高的资本缓冲又会影响其盈利能力,由此产生一个值得深思的问题——是否存在一个最适的资本缓冲或资本充足率呢?现有的诸多研究将银行资本水平作为外生变量,重点分析资产风险配置与决策行为,这些研究并未充分地解释银行实际资本水平的选择。杨新兰博士在第八章对银行最适资本充足率研究中,借鉴存货管理中的(s,S)策略,将银行资本视为存货,考虑资本监管约束及资本募集成本因素,来检验银行在该策略下的最优资本缓冲水平,经与实际资本缓冲水平比较,研究不同类型银行之间资本充足率水平不同的原因,以及模型对不同类型银行的实际资本充足率水平的解释力度,得到有价值的结论。上述分析方法在国内文献中鲜见。

我经常鼓励学生要"专业立身",只有内求于己,持之以恒地积累,才能提升自己并承担更大使命。在我教授过的学生中,不乏坚持不懈、执着研究的学生,杨新兰博士便是其中一个。本书第6六章、第7章和第8章应用了 EViews、Stata、R 等计量分析工具,体现了杨新兰博士扎实、专业的实证研究精神。比如,在第 7 章银行资本对风险水平影响评估中,杨新兰博士结合监管实践构建了分阶段的资本监管压力变量,并利用实证反复检验,最终发现资本监管政策效应变化的转折时期及相关因子,提升了研究结论的可靠性和政策意义。又如,在第 6 章逆周期缓冲资本研究中,通过对广义信贷余额和修正后的社会融资余额两种挂钩变量在我国的适用性进行实证比较,并结合宏观经济景气"一致性"指数来确定逆周期缓冲资本计提时点,提高了缓冲资本计提研究的科学性。此外,本书还在探究监管套利机理的基础上,剖析资本套利的渠道,指出规避监管和银行道德风险滋生了套利行为,特别是在我国货币信贷调控、社会融资渠道尚需拓展、资管产品监管标准尚需统一等特定阶段,出现各类资本套利现象,影响了资本充足率监管的有效性。这些研究对于当前统一跨业监管标准、防控负面监管套利和维护金融稳定,有着深远的意义。

自 2001 年撰书《巴塞尔新资本协议研究》以来,我一直将巴塞尔资本协议为代表的国际金融监管框架及其演变作为跟踪研究的重点,并致力于培养一支"专业立身"的研究团队。杨新兰博士从事金融监管工作 20 年,忠诚于监管事业,能够以独特的视角和专业规范的方法,对商业银行资本监管问题进行系统研究,体现了一名研究工作者的严谨治学态度和一名银行监管者的社会责任。本书是杨新兰博士倾心 8 年悉心研究的成果,不仅从理论层面建立分析范式,对一些资本监管政策难题进行了前瞻性探讨,而且从现实出发,利用大量实证解释资本监管的有效性并探寻资本监管改进的方向,此外还对下一步研究领域进行思考,这些宝贵的研究成果对于推动我国银行资本监管的顶层设计及制度创新提供了有益参考。正值巴塞尔协议发布 30 年和全球金融危机爆发 10 年,深入探讨银行资本监管,对于提高监管有效性具有十分重要的意义。

是为序。

中国银行业协会首席经济学家、香港交易所首席中国经济学家、
北京大学汇丰金融研究院执行院长
巴曙松
2018 年 4 月

目　录

1

导　论

　　资本是企业承担业务经营风险和带来剩余价值的价值,商业银行资本具有承担风险、吸收损失、抵御意外冲击及保障存款人利益的特殊作用,为此资本监管成为全球银行业审慎监管的核心。银行监管,风险为本。确立动态适度的资本监管标准是实现有效资本监管的前提,本书由此出发,研究建立以风险为核心的资本监管的一般理论分析框架;结合金融风险演变来探讨资本监管的改进方向;从防范系统性金融风险的角度,研究资本监管面临的“负外部性”、套利和“顺周期性”问题;探讨资本监管制度约束下的微观主体——商业银行的风险承担行为及最适资本充足率[①]。旨在从宏观和微观两个层面,综合考虑商业银行的单体风险和系统性金融风险,探讨有效资本监管的“风险调整标准”和监管制度设计。

1.1　研究背景与研究意义

1.1.1　研究背景

　　我国商业银行监管实践中历来十分重视资本监管。1995 年《商业银行法》(2003 年修订)从资产负债比例管理的角度,对商业银行资本充足率

---

　　① 　资本充足率是指商业银行持有的监管资本与风险加权资产的比例。

进行定量规定,要求不得低于 8%。2003 年,中国银行业监督管理委员会(以下简称"银监会")从中国人民银行分立成立,专司对银行业金融机构的监管职能。银监会(2004)[1]借鉴巴塞尔资本协议发布了我国《商业银行资本充足率管理办法》(银监会令〔2004〕第 2 号),首次提出银行资本应抵御信用风险和市场风险,除最低资本充足率 8% 的要求外,还规定核心资本充足率不得低于 4%;银行应报告未并表和并表后的资本充足率;由银监会对资本充足率实施现场检查和非现场监控。2008 年我国银行业成功抵御了全球金融危机,2009 年主要商业银行首次全部达到 8% 的最低资本监管标准,资本监管制度在促进银行业稳健发展和金融安全方面发挥了重要作用。

巴塞尔银行监管委员会被视为银行监管领域的首要国际组织,旨在制定良好监管标准,推进监管技术,建立资本充足率的最低标准,指引各国共同实施,虽不具备凌驾于国家之上的正式监管特权,但其发布的资本监管标准逐步发展成为具有广泛影响力的国际监管规则之一。2008 年金融危机以来,金融稳定理事会(FSB)和巴塞尔委员会按照二十国集团(G20)要求积极推进资本监管框架的完善。2010 年 11 月,G20 首尔峰会通过了《巴塞尔资本协议(第三版)》,要求各成员国从 2013 年开始实施全球统一的银行业资本监管新标准。作为 G20 和金融稳定理事会、巴塞尔委员会的成员,我国遵循国际监管规则,由银监会(2012)[2]发布了《商业银行资本管理办法(试行)》(银监会令〔2012〕第 1 号),构建了与国际接轨并符合我国银行业实际的银行资本监管体系,业界称之为中国版的巴塞尔协议Ⅲ,这是推动我国银行业持续健康发展的重大战略抉择,是我国金融监管史的重大里程碑。

尽管《巴塞尔资本协议(第三版)》构筑了新的资本监管框架,我国也出台了与之接轨的资本监管制度,但是如何有效地推进实施,提高资本监管有效性,降低金融体系风险,仍在讨论和实践中。特别是 2008 年金融危机暴露出商业银行资本监管的复杂性和艰巨性,显现出研究解决资本监管"套利""顺周期性"等问题的必要性和紧迫性,如何加强和改进商业银行资本监管,以合理引导商业银行持续稳健经营、降低金融体系风险,成为国内外学术界和监管当局关注的重大课题。

1.1.2 拟研究问题的提出及研究意义

本书的研究对象是商业银行资本监管,而选择的研究视角是从资本监管的目标——防范控制银行业体系风险的角度,探讨有效资本监管的一般理论和制度改进逻辑以及宏微观资本监管方式方法,研究的立足点是结合国际金融监管演进趋势讨论我国资本监管领域的一些关键性问题。包括:①是否存在一个更具实用价值的基于风险视角的资本监管理论分析范式;②金融风险演变下的资本监管如何改进;③资本套利应如何监管;④资本监管的顺周期性应如何缓解;⑤如何提升资本监管对银行资本、风险水平影响的有效性及构建最适资本充足率等。这些问题的研究具有较高的理论价值和政策指导意义。

(1)银行高杠杆率的风险特性决定了资本监管的特殊视角

一般非金融企业的资本有两个功能:一是让渡所有权,二是为企业发展提供资金,资本不足不仅制约企业的资产扩张,也制约企业的负债规模。但商业银行的特殊性决定了这两方面都不能充分解释银行资本的重要性,8%的最低资本充足率要比各国公司法所规定的非金融企业自有资本比率低得多,而且,吸收存款是法律赋予的银行特权,即使是反映了现代银行监管思想的巴塞尔资本协议也未对银行负债规模有最低资本率的要求。王胜邦(2008)[3]认为,商业银行本质上是一种风险分散和风险转移的制度安排,其核心功能是经营风险,其脆弱性、外部性的一个重要原因在于高杠杆性;当杠杆率突破风险与收益的边界时,极少的风险损失也可能耗尽银行的全部资本金而导致银行破产。邓智毅和宋永明(2005)[4]指出,银行财务结构的"低股权、高债权"表明通过银行信用可以获取相当于 12.5 倍资本金的债务资金,这可能会激励银行成为风险偏好者(risk lover)。为此,银行"少本经营""短借长贷",杠杆比率愈高,风险和收益愈高,若无资本监管,一般非金融企业中"股东——经营者"相互制约的治理机制将被削弱。此外,王胜邦(2008)[3]和尚静(2004)[5]等提出,资本不是商业银行负债经营的杠杆起点,而是业务持续经营(going concern)及破产(gone concern)情况下偿付银行存款的需要;银行资本水平具有信号作用,是银行抵御风险的"缓冲器",能够体现银行的风险偏好和银行对债权人的保护程度,充足的资本水平将提升银行与存款人之间的信任度。简而言之,实施资本监管是银行业审慎监管的核心,银行资本是一种承担经营风险、吸收经营损失、保障银行安全的风险缓冲器,监管当局要求银行在任何时候都要保持充足的资本金,限制银行的杠杆作用(杨新兰,2015[6];叶莉等,2016[7]),提振市场信心,维护银行体系的安全性和稳健性。在资本充足性监管下,由于银行资本充足,即使个别银行经营失败,也不会导致整个社会的金融恐慌,即充足的资本可以抵御个别银行失败的溢出效应。

(2)金融风险演变下的资本监管理论及制度体系需要不断丰富与发展

首先,资本监管研究涉及制度经济学、风险管理理论、金融稳定理论、资产组合与资本配置理论、期权定价理论、货币政策理论等,在金融理论中占据独特地位。其次,20世纪的金融监管理论发展大多表现为危机导向,金融监管制度政策大多体现为经验导向。尚静(2004)[5]提出,巴塞尔资本协议已广泛运用于100多个国家,但尚未形成被广泛认同的基于经济学的理论体系,制定银行监管政策首先应以银行监管理论分析为基础,而不仅仅体现监管实践。再次,现有资本监管理论多从银行的不稳定性和市场失灵出发,聚集于"为何监管",而鲜见从风险视角、聚焦于"如何监管"的规范分析,这也是本书理论研究的切入点。巴塞尔委员会自1997年以来,不断更新发布《有效银行监管核心原则(Core Principles For Effective Banking Supervision)》,该原则作为银行监管的国际通行标准,提出"银行监管,风险为本"的监管理念,强调监管的核心目标是"促进银行体系的安全稳健运行""降低存款人和金融体系的风险"。据此,本书拟对基于风险视角的有效银行资本监管理论及制度体系做进一步探讨。

(3)资本监管制度因银行危机而确立,也因危机和技术进步而变革

20世纪70年代是全球银行业资本规制发展的重要里程碑。当时许多银行的资本充足率明显下降,即使存在存款保险、中央银行最后贷款人

等安全网,也未能防止存款挤提的发生。为此,银行资本监管被各国监管当局提上日程。1981 年 12 月,美国银行监管部门公布了资本监管规定,要求银行持有的资本与总资产不低于一个比率。20 世纪 80 年代,日本银行业由于未进行资本比率限制,大幅的国际化扩张破坏了国际银行业的竞争秩序,引起了国际银行界的抗议,由此催生了 1988 年巴塞尔协议《统一资本计量和资本标准的国际协议》,还共同成立了巴塞尔银行监管委员会。该协议将资本充足率监管推向了国际化高度,之后全球 100 多个国家按此框架建立了资本监管制度,为维护银行业公平竞争、增强国际金融体系安全发挥了重大作用。

然而,随着技术进步和金融创新,1988 年巴塞尔协议的不足逐渐暴露出来。中国银监会课题组等(2010)[8]和王胜邦(2009)[9]认为主要不足表现为:一是银行利用资产证券化监管的漏洞,将表内资产大量转移至表外,规避资本监管;二是资本的风险缓冲范围未覆盖银行面临的流动性风险、操作风险和信用集中度风险;三是资本与风险挂钩程度不高,未能防止银行过度承担风险。由此,2004 年 6 月诞生了新巴塞尔资本协议(俗称"巴塞尔 II")。相比 1988 年协议,王胜邦(2009)[9]、中国银监会课题组等(2010)[8]和陈颖等(2011)[10]指出,巴塞尔 II 增强了资本的风险敏感度,"三大支柱"如最低资本要求、监督检查和市场纪律更为科学,主要体现为:引入风险暴露区分和评估工具,促进银行提高风险识别与计量水平,推动风险成本显性化;对银行内部资本充足评估程序提出了监管要求,扩大了资本覆盖风险的范围;加强了资产证券化及特殊目的载体的资本监管,对其转移风险的行为提出了中性激励措施。

2008 年金融危机暴露出金融市场存在的新风险,中国银监会课题组等(2010)[8]认为巴塞尔 II 尚未充分考虑这些风险问题,主要包括:"再证券化风险暴露"的系统性风险明显高于普通资产证券化头寸;基于风险价值(VaR)计提的资本不能覆盖交易业务风险;资本监管框架未能充分反映银行集团层面风险治理的缺陷;低估了极端尾部事件的影响或风险的相关性;资产证券化和结构化金融工具的信息披露不完善。

自 2008 年金融危机爆发以来,国际合作不断构建金融监管新框架。2009 年 9 月金融稳定理事会发布了旨在强化资本监管的《改进金融监管报告》,同时,G20 匹兹堡金融峰会规定各国从 2012 年开始实施巴塞尔协议Ⅲ,这些改革措施对国际银行业产生了深远影响。

(4)资本质量和资本水平同样重要,需要高质量的资本结构及适当的资本缓冲

中国银监会课题组等(2010)[11]指出,资本充足率水平的高低是评价商业银行风险抵补能力和经营稳健性最重要的指标,但是资本结构或资本缓冲水平常被忽略,在资本充足率相同的情况下,不同的资本结构或资本缓冲将体现不同的清偿能力、不同的公司治理安排、不同的财务成本、不同的银行收益要求以及不同的资本质量。2008 年金融危机暴露出银行资本结构存在的缺陷:一些债务型资本工具只能在特定条件且一定程度上承担损失;由于不同国家和地区的法律会计税收和监管政策存在差异,影响了资本监管工具的透明度和资本充足率的可比性以及全球银行业公平竞争。为此,巴塞尔协议Ⅲ提出了"资本质量与资本数量同等重要"的原则。危机后欧美系统重要性银行(G-SIBs)的资本质量有所提升,呈现以下特点:

①留存收益成为最主要、最稳定的资本来源。2009 年至 2013 年,欧洲、美国的系统重要性银行资本余额分别累计增长 8.8%、9.6%,其中核心一级资本对总资本的增长贡献度最大(如表 1.1 所示),提升了资本数量和资本质量。虽然危机后欧美银行都开始增资扩股,但留存收益(未分配利润)大幅增长,成为危机后补充核心一级资本的主要渠道。从增幅来看,截至 2013 年底,欧洲的系统重要性银行平均未分配利润为 413.3 亿美元,较 2009 年底增长了 27%;美国的系统重要性银行平均未分配利润为 669.1 亿美元,较 2009 年底增长了 50%。从增长贡献度来看,2009 年至 2013 年底,欧洲的系统重要性银行增加的核心一级资本中有 57.5% 源于未分配利润,美国有 88.4% 源于未分配利润。未分配利润的增长一方面与银行的盈利能力有关,另一方面与股利分配政策有关,相对而言,美国银行较高的盈利能力和危机后较为保守的股利分配政策为其内源性资本补充提供了更多支撑。

②降低风险加权资产成为重要手段。风险加权资产的主要影响因素是资产规模和资产的平均风险权重。危机后欧美的全球系统重要性银行都采取了去杠杆化措施,欧洲实行缩减规模和优化结构"双管齐下",如瑞士联合银行(UBS)从 2011 年至 2013 年,通过出售加拿大业务、停止非核心业务、减持场外衍生交易等缩减了一半的加权风险资产规模;美国通过优化资产结构,促使平均风险权重降低,抵消了资产规模上升对加权风险资产带来的影响(如表 1.2 所示)。

③杠杆率平稳。从表 1.2 中可以看出,截至 2013 年底,欧洲系统重要性银行的平均杠杆率为 4.57%,较 2009 年底上升 0.81 个百分点;美国的平均杠杆率为 7.61%,较 2009 年底上升 0.65 个百分点,均较为平稳。

表 1.1　欧美 G-SIBs 各类资本增长及对总资本增长贡献度(2009—2013 年)

Table 1.1 Growth of capital of different types and its contribution to total capital:
G-SIBs in American and European countries from 2009 to 2013

金额单位:亿美元

系统重要性银行	核心一级资本平均增长(贡献度)	其他一级资本平均增长(贡献度)	二级资本平均增长(贡献度)	资本余额平均增长(贡献度)
欧洲(16 家)	142.1(204.2%)	−43.2(−62.1%)	−29.2(−42.1%)	69.6(100%)
美国(8 家)	251.8(242.9%)	−86.0(−83.0%)	−62.1(−59.9%)	103.6(100%)

资料来源:英国《银行家》

表 1.2　危机后欧美 G-SIBs 风险权重和杠杆率变动情况

Table 1.2 Changes of risk weightings and leverage ratios of G-SIBs since financial crisis

项目	国家	2009 年	2010 年	2011 年	2012 年	2013 年
风险权重	欧洲	34.4%	33.6%	32.3%	31.3%	33.1%
	美国	61.6%	57.2%	55.4%	53.3%	57.7%
杠杆率	欧洲	3.76%	3.87%	3.79%	4.09%	4.57%
	美国	6.96%	7.14%	7.15%	7.19%	7.61%

资料来源:英国《银行家》。

④国际大型银行的资本结构出现分化。根据英国《银行家》全球银行 2014 年底排名,选取一级资本排名前列的摩根大通、美国银行、花旗集团等 8 家银行,与我国某大型银行 A 的资本构成进行差异分析(如表 1.3 所示)。从表 1.3 可知,A 行的核心一级资本占比 85%,在全部银行中最高;由于 2014 年和 2015 年发行优先股,A 行的其他一级资本占比提升至 4%,结构有了较大优化,但仍低于其他银行,如巴克莱银行的其他一级资本占比达到 18%,汇丰银行、摩根大通和富国银行其他一级资本占比也达到 10%以上。A 行的二级资本占比 11%,也处于偏低水平,巴克莱银行和法国农业信贷银行达到 20%以上。受规模和业务结构影响,欧洲样本银行的加权风险资产规模占比相对美国样本银行要小,资本消耗相应较少,如法国农业信贷、巴黎银行和巴克莱银行的加权风险资产占比只有 30%左右,而美国银行、花旗银行和富国银行的加权风险资产占比在 70%以上。A 行 2015 年加权风险资产占比 60%,接近美国样本银行的占比水平,但增速(5.9%)超过样本银行,摩根大通、花旗银行、汇丰银行和巴克莱银行的加权风险资产规模均有收缩,巴克莱银行降幅达到 10.8%,这些样本银行的加权风险资产收缩主要是由于总资产规模下降。

表 1.3　国际大型银行 2015 年资本结构、加权风险资产情况

Table 1.3 Capital structure and risk weighted assets of international banks since 2015

分类	细项	A行	摩根大通	美银	富国	花旗	汇丰	法国农信	巴黎银行	巴克莱
资本结构（%）	核心一级资本	85	78	77	74	79	69	75	81	61
	其他一级资本	4	11	8	10	9	12	5	8	18
	二级资本	11	11	14	16	12	19	20	11	21
加权风险资产	规模(亿美元)	20 353	14 853	16 020	13 031	12 163	11 030	5 531	6 836	5 281
	同比增速(%)	5.9	−7.6	NM	NM	−5.9	−9.6	2.9	2.5	−10.8
	占总资产比重(%)	60	63	75	73	70	46	30	32	32

注:NM 表示美国银行和富国银行 2015 年开始使用高级法计量资本,与 2014 年不可比

资料来源:英国《银行家》

(5)资本监管是我国宏观审慎监管框架的重要组成部分,是维护银行业体系安全的重大战略

2008年金融危机爆发以来,宏观审慎监管成了热门话题。各国监管机构认识到,即使单家银行是稳健的,集合的后果也有可能是灾难性的。如单家银行为控制风险或提高流动性而出售资产的行为可能是审慎的,但若众多银行"羊群效应",则会导致资产价格下跌,进而引发系统性金融风险,即所谓"个体理性"而"集体非理性"。在经济繁荣时期,从单家银行角度看,此时扩大信贷规模显然是理性的,但若所有银行都如此,则会导致信贷快速扩张,资产泡沫集聚乃至通货膨胀上升。在这种情况下,单家银行收紧信贷同样是审慎的,但若银行都如此,则会加快经济衰退。加强宏观审慎监管是后危机时代金融监管改革的重要国际性共识,宏观审慎监管的目标是防控系统性金融风险,如何识别、度量和防止系统性金融风险,各国都在酝酿监管改革。需要指出的是,包括逆周期资本缓冲在内的宏观审慎监管问题在我国有着不同的含义。在我国,具有系统性风险的银行业机构存在"太大而不倒"或者"太关联而不倒",也存在"少而不倒"。银监会要求商业银行提高资本充足率和动态调整拨备覆盖率等监管政策,体现了宏观审慎监管的思路。巴塞尔委员会专门成立了宏观审慎监管工作组,主要任务之一是研究对大型银行实施附加资本要求(capital surcharge)以及其他配合监管手段,巴塞尔Ⅲ及后巴塞尔Ⅲ从系统性风险视角赋予银行监管框架更丰富的宏观意义。我国监管当局顺应国际监管改革趋势,启动了宏观审慎监管框架建设。十二届全国人大三次会议上的政府工作报告提出,要加强和改善宏观审慎监管。十八大报告提出,要完善金融监管,维护金融稳定。十八届五中全会和2016年政府工作报告强调,要加快改革完善适应现代金融市场发展的金融监管框架,实现金融风险监管全覆盖。2017年中央经济工作会议强调要"提高和改进监管能力,确保不发生系统性金融风险"。2017年全国金融工作会议提出设立国务院稳定发展委员会,强调金融监管协调及防控系统性风险的必要性。党的十九大要求"健全货币政策和宏观审慎政策双支柱调控框架"。为此,密切关注经济波动可能对

银行业风险和资本造成的影响,研究实施包括逆周期资本缓冲在内的宏观审慎监管工具,对于增强我国金融体系抵御风险能力尤为重要。

(6)持续推动我国商业银行资本监管改进及提升监管有效性,是促进商业银行健康发展、维护金融稳定的重要举措

1994 年,我国借鉴巴塞尔 1988 年资本协议开启了商业银行资本充足率管理。但在商业银行股份制改革前的较长一段时间里,由于信用环境恶劣,银行资产质量低下,一度处于技术性破产(technically insolvent)边缘,导致资本充足率长期不能达标(8%)。随着国有商业银行股份制改革的成功推进,多层次银行体系的不断健全,客观上需要建立起符合市场经济规律的资本监管制度,为各类银行业机构创造公平的竞争环境。2003 年中国银监会成立伊始,明确了商业银行"准确分类——提足拨备——做实利润——资本充足率达标"的监管思路;2004 年实施《资本充足率管理办法》,促使 2006 年末商业银行平均资本充足率达到 7.34%,比 2003 年底提高了 10 多个百分点。为促进我国商业银行资本监管制度与国际接轨,银监会 2007 年 2 月发布了《中国银行业实施新资本协议的指导意见》,2008 年 5 月成立了新资本协议实施高层指导委员会,2009 年第四季度开始对商业银行预评估。2013 年起商业银行按照监管要求全面实施《商业银行资本管理办法(试行)》,于 2018 年底前达到各项监管资本要求。2014 年银监会核准部分商业银行开始实施内部评级法等新协议要求的风险计量高级方法。同时,银监会积极支持银行业采取多种渠道补充资本,2014 年仅国有大型商业银行在境内外发行优先股约 1470 亿元,二级资本工具约 1600 亿元。随着银行业风险形势的变化及国际银行业资本监管制度的演进,我国商业银行资本监管的积极效果不断显现的同时,也面临新的挑战。为此,研究如何进一步提高资本监管的有效性,科学引导商业银行动态地调整资本水平及风险水平、建立适度的资本缓冲机制,对于促进商业银行持续稳健发展、维护金融稳定具有十分重要的意义。

1.2　研究视角的确定

1.2.1 风险、风险类型、风险偏好

商业银行是经营风险的信用中介,是风险承担者和风险管理者。商业银行正是通过主动承担风险并有效管理风险进行获益,风险精细化管理水平愈高,则获益愈高。20 世纪 30 年代美国经济学家奈特在《风险、不确定性和利润》一书中指出,风险是可以测定的不确定性,而不确定性是根本无法预知的一种状态;风险是指某一事件的实际结果与预期之间存在的偏离程度,其偏离度愈大,风险愈大,反之,则风险愈小。该定义认为风险客观存在,其大小可以用概率论和数理统计方法予以测量;风险会随着客观环境的变化而变化,并伴随着人类活动的开展而存在(许文和徐明圣,2009[12];陈琦,2007[13]);风险一般有损失和收益两种形态。

金融系统的重要功能之一是风险管理,同时金融活动本身也蕴涵了大量风险。从商业银行管理的角度,谢潮昂(2011)[14]认为风险是指收益的不确定性,或指可能造成损失的不确定性,这些不确定性将破坏银行的价值。从统计学的角度,损失可分为预期损失和非预期损失,预期损失一般可以通过定价进行转移,或者通过计提准备进入银行的经营成本,如果损失永远等于预期损失,银行就没有必要持有资本,即真正意义上的风险强调的是非预期损失,非预期损失需要银行的资本金来抵御。

根据不同的标准,可以将风险划分为不同的种类并进行分类管理。从商业银行个体及风险因素的角度,谢潮昂(2011)[14]认为,商业银行面临着信用风险、市场风险、操作风险、流动性风险、国别风险、战略风险、声誉风险等。信用风险又称违约风险,是指银行表内外业务资产因借款方和交易方违约以及信用降级所造成的损失。银监会(2004)[15]指出,市场风险是因市场价格(利率、汇率、股票价格和商品价格)的不利变动而使银行表内外业务发生损失的风险。操作风险是由不完善或有问题的内部程序、员工

和信息科技系统以及外部事件所造成损失的风险(银监会,2007[16];谢宁,2010[17])。流动性风险是银行无法以合理成本及时获得充足资金,用于偿付债务和满足正常经营的风险(银监会,2015[18];姚静娟,2013[19];李文泓和徐洁勤,2014[20])。国别风险是因某一国家或地区经济、政治和社会变化,导致该国家或地区借款人不能偿付银行债务,或使银行的相关商业活动遭受损失的风险(银监会,2010[21];陆岷峰和张兰,2010[22])。银监会(2009)[23]指出,声誉风险是指由银行经营管理及其他行为或外部事件导致利益相关方对银行负面评价的风险。战略风险通常是指经营未充分考虑银行发展战略、竞争优势、资源和人力约束以及风险管理能力等带来的风险。

从风险的传染性、分散性的角度,风险可以划分为系统性风险和非系统性风险。系统性风险是经济体系中所有资产都面临的、无法通过分散投资而消除的风险。米运生(2003)[24]认为,系统性风险是与市场波动相关联、波及整个银行体系的风险,非系统性风险是指由单个银行所承担的风险,它并不会给银行市场带来风险。范小云等(2006)[25]认为系统性风险的主要特征有"外部性"、风险与收益的不对称性、传染性、损害实体经济等特征以及与投资者信心有关。尽管系统性风险尚无统一定义,但常指威胁到金融体系的风险,任何单一对象面临的风险通过传染效应和金融加速器作用都有可能演变为系统性风险。非系统性风险则指一项资产特有的、可以通过分散投资而消除的风险,通常与特定企业或行业有关,与经济等影响金融变量的因素无关。

赫伯特·西蒙认为,在现实世界中,人受到自身在知识和能力方面固有的限制,以及信息不完全、时间有限等制约,只能在能力范围内进行选择。由此,风险不仅是一种客观现象,还与人们的主观认识和评价密不可分。经济主体对待风险的态度通常划分为三类:风险厌恶、风险中立和风险追逐。许文和徐明圣(2009)[26]指出,不存在适用于所有主体的风险管理方案,风险管理决策的优劣取决于获得的信息是否充足。商业银行通过风险管理来平衡风险与收益,以提高经营价值。

　　从风险管理目标看,商业银行董事会通常会制定风险管理规划和风险偏好(又称风险容忍度)政策。风险管理规划主要是结合发展战略规划,对未来年度的风险管理目标和措施做出安排;风险偏好是根据战略规划和利益相关者(包括股东、债权人、储户、监管机构、评级机构等)的期望,从定性和定量两个维度确立的银行愿意承担的风险类型和风险水平,风险偏好的设定是一个平衡协调资本、收益和风险三者之间关系的过程。后金融危机时代,围绕风险管理能力的提高,国际银行业更加注重风险偏好框架(RAF)的建设与风险偏好管理。风险偏好管理一般遵循两项原则:一是全面覆盖,即覆盖银行面临的所有实质性风险,为战略的实施和经营管理提供指引;二是稳定性与灵活性相结合,既要明确长期坚持的重要目标,与战略规划相一致,又要随着环境变化和影响因素变化及时做出科学调整。风险偏好应能够通过风险限额、经营计划等传导至业务条线和各级机构,且能够在集团层面汇总以反映整体的风险状况。风险管理流程通常包括风险识别、计量与监测、控制与缓释等若干环节,本书所研究的"资本监管"主要侧重于风险识别与计量。

　　风险管理能力是商业银行的核心竞争力,商业银行承担风险必须与其管理风险的能力相匹配。商业银行风险管理能力和水平的提升一般经历三个阶段:一是传统风险管理,主要采取资产风险管理、负债风险管理的分割式管理,体现为被动的风险控制、静态的损失观,常采用成本效益分析等简单量化工具;二是现代风险管理,强调资产负债综合管理,运用利差管理、缺口管理、期限管理、衍生工具等手段;三是全面风险管理,强调风险管理的境内外机构一体化、风险管理覆盖所有实质性风险和风险计量的全额化;注重使用先进的风险管理工具如内部评级法、在险价值(VaR)、压力测试等。专门研究企业内部控制的 COSO 委员会在 2016 年新版《全面风险管理框架的修订版》中,提出了风险管理的核心"五要素":风险治理与风险文化、风险战略与政策程序、风险识别与计量、信息沟通与报告、风险管理绩效表现。随着金融市场的发展及监管制度的完善,国际监管当局对于商业银行的监管理念也发生了转变,即从行政管制型监管转向合规性监管,又从合规性监管转向以"风险为本"的监管,而且近年来对于商业银行的风险识别已从单家机构的视角拓展为单家机构倒闭对银行体系的负外部性、风险传染以及整个金融体系的视角,银行监管资本的风险覆盖面也延伸至信用风险、市场风险、操作风险之外的其他实质性风险,我国银行业监管亦积极顺应这一趋势。不同的商业银行在不同时期、不同的发展阶段将面临不同的风险类型和风险偏好,风险水平和风险管理能力也相应不同,本书的研究是基于当前我国银行业"风险监管"框架来进行。风险监管(risk-based supervision)是西方发达国家自 20 世纪 70 年代以来普遍用于管理金融风险的科学系统的管理方法。根据美国著名学者威廉姆斯(C.Arthur Williams Jr)和汉斯(Richartcl M.Heins)在《风险监管与保险》一书中的定义:风险性监管是通过对风险的识别、衡量与控制,以最少的成本将风险导致的各种不利后果减少到最低限度的科学管理方法(马骋,2009[27];郑天民,2011[28])。为实施风险监管框架,监管当局通常要建立一套以防范化解金融风险为目的的审慎监管规则,客观评估银行风险状况并加强风险预警、防范和控制,这套规则主要源于巴塞尔委员会 1997 年起持续更新的《有效银行监管核心原则》(Core Principles for Effective Banking Supervision)及其配套的一系列监管制度文件,但各国风险监管的理念、原则、方式方法和技术不尽相同,也将根据银行业不同发展阶段进行调整优化。

总之,本书之所以定位于"风险视角"而不是"合规视角"或其他视角,旨在强调:一是商业银行承担并管理风险的特性,决定了资本监管研究的特殊视角;二是当前乃至今后我国银行监管的基本原则是风险为本,行政管制型、唯合规型的银行监管已弱化,而以风险为核心、以防控银行业体系风险为目标的资本监管在我国现阶段更具有实用性;三是风险是演变的,动态适度的资本监管应考量银行"风险承担水平";四是本书不仅研究银行个体风险,还将考虑系统性金融风险,从宏微观审慎监管出发探讨相关问题。

1.2.2 会计资本、经济资本、监管资本

从经济学角度,杨红强和聂影(2011)[29]指出,资本泛指一切投入再生产过程的有形资本、无形资本、金融资本和人力资本。从银行角度,谢宁

(2010)[17]指出,资本是指商业银行从事经营活动、保护存款人和一般债权人免遭损失而必须注入的资金。邓学衷(2011)[30]认为,在现代信用制度下,银行经营的根本在于向公众提供一种信誉,而银行资本正是这种信誉的载体。资本是银行抵御风险的最后屏障,是成本最高的一种资金来源,是最为稀缺的资源,这就要求银行必须将资本管理的有效性放在经营管理的首位。

与非金融企业不同的是,银行资本有其特定内容,通常分为会计资本、经济资本和监管资本等三类。国内学者对于会计资本和经济资本的定义基本相同,如王军(2005)[31]提出,会计资本(book capital)一般指会计准则定义的资本,是从资金管理者的角度看待的资本,通常在资产负债表上表现为所有者权益,包括实收资本、未分配利润等。刘春志(2011)[32]指出,经济资本(economic capital)一般指商业银行内部用以抵御风险必须拥有的最低资本,是一种虚拟资本。监管资本(regulatory capital)通常是指银行监管当局要求银行持有的资本或法定资本,监管资本的口径是随着资本质量要求趋严而变化的。

经济资本通常是由商业银行从内部来认定,反映股东价值最大化对银行管理的要求;监管资本是由监管当局来认定,反映了监管当局对股东的资本要求,体现为股东的资本费用(高军和孙彦钊,2009[33];谢宁,2010[17])。邓学衷(2011)[30]认为,经济资本只考虑了银行破产的私人成本,监管资本则会考虑到银行破产带来的公共成本。黄九亮(2006)[34]认为,从抵御或控制风险的角度,会计资本和监管资本的数量愈大愈好,从股东投资回报的角度,其数量愈小愈好;在风险总量与回报既定的前提下,经济资本愈小愈好。引入经济资本可以更加科学地衡量银行经营活动中的实际资本需求,有利于促进银行提高风险管理能力,建立合理的绩效考核体系,并对产品定价、经营决策起到关键性作用。

银行面临的资本约束主要来自于监管资本的约束、会计资本和经济资本的约束、资本筹集的约束、资本回报的约束和银行内部风险承受能力的约束。若突破监管资本约束,银行则会被监管叫停业务、停止分红、更换管理人员等,资本筹集不足如盈利水平下降或外源资本不足都将造成资本充足率下降,资本回报率或股本回报率下滑都将影响股东满意度或导致股东撤资、股价下跌,超出经济资本限额或风险承受能力将影响经营效率、导致资产质量下降及削弱银行价值。为此,银行管理者必须做好会计资本、监管资本、经济资本这三种资本之间的平衡。

何笑伟(2012)[35]认为,经济资本的计量可采用资产波动法,计算在一定置信度水平下,一定期内的资产和其他风险头寸价值的潜在损失。潜在损失一般分为预期损失(expected loss,EL)和非预期损失(unexpected loss,UL),预期损失可由银行损失数据统计得出,银行对 EL 通过定价和损失准备金提留弥补;非预期损失是对预期损失的偏离—标准偏差(standard deviation),通常由银行的资本来抵御(王军,2005[36])。非预期损失 $= AE \times \sqrt{EDF \times \sigma_{LGD}^2 + LGD^2 + \sigma_{EDF}^2}$(其中,$X_t^\pi = X_0 + ut + \sigma W_t - L_t^\pi + \sum_i s_i^\pi I_{\{t_i^\pi + \Delta \leqslant t\}}$ 为 $V_\pi(X_0) = E_{x_0}\left[\int_0^t e^{-\rho t} dL_t^\pi - \sum_i e^{-\rho(t_i^\pi + \Delta)}(s_i^\pi + K) I_{\{t_i^\pi + \Delta \leqslant \tau_x\}}\right]$ 的方差,$L_t^\pi = \int_0^t R_u dL_u^{\pi'}$ 为 $Mf(x) = E_x\left[e^{-\rho\Delta} \sup_s [f(X_\Delta + s) - s - K] I_{\{\tau_0 > \Delta\}}\right]$ 的方差,AE 为风险敞口,LGD 为违约损失率,EDF 为预期违约率)。在历史数据积累不足或可用性不高的情况下,也可以用替代计算方法,如用巴塞尔协议要求的风险资产的一定比例计算信用风险经济资本,用收入的一定比例计算操作风险经济资本,用 VaR 的一定倍数计算市场风险经济资本,经济资本占用越大,要求的回报则越高。此外,银行通常会利用经济增加值(EVA)与经风险调整的资本回报率(RAROC)来考核绩效或分配资本,其中 EVA=(经济资本回报率−资本期望回报率)×经济资本,RAROC=(收入−成本−费用−预期损失)/经济资本(姜慧娜,2006[37])。从巴塞尔Ⅲ及后巴塞尔Ⅲ的改革趋势看,银行内部使用的经济资本与监管资本的一致性将逐步增强。

本书以监管资本为核心,探讨资本监管的理论、制度、方式方法及其有效性。资本监管是银行监管当局以资本充足率监管为核心对商业银行经营活动进行规制、对金融风险进行防控的一种方式。资本充足率的计算口径：(资本－资本扣除项)/加权风险资产。按照巴塞尔资本协议的框架，资本监管包括最低资本要求、监督检查和市场约束等三大支柱。其中，最低资本要求包括三方面内容：①分子，即关于资本的定义；②分母，即关于加权风险资产的规定；③对资本充足率最低水平的限制。提高监管有效性是银行监管的良好标准，本书重点讨论资本监管的第一支柱(最低资本要求)监管有效性问题。

1.3　研究思路、内容、方法与技术路线

1.3.1　研究思路

本书围绕我国商业银行资本监管这一中心主题，首先对研究的视角——风险视角，以及研究的对象——监管资本进行界定，然后梳理、评述与本书相关的国内外文献，以探寻研究的切入点或突破点。在此基础上，有所创新地构建基于风险视角的我国商业银行资本监管理论分析框架，以填补银行监管理论研究的空白；比较系统地探讨金融风险演变下的我国商业银行资本监管变革问题，从资本监管的理念、制度、方式和技术等方面分析改进方向。然后，从宏观和微观两个层面，针对当前宏观审慎监管领域的两个焦点问题——监管资本套利及负外部性防控、逆周期缓冲资本的设定机制，以及微观审慎监管领域的两个难题——资本监管对银行资本及风险水平的影响、资本监管约束下的最适资本充足率问题，分别展开讨论和实证检验。最后，基于研究结论提出我国资本监管制度的改进建议。试图在资本监管的理论研究、制度设计及实证分析方面取得一些突破，为我国商业银行资本监管制度顶层设计提供可靠依据。

1.3.2　论文内容

论文共分为 9 章，主要内容如下：

第 1 章：导论。主要是提出和界定所要研究的问题。本章提出，银行

高杠杆率的风险特性决定了资本监管的特殊意义;金融风险演变下的资本监管理论需要不断发展,需要持续推动资本监管改进。随着金融监管制度的不断完善和金融风险管理水平的不断提高,监管当局对于商业银行的风险评估将从单一机构拓展为整个金融体系,本书研究基于我国监管当局的风险视角、风险监管框架来进行。

第 2 章:国内外研究综述及评析。从理论和实证角度,梳理国内外学者对商业银行资本监管理论研究成果,为本书的"风险视角"奠定基础;更进一步地梳理国内外学术界关于资本监管改进、监管资本套利、资本监管的顺周期性、系统性风险及系统重要性银行资本监管、资本监管对银行风险水平影响的最新成果,以及巴塞尔资本协议和我国监管当局的资本监管发展动态,从而探寻研究的着力点,使本书的研究具有一定前瞻性。

第 3 章:资本监管的一般理论及风险调整标准。本章针对第 2 章文献研究发现的资本监管理论空白,在总结银行监管理论及资本监管观的基础上,有所创新地提出监管当局应随时关注银行愿意承担的风险水平的变化,实施"风险调整"的资本监管规则,尝试构建一个基于风险视角的动态资本监管理论分析范式,以弥补资本监管理论的空白。

第 4 章:金融风险演变下的商业银行资本监管变革。本章在分析金融风险演变特别是商业银行风险变化特征的基础上,运用第 3 章的研究成果,从资本监管的理念、制度、模式、方法技术等方面,探讨我国商业银行资本监管改革所遵循的一般逻辑。

第 5 章:监管资本套利及其负外部性防控。本章从宏观审慎监管出发,专门针对当前资本监管的难题之一——套利问题,在讨论监管资本套利一般模式的基础上,评估分析与我国商业银行经营行为相关的监管资本套利行为及其影响效应,并从防控负面影响的角度探讨需要改进的监管措施。

第 6 章:逆周期资本缓冲指标的适用性检验。本章从宏观审慎监管出发,专门针对当前资本监管的难题之二——逆周期资本缓冲指标的设定问题,借鉴巴塞尔委员会推荐的监测模型和测度方法,对广义信贷余额/GDP、修正后的社会融资余额/GDP 等指标在我国的适用性进行实证检验,并分析一些辅助指标的意义。

第 7 章:资本监管对银行资本及风险水平影响评估。本章从微观审慎监管出发,重点通过经典模型的改进,利用最新数据对我国上市银行实施资本充足率监管以来的资本水平、风险承担行为及风险水平进行实证检验和分析。

第 8 章:资本监管约束下的银行最适资本充足率。本章从微观审慎监管出发,在考虑银行维护其特许经营价值以及再融资成本因素的情况下,研究银行最适资本充足率的问题。

第 9 章:研究结论与展望。本章对全书的主要贡献进行总结,基于研究结论提出若干政策建议,并说明研究的局限性,指出下一步有待深入研究的问题。

1.3.3 研究方法

本书对于资本监管问题的研究,单独运用任何一种方法都难以有效解决,将综合采用规范分析、模型分析和实证研究等研究方法。

(1)规范分析法和模型分析法。本书研究风险视角的资本监管理论以及"风险调整"的动态适度资本监管标准时使用了规范分析法;在分析"银行承担风险水平的变化影响因素"时,借助一些经济模型来描述所研究的银行与储蓄者、银行与银行、银行与政府以及宏观经济周期等各种经济变量之间的逻辑关系,通过模型推导获得直观的结论。

(2)历史分析法和对比分析法。本书在对资本监管变革的考察研究中,引入了历史分析法,力求用动态发展的眼光、立足于全球资本监管变革的大背景下,探讨我国银行资本监管理念、制度和方法技术的改进趋势;在对监管资本套利问题的研究中,引入了中外对比分析法,突出我国银行资本套利的特殊性和阶段性。

(3)实证分析法。在第 6 章对逆周期缓冲资本的挂钩变量广义信贷余额/GDP 等适用性研究时,利用 EViews 分析工具和 HP 滤波法,对巴塞尔缓冲资本理论模型在我国的适用性进行检验。在第 7 章对资本监管制度影响评估中,除一定的数理推导分析外,应用多元回归(三阶段最小二乘法)、Stata 等计量分析工具,检验资本监管对银行的资本水平、风险承担行为等微观机制的影响效应。在第 8 章对银行最适资本充足率研究中,借鉴存货管理中的(s,S)策略建立模型,计算理论上的最适充足率并与银行的实际值进行比较分析。

1.3.4 技术路线

基于上述的研究思路、内容和方法,本书的技术路线如图 1.1 所示。

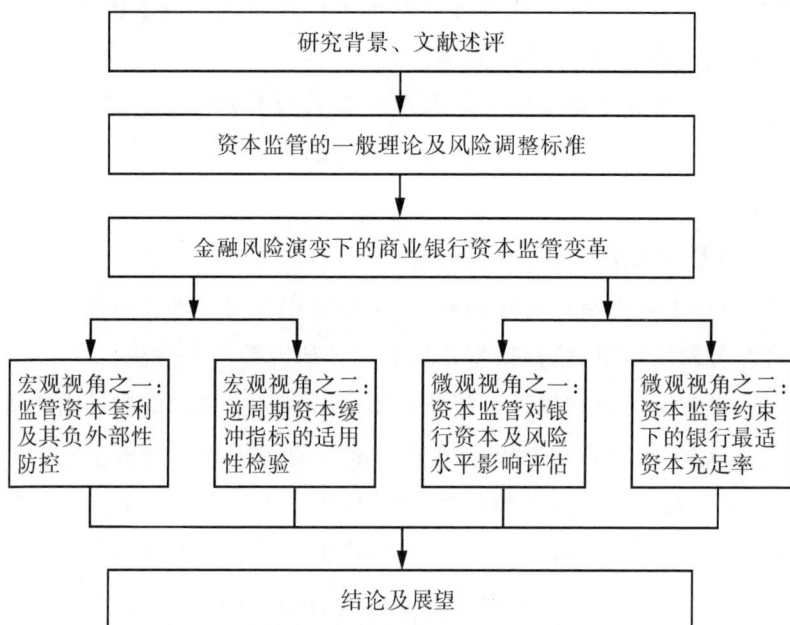

```
┌─────────────────────────────────────┐
│           研究背景、文献述评            │
└─────────────────────────────────────┘
                 │
                 ▼
┌─────────────────────────────────────┐
│      资本监管的一般理论及风险调整标准      │
└─────────────────────────────────────┘
                 │
                 ▼
┌─────────────────────────────────────┐
│    金融风险演变下的商业银行资本监管变革    │
└─────────────────────────────────────┘
        │                       │
   ┌────┴────┐             ┌────┴────┐
   ▼         ▼             ▼         ▼
┌──────┐ ┌──────┐      ┌──────┐ ┌──────┐
│宏观视角│ │宏观视角│      │微观视角│ │微观视角│
│之一: │ │之二: │      │之一: │ │之二: │
│监管资本│ │逆周期资│      │资本监管│ │资本监管│
│套利及其│ │本缓冲指│      │对银行资│ │约束下的│
│负外部性│ │标的适用│      │本及风险│ │银行最适│
│防控   │ │性检验 │      │水平影响│ │资本充足│
│       │ │       │      │评估   │ │率    │
└──────┘ └──────┘      └──────┘ └──────┘
        │                       │
        └───────────┬───────────┘
                    ▼
┌─────────────────────────────────────┐
│               结论及展望               │
└─────────────────────────────────────┘
```

图 1.1　技术路线

Fig.1.1 Technical analysis

1.4　拟解决的关键性问题及创新点

本书选题有较高难度,兼具理论性和现实意义。一方面,着眼于全球银行业资本监管变革的大背景,涉足国际银行监管领域最新、最为复杂的宏观审慎监管和微观审慎监管问题;另一方面,以分析银行风险调整行为、降低金融体系风险为主线,从理论、制度到政策工具,比较系统地研究了我国商业银行资本监管改进的路径和方略。

在借鉴历史文献研究成果的同时,拟重点研究基于风险视角的资本监管理论、银行风险变化下的资本监管变革,以及监管资本套利、逆周期缓冲资本、资本监管对银行资本及风险水平的影响、最适资本充足率等关键性问题,期望在以下方面有所发展和创新:

(1)资本监管理论上的创新。在现有的研究文献中,对于资本监管的理论分析,或是隐含在为何监管的理论框架中,或是体现在非预期损失的抵补理论探讨中,而本书从如何监管出发,基于银行风险承担水平的影响因素,提出了资本监管的动态适度标准即"风险调整"规则,认为监管当局应当关注银行风险水平的变化而动态适度地实施资本监管。而银行愿意承担的风险水平的变化,是银行与储蓄者、银行与借款人、银行与银行、银行与政府之间的博弈,以及受宏观经济周期的影响所共同决定的。本书建立了一个基于风险视角的资本监管理论分析范式,一定程度上填补了银行风险监管领域的理论研究空白。

(2)模型改进和实证研究方面有一定探索创新。如,在描述银行与储蓄者二者博弈均衡时,对李稻葵等(2003)[261]提出的自由放任情况下银行与储蓄者博弈模型进行了改进,提出了银行风险水平的有效区域的概念,在描述宏观经济周期对银行风险水平影响时进一步运用了这个概念。又如,基于 Shrieves 和 Dahl(1992)及其后继者 Jacques 和 Nigro(1997)、吴栋和周建平(2006)的模型框架上,通过构建联立方程模型,采用三阶段最小二乘法,构建符合监管实际的不同时期的资本监管压力变量,分阶段检验我国商业银行在资本监管约束下的资本水平和风险水平的调整行为,使得研究结论更具实用价值。再如,在考虑资本监管和募集成本因素的情况下,借鉴存货管理中的(s,S)策略,视银行资本为存货,建立资本缓冲计算模型,通过对比模型预测值与实际值,来研究我国商业银行资本缓冲水平是否适当,发现并解释不同类型银行的资本缓冲水平的差异,为监管部门实施差异化资本监管提供实证依据。此外,注重数据清洗方法的科学性,第7章三次更新实证数据以求时效性,并发现了强相关的因子。

(3)研究的新发现有益于推进监管制度创新。监管当局能否有效约束银行隐瞒真实风险的动机、缓解信息不对称、降低负面套利和顺周期性行为,是资本监管的难点,也是提升资本监管有效性的关键所在。本书从防控负面监管套利、维护金融稳定的角度,对于资本套利的一般理论和套利模式进行研究,发现资本套利在我国具有特殊性和正负效应,并提出防控负外部性的监管政策建议。从逆周期监管和防范系统性金融风险的角度,对于广义信贷余额/GDP、修正后的社会融资余额/GDP 等逆周期资本缓冲监测指标进行定量测算与比较,发现二者在我国具有适用性,并提出应结合宏观经济景气"一致性"指数等辅助指标来审慎确定计提时点。从提升资本监管对微观主体行为有效性的角度,对银行资本及风险调整行为进行实证检验,发现 2010 年以来资本监管的有效性明显增强;对最适资本充足率问题进行实证分析,发现基于(s,S)策略构建的模型对于股份制银行最适资本充足率的解释力度较强。着力使研究结论更具政策指导意义,从而推动我国商业银行资本监管顶层设计的制度创新。

2

国内外研究综述及评析

2.1　资本监管理论研究

2.1.1 国外研究

国外关于资本监管理论的研究基本体现在银行监管理论的研究论述中,并伴随着金融危机的发生而不断深入。沿着危机爆发的时间脉络,周光宇(2014)[38]将国际银行监管大致分为三个阶段:第一阶段以 20 世纪 30 年代的大危机为起点,代表性的监管措施如美国的《格拉斯—斯蒂格尔法》确立了分业经营,体现了安全优先的银行监管原则;第二个阶段是 20 世纪 70 年代兴起的金融自由化浪潮,监管当局逐渐放松监管;第三个阶段从 20 世纪 90 年代至今,银行监管兼顾安全与效率目标,且巴塞尔资本协议发展成为国际银行业监管的基本标准。

起初,国外银行监管理论的研究主要从金融不稳定性和市场缺陷等角度出发。随着现代经济学在"市场失灵理论"和"信息经济学"等方面的快速发展,银行监管有了新的理论基础。市场失灵主要源自垄断、外部效应和信息不对称。首先,从银行业特性来看,银行经营具有规模经济,且有垄断发展的倾向。对银行的经营行为、扩张及合并进行监管,可以防止发生金融垄断。其次,银行经营具有高杠杆特性,单个银行的风险或者倒闭可能产生连锁反应,从而引发银行体系的系统性金融风险,金融监管则有益于降低这些负外部效应。最后,存款人与银行、银行与借款人之间存在着"双重"信息不对称,一方面银行可能因为存款信息优势而损害存款人利益,另一方面也可能因为对借款人的信息劣势而面临风险损失(周光宇,2014[38])。

信息不对称严重影响了银行市场的安全运行。一方面,银行与存款人之间的信息不对称可能会引起挤兑,并通过在整个银行体系中引发的"多米诺骨牌"效应而引起系统性风险,如著名的戴梦德—戴维格银行挤提模型(Diamond & Dybvig,1983[39])。对此,金融监管的主要目标是降低银行业的系统性风险。另一方面,银行与借款人之间的信息不对称造成了交易前的逆向选择和交易后的道德风险。例如,在信贷市场上,贷款需求更强的往往是风险企业,而不是资信更好的企业;同时,借款人可能在利益驱动下,将贷款用于银行所不允许的风险活动。银行资本具有信号提示功能,可以向市场传达信息,有利于增强存款人和债权人的信心,也有助于降低信用风险,为此,上述不对称信息的存在产生了对银行资本监管的需求。

20世纪90年代,Dewatripont & Tirole(1994)[40]以公司治理问题和存款人监督银行的能力问题为依据,提出了存款代理人理论。该理论认为,由于所有权与经营权的分离,会诱发银行管理者的逆向选择和道德风险,因此,银行监管非常必要。同时,存款人获取有价值信息的难度以及个体监管所需的高昂成本,客观上需要代表存款人利益的监管当局的监督,防止由多个主体行使监管职能而造成资源的浪费,且可以克服搭便车问题。此外,Morrison & White(2000)[41]研究发现,监管效能与监管能力总体呈正相关,如果公众对监管能力预期存在不确定性,则会影响监管的有效性(朱明星,2005[42])。

2.1.2 国内研究

相对于国外从经济学理论衍生出来的银行监管理论,国内的研究相对比较滞后。许健(1993)[43]的《银行监管国际惯例》是较早的银行监管理论著述,主要介绍了银行监管的国际惯例,较少涉及资本监管的理论问题。李雯友(2004)[44]的《商业银行资本金制度》,对资本金的功能和作用进行了初步分析。史纪良（2005）[45]主编的《银行监管比较研究》、孟艳（2006）[46]主编的《我国银行监管的有效性问题研究》、李怀珍（2007）[47]主编的《有效银行监管方式研究与实践》，对包含资本监管的银行监管有效性进行了初步探讨。刘宇飞（1999）[48]的《国际金融监管的新发展》和梁宝柱（1999）[49]的《金融监管论》，以及周道许（2000）[50]的《现代金融监管体制研究》等，主张将银行监管问题置于金融监管问题之下进行研究。围绕资本监管问题，国内学者开展了一些基本理论研究，如温信祥（2009）[51]的《银行资本监管研究》，从定性和定量角度研究了资本与风险的关系。刘夏和蒲勇健（2009）[52]的《银行资本监管研究》构建了金融混业集团主导下的银行资本监管的理论模型。杨家才（2010）[53]的《知命监管》提出资本约束分为银行内部约束和监管约束。邓学衷（2011）[30]的《商业银行资本结构：理论、实践和预警》从流动性、风险和监管的视角探讨了资本结构相关问题。王胜邦（2016）[54]的《商业银行资本监管：理论、制度和技术》分析了巴塞尔资本协议的发展演变，从理论、制度和技术的维度讨论资本监管的要义。

　　简要评析：国外银行监管理论的研究主要从金融不稳定性和市场失灵两个角度出发论述"为何监管"，我国学者的研究也是如此，且尚未形成资本监管理论体系，从风险视角及采用经济学方法、聚焦于"如何监管"的资本监管理论规范分析更是鲜见，但上述研究仍为本书的基于风险视角的资本监管理论研究提供了有益借鉴。

2.2　资本监管制度变迁或改进研究

　　2008 年全球金融危机爆发后，巴塞尔委员会牵头发布的资本协议集中反映了资本监管制度变迁或改进的跟踪研究成果。

　　国际主要金融监管机构针对 2008 年金融危机全球银行业暴露出来的系统性风险以及资本监管框架的不完善问题，提出了资本监管的变革或改进方向。主要包括：一是核心资本（一级资本）在银行资本结构中的重要性将更加突出;二是需要进一步提高对表外业务和资产证券化产品的资本要求;三是核心资本(一级资本)的质量和透明度将不断提高,股本将作为一级资本的主要构成;四是银行资本充足情况与经济周期紧密相关,应考虑在经济上行期提高资本充足率,建立一定的资本储备。

2009 年 4 月,金融稳定论坛进一步提出完善巴塞尔资本协议的建议:①建立逆周期资本缓冲机制,促使银行资本水平在经济上行期得到提高,在经济下行期得以释放;②修改按在险价值(VaR)估算的资本要求,提升压力测试的作用,以减少对具有顺周期性的 VaR 为基础的资本计量的依赖;③引入杠杆率监测指标,以抑制银行系统的过度高杠杆;④将压力测试作为第二支柱监督检查的关键内容,以验证银行是否有足够的超过最低资本要求的资本缓冲;⑤巴塞尔委员会应根据银行风险状况的变化,对资本框架的风险覆盖范围进行持续评估并督促改进;⑥重新审查外部评级的作用,确定是否有不利的因素需要解决;⑦美国财务会计委员会和国际会计准则委员会应重新考虑现有的损失模型,使银行在信用周期的早期阶段计提更高的贷款损失准备金,巴塞尔委员会应评估第三支柱下贷款损失准备披露信息的充足性等。

经过反复论证,2009 年 12 月巴塞尔委员会发布了《关于提高银行业抗风险能力的意见征求稿》,其中对于银行业资本框架的改革包括:普通股股本应作为一级资本的主要构成;有票息提升或其他赎回激励机制的一级资本将被逐渐取消;关于附属资本不超过一级资本 100% 的规定和三级资本将予以取消,资本质量在市场风险、信用风险和操作风险中要保持一致;各层次的资本充足率指标应分别制定最低资本要求等。此外,出台了《巴塞尔Ⅱ框架完善建议》《巴塞尔Ⅱ市场风险框架的修订》和《交易账户新增风险资本计算指引》及《稳健的压力测试实践和监管原则》等一系列被称为"巴塞尔Ⅱ.5"的文件。

之后,巴塞尔委员会于 2010 年底发布了以《增强银行业抗风险能力的全球框架》为主要内容的"巴塞尔Ⅲ",对合格资本的定义趋严,对资本缓冲的损失吸收能力更加重视,并且大大提高了最低资本要求,将监管资本的风险覆盖面进一步扩大,将杠杆率指标作为资本充足监管的补充,还设定了逆周期缓冲资本和系统重要性银行附加资本。

2014 年在天津举办了第 18 届国际银行监督管(ICBS)大会,发布了净稳定资金比例、操作风险资本计量标准法、银行公司治理指引等征求意见稿,向 G20 峰会提交了银行监管改革进展报告。2014 年底第 31 次巴塞尔委员会会议讨论了银行账户利率风险资本计量、资本充足率信息披露、总损失吸收能力(TLAC)等监管政策修订的进展情况。

2016 年,巴塞尔委员会发布了关于落实巴塞尔Ⅲ框架的全球进展情况。27 个巴塞尔委员会成员国执行了资本和流动性覆盖率等规定。其中,24 个成员国发布了逆周期资本缓冲规定,23 个成员国发布了国内系统重要性银行机构(D-SIBs)监管框架。所有拥有全球系统重要性银行(G-SIBs)的成员国均执行巴塞尔委员会发布的相关监管框架。其他监管标准逐步落实,如 2018 年 1 月前必须达到杠杆率和净稳定资金比率的要求。但一些成员国也表示有些监管改革存在困难,如衡量交易对手信用风险的标准化方法、对中央清算方风险敞口的资本要求、对各种基金进行股权投资的资本要求,这些挑战与该国的立法或监管规则制定过程有关。巴塞尔委员会将持续推动成员国在管理落实方面的一致性,主要工作包括:继续量化监控巴塞尔Ⅲ标准的影响;完成其余成员国关于风险资本要求落实一致性的评估报告;在 2017 年底前,完成流动性覆盖率的评估;基于风险资本、流动性覆盖率和全球系统重要性银行评估的经验教训,继续检查并更新一致性评估的方法论等。

2017 年以来,资本监管改革处于后巴塞尔Ⅲ阶段,资本监管制度改进加快进行,更加关注风险加权资产计量过度依赖银行内部模型所带来的套利、不公平、不可比等问题,力求实现风险计量的简单性、可比性和风险敏感性的平衡,而且进一步严格资本定义,提升资产充足监管底线,拓宽资本监管的风险覆盖面。2017 年 12 月,巴塞尔委员会通过了巴塞尔Ⅲ的改革方案,强化了内部模型的审慎性,提高了标准法的风险敏感性。

2.3 监管资本套利研究

监管资本套利(regulatory capital arbitrage)是指银行利用资产证券化及其他金融创新交易方式,在不降低银行实际风险水平的情况下,节约所需监管资本从而赚取利润的行为。自 1988 年巴塞尔协议出台以来,资本充足率就成为衡量商业银行资本质量的核心指标。但资本监管本身的缺陷为商业银行进行监管资本套利提供了机会。

2.3.1 国外研究

国外学者对于监管资本套利的研究开始得较早。Kathleen & Shaffer(1991)[55]指出,监管也是一种税收行为,市场主体有动机降低监管税收。在利润驱动下,银行可能通过资产证券化等手段将风险资产转移到表外,从而实现资本套利(Jones,2000[56];Hellmann 等,2000[57])。Jacobson 等(2006)[58]基于监管资本与经济资本的差异分析,指出了资本套利的影响因素。Drago & Navone(2008)[59]认为不同市场主体的信用风险价差不同且不断变化,在监管资本规则保持不变的情况下,会产生资本套利的机会。

Jones(2000)[60]结合对欧美银行的套利行为研究,提出了监管资本套利的可能手段,如摘樱桃(cherry picking)、集中信用风险(concentrate credit Risk)、远程发起(remote-origination)及间接信用增级(indirect credit enhancements)。关于监管资本套利与银行风险水平的关系,国外学者的观点存在一定分歧。Rochet(1992)[61]认为在监管资本与经济资本一致的情况下,银行资本套利不会加大其资产风险。Allen 等(2004)[62]则认为资本监管规则不完善,银行资本套利会导致资产风险的增加。

为防止资本套利行为,巴塞尔Ⅲ规定自 2013 年开始实施不具有风险敏感性的杠杆率指标,并要求商业银行 2018 年达标。该规定发布前,国外学者已经对杠杆率监管展开了研究。Kupiec & O'Brien(1995)[63]、Marshall & Prescott(2006)[64]认为可由银行自主确定其资本水平,但当损失超过其承诺水平时则应予惩罚,即所谓预先承诺制。Estrella 等 (2000)[65]、Bichsel & Blum(2005)[66]的研究发现,杠杆率能够提高资本监管的有效性,防止银行的资本套利和道德风险。Blum(2008)[67]和 Hildebrand(2008)[68]指出杠杆率监管可以成为资本充足率监管的有效补充。2008 年金融危机后,资本监管制度改革的研究开始增多。Dowd(2009)[69]提出资本监管的效果受到金融机构套利的影响。Kashyap 等(2009)[70]、Frenkel & Rudolf(2010)[71]提出,可以通过银行购买"资本保险"、杠杆率监管来避免系统性风险。

2.3.2 国内研究

相比于国外,国内研究起步较晚且侧重于分析套利动因。徐宝林和刘百花(2006)[72]认为银行衡量资本套利的预期收益与成本,以决定是否进行套利及套利的程度。监管资本与经济资本之间的差异产生监管税收,这种税收是诱发资本套利的重要原因(肖崎,2006[73];宋永明,2009[74];沈庆劼,2010[75];沈庆劼,2010[76])。金融集团可通过在附属机构之间重新配置风险进行资本套利,可采取自我承诺型监管手段来降低套利行为(沈庆劼等,2016[77];沈庆劼,2010[78])。翟光宇和陈剑(2011)[79]经对上市银行 2007 年至 2011 年数据实证认为,资本充足率高的银行不一定资本充足,银行可能会通过"扩大分子"和"减小分母"进行套利。胡晓敏(2012)[80]经对 2007 年至 2010 年银行数据检验发现,资本套利带来银行间的不公平竞争,且不同类型的银行进行资本套利的程度不同。韩博和霍强(2016)[81]基于 2007 年至 2013 年上市银行数据检验发现,上市银行可能存在监管资本套利行为。

随着巴塞尔Ⅲ在全球引入杠杆率监管,国内相关研究开始增多。陆晓明(2009)[82]认为,杠杆率有助于降低监管资本套利且计算简便,但若单独使用则会鼓励银行从事高风险业务。巴曙松等(2010)[83]认为,银行系统过高的杠杆率是金融危机的一个重要原因,有必要实施杠杆率限制。中国银监会课题组等(2010)[84]指出,杠杆率监管有利于降低银行的道德风险,并限制信贷规模的过度扩张。党均章(2011)[85]也认为杠杆率监管能够遏制监管资本套利。但陈梦雯等(2011)[86]认为资本充足率与杠杆率并行使用不一定带来预期效果,因为哪项监管指标要求更严则实际上是在执行哪项指标。黄海波等(2012)[87]与陈梦雯看法类似。

简要评析:国外学者对于监管资本套利的研究较为系统但未指出套利的国别差异性,国内研究则侧重于套利的动机,偶见初步的理论探讨,但较少系统地分析我国商业银行资本套利的行为特点、特殊性、套利渠道及正负效应、防控措施。为此,本书拟将这些不足作为研究的着力点。

2.4　顺周期性研究

2.4.1 国外研究

自20世纪90年代金融危机爆发以来,学术界对于资本要求与银行信贷顺周期性的关系问题进行了研究。Hancock & Wilcox(1993)[88]、Peek & Rosengren(1995)[89]、Ito & Sasaki(2002)[90]以危机银行为样本,研究发现基于1988年协议下的资本监管会加大经济衰退期间的信贷紧缩。Segoviano & Lowe(2002)[109]以墨西哥国家银行为样本,发现1988年协议下的资本监管要求对计量信用风险具有顺周期性。Furfine(2001)[92]对美国数据实证分析发现,1988年协议在经济不景气期间抑制了银行信贷。Chiuri等(2002)[93]对新兴市场经济体研究发现,1988年协议对资本不足的银行信贷约束作用更为明显。Ayuso等(2004)[94]对西班牙银行实证研究、Bikker & Metzemakers(2004)[95]对1992年至2001年间的29个国家的银行实证研究均发现,银行的缓冲资本与经济波动呈负相关性。

2004年巴塞尔新资本协议的一个重要改进在于增强了资本与风险之间的敏感性,大多数的研究认为这将进一步加剧监管资本要求的顺周期性。Bofio(2003)[96]认为在宏观经济景气下降阶段,银行信贷组合风险上升,相应的监管资本要求提高,必然造成银行紧缩信贷,加重经济衰退。Quineyn & Taylor(2004)[97]认为,随着贷款损失的确认、借款人的信用恶

化,监管资本要求会上升。Hoggarth 等(2005)[98]对 2004 年协议和 1988
年协议的影响进行了比较研究,认为新协议下的资本监管顺周期性更强。
Repullo & Suarez(2008)[99]指出新协议下的违约贷款率计量体现了顺周
期性。一些研究还认为将资本要求与客户信用等级关联可能放大宏观经
济波动(Borio 等,2001[100])。Andersen(2011)[101]通过时间序列数据模型
研究发现,新协议提升了资本要求对资产风险的敏感性,可能加大顺周期
性,但若从较长期限设置资产的风险权重,就可能缓解顺周期性。Alber-
tazzi & Marchetti(2010)[102]通过对意大利的企业和银行研究认为,资本监
管的预期较难实现,资本缓冲与银行信贷呈正相关。

但也有研究认为,新协议对经济周期的净影响具有不确定性,因为风
险敏感型的银行可能会在事前提高资源配置的效率,从而增强外部冲击下
的经济恢复能力。Catarineu 等(2002)[103]认为,评判新协议的顺周期性问
题需要进一步考虑信用评级方法,若采用"全周期"信用评级则不会导致更
大的资本要求波动。Jordan 等(2003)[104]研究认为,实施内部评级法有助
于银行提高风险管控能力、防止资本充足率下降,一定程度上可以降低信
贷波动。Tanaka(2002)[105]指出,内部评级法在短期可能增加经济波动
性,但长期效果还不能确定。Ayuso 等(2004)[106]发现,经济资本比监管资
本对于银行信贷行为的影响作用更大。

另外,Jacques & Nigro(1997)[107]等研究认为,银行会持有超过监管
最低要求的资本,以应对市场冲击或向市场传递符合监管要求的信号。
Chami & Cosimano(2001)[108]通过资本约束模型检验发现,为持续扩张信
贷而免受监管资本约束,银行会保持比监管最低要求更高的资本。Seg-
oviano & Lowe(2002)[109]认为,在资本监管要求下,由于客户信用评级恶
化会导致资本要求的提高,因此银行会主动选择在经济景气时持有更多的
资本。Greenspan(2002)[110]也认为,新协议加大了监管力度,会促使银行
在经济上行时期保持一定的超额资本。但现有研究较少系统性地论证资
本监管顺周期性的各种影响渠道,如 Drumond(2009)[111]探讨了资本要求
加深顺周期性的机制,仅涉及信用评级方法、信贷文化等部分渠道,

Gerlach & Gruenwald(2006)[112]仅探讨了亚洲金融危机中产生顺周期性的部分因素。金融稳定理事会(FSB,2009[113])发布了《Report of the Financial Stability Forum on Addressing Procyclicality in the Financial System》,该报告仅介绍了顺周期性的损失准备、评级、会计准则等部分影响因素,缺乏系统性。此外,Mora & Logan(2012)[114]基于对英国银行业的实证研究、Conffinet 等(2011)[115]基于对法国银行业的研究、Jimenez 等(2012)[116]基于对西班牙企业和银行的研究,认为判断顺周期性效应的发生时期是比较困难的。

2.4.2 国内研究

国内学者对于资本监管顺周期性的研究起步较晚。叶良艺(2002)[117]通过对韩国等 15 个国家的数据研究发现,银行贷款和初始资本充足率负相关,初始资本充足率低的银行,信贷紧缩程度较大。黄宪和马理(2005)[118]认为,资本充足率监管下的银行信贷风险偏好趋向谨慎。杨新兰(2004)[119]研究了经济周期对银行风险水平的影响,提出了经济周期不同阶段的相机抉择的监管理念。刘斌(2005)[120]认为当银行实际资本充足率低于最低监管要求时,货币政策不能达到预期效果。唐旭(2005)[121]在研究银行资本不足与引入新的投资者的基础上,提出资本监管方面的政策建议。孙天琦和杨岚(2005)[122]分析了我国 5 家上市银行的贷款损失准备数据,未发现周期性特征。温信祥(2009)[123]认为银行资本约束愈严,银行信贷对经济周期产生的影响愈大。赵锡军和王胜邦(2007)[124]提出中国应审慎实施新资本协议,以防止对信贷供给、宏观经济造成的负面影响。王胜邦(2008)[125]实证分析发现,1995 年至 2003 年银行信贷扩张主要依赖于存款增长,2004 年至 2006 年资本监管压力促使贷款增速放缓,但并未导致严重的信贷收缩。孙天琦和张观华(2008)[126]认为银行资本本身有顺周期变化的特点,会使货币政策表现出非对称性。王胜邦和陈颖(2008)[127]认为,通过降低内部评级法风险参数的敏感度、增加超额资本、计提动态准备等可以适当缓解资本顺周期性。

随着巴塞尔协议Ⅲ正式发布,特别是逆周期缓冲资本计提框架发布以来,国内许多学者开始从宏观审慎、资本缓冲等视角探讨资本监管的顺周期性及其宏观经济效应。李文泓和罗猛(2010)[128]运用最小二乘法和广义矩分析方法,研究发现我国 16 家银行的资本充足率存在顺周期性特征。张金城和李成(2011)[129]通过对我国 5 家上市大银行的信贷数据分析,认为上市大银行的资本监管存在顺周期性。冯科等(2012)[130]研究证实我国银行信贷存在顺周期行为,并提出基于宏观审慎视角的逆周期资本监管建议,包括动态资本监管、前瞻的贷款损失拨备、全周期信用评级等。黄宪和熊启跃(2014)[131]采用 1998 年至 2011 年全球 100 个国家 1 708 家商业银行年度数据实证检验表明,银行不具备逆周期调节资本缓冲的行为特征,其资本缓冲与宏观经济波动呈负相关。还有学者对于巴塞尔委员会提出的逆周期缓冲资本监测指标的适用性进行了初步分析和检验。

也有研究表明,近年来的银行资本缓冲一定程度上体现了逆周期监管的特点。柯孔林等(2012)[132]基于 2002 年至 2009 年我国上市银行数据研究发现,银行资本和加权风险资产的变化存在逆周期性。党宇峰等(2012)[133]利用上市银行季度数据实证检验,也得出了相同结论。蒋海等(2012)[134]基于我国上市银行 1998 年至 2011 年数据研究发现,资本监管强化了资本缓冲的逆周期性特征。邹传伟(2013)[135]认为巴塞尔Ⅲ逆周期资本缓冲可以消除巴塞尔Ⅱ对信贷供给约 50％的顺周期影响,但对资产价格驱动的信贷顺周期性的消除效果可能有限。杨俊等(2015)[136]基于2004 年至 2013 年我国 79 家商业银行面板数据,检验银行竞争、经济周期与资本缓冲之间关系,发现我国商业银行资本缓冲水平存在典型的逆周期特征。许坤和汪航(2016)[137]从监管压力的视角出发,发现逆周期资本缓冲能够通过监管压力渠道对商业银行资本缓冲调整行为产生影响,但逆周期资本缓冲抑制信贷增长的作用并不明显。

简要评析:目前,国内外学术界对于资本监管顺周期问题的研究存在一定分歧,仍需要在理论和实证上进一步深入探讨。特别是巴塞尔Ⅲ颁布以来,逆周期资本缓冲机制的构建、缓冲资本计提的挂钩变量问题在我国仍缺乏实证检验分析。

2.5 系统性风险与宏观审慎监管研究

2.5.1 系统性风险

国内外学术界对于银行系统性风险的界定侧重于其外部性或"多米诺骨牌效应"。如 Kaufman(1995)[138] 提出,银行系统性风险是风险连锁反应导致的金融困难蔓延的可能性。Kaufman & Scott(2003)[139] 指出,银行系统性风险的破坏性和传染性极强。Billio 等(2010)[140] 认为,系统性风险将威胁金融系统的稳定性。国内学者翟金林(2001)[141] 和董满章(2005)[142] 也指出,银行系统性风险受内外部因素共同影响,可能诱发银行系统性危机。包全永(2006)[143] 则按照系统性风险的波及范围,将其划分为广义系统性风险和狭义系统性风险。与上述观点类似,张晓朴(2010)[144] 认为系统性风险是指金融体系瘫痪的可能性。

银行系统性风险的成因比较复杂,目前的研究还不能全面系统地解释。Chakravorti(1996)[145] 指出,银行资产组合和银行间风险暴露的相关性是导致系统性风险的主要因素。Acharya(2009)[146] 强调银行间的某类风险高度关联会导致系统性风险。Danielesson & Zigrand(2008)[147]、Korinek(2011)[148] 验证了资产价格波动对金融系统性风险的放大作用。Vartto(2014)[149] 分析美国和欧洲银行,证实了"大而不倒"银行的系统性风险。Dicks & Fulghieri(2015)[150] 认为,非系统性风险由于不确定性和传染效应,在某些情况下有可能演变为系统性风险。国内学者汤凌霄(2003)[151] 指出银行信息不对称和负外部性会加大系统性风险。包全永(2005)[152] 研究发现银行系统性风险可能导致银行体系丧失金融功能。温博慧和柳欣(2009)[153] 发现金融系统性风险可归结于资产价格波动。罗猛等(2009)[154] 指出风险的溢出、风险和收益的不对称是系统性风险的典型特征。欧阳谦(2010)[155] 认为金融创新特别是影子银行积累了金融风险。宋彤(2010)[156] 指出金融体系的过度杠杆化具有增加脆弱性、顺周期性的特点,会引起系统性风险。王兆星(2015)[157]认为,影子银行催生了新的金融业态,使得交易链条更为复杂和不透明,加速了金融风险传染和系统性风险的上升。

关于银行系统性风险的识别与测度,国外学者的相关研究比较早。Aleksiejuk & Holyst(2001)[158]基于随机银行网络模型,检验美国在大萧条期间的银行破产传染现象。King(2009)[159]指出,次贷危机以来各国的市场风险系数(贝塔值)普遍上升。Adams 等(2014)[160]研究了不同金融机构之间的溢出效应,发现存在明显的差异。国内学者王书斌和王雅俊(2010)[161]基于我国银行 2006 年至 2009 年数据,从不良资产的角度对银行系统性风险衡量进行了初步探讨。苏玉峰(2016)[162]认为可以从银行的高杠杆比例、较低现金资产比率和资产负债结构不匹配等角度研究系统性风险。

总体来看,由于银行系统性风险产生的原因复杂、度量难,研究对象或应用范围具有局限性,目前尚未形成系统的理论诠释。

2.5.2 宏观审慎监管

2.5.2.1 国外研究

"宏观审慎监管"一词于 20 世纪 80 年代首次出现在国际清算银行的文件中。亚洲金融危机爆发后,虽然宏观审慎监管得到了国际金融监管组织的重视,但相关研究进展缓慢。Shin(2009)[163]指出,直至 2008 年金融危机爆发后,进一步认识到宏观审慎监管的重要性。政策制定者和学术界普遍认为强化宏观审慎监管框架(macroprudential framework)是维护金融体系稳定的关键。国际清算银行研究与政策中心负责人 Borio(2005)[164]认为,宏观审慎监管模式应包含两个层面:①特定时间内风险如何在金融体系内传播——横向层面,关键是处理金融机构间共有且相关的风险;②整体风险如何随时间累积而产生——时间层面,关键是解决系统性风险被金融体系内部以及金融体系与实体经济间的相互作用所扩大即顺周期性问题。Bernanke(2009)[165]提出了宏观审慎监管的政策框架,包括:监控跨机构和跨市场的风险传染性;监测金融脆弱性和共同风险敞口;

关注系统性风险监管缺陷等。IMF-BIS-FSB(2011)[166]共同发布《宏观审慎政策工具和框架》,指出宏观审慎政策应以防范系统性金融风险为目标。

科学评估系统性风险是实施宏观审慎政策的前提和基础。Allen & Gale(2000)[167]研究认为,系统性风险在非完全市场条件下发生的可能性较大。Freixas等(2000)[168]认为金融机构的系统重要性决定了风险传染的概率。Wasserman & Faust(1994)[169]、Mark等(2011)[170]和Von Peter(2007)[171]发展了通过设立关联性和集中度等统计指标来评估系统重要性的方法。Mistrulli(2005)[172]和Degryse & Nguyen(2007)[173]等人则主张通过计算金融机构倒闭对网络中其他实体的影响来衡量系统重要性。Acharya等(2010)[174]运用网络分析法实证分析了意大利的银行系统性风险。

宏观审慎监管的重点在于监管政策工具的设计和实施。从时间层面,可以通过逆周期监管来抑制信贷过度扩张及降低杠杆率,以平滑金融体系的顺周期波动。如,Saurina & Trucharte(2007)[175]提出按照预期损失计提贷款拨备的方法。2010年,巴塞尔发布了《各国监管当局实施逆周期资本缓冲指引》。从横向层面,可以建立系统重要性机构(systemically importment institution)监管政策框架(Board,2009)[176],降低单家机构风险敞口和限制过度依赖批发融资(中国人民银行,2009[177];钟震,2012[178]),强化对中央交易对手和金融市场基础设施的监督管理(BCBS,2010[179])。Bianchi & Mendoza(2013)[180]建议用"宏观债务税"来惩罚金融机构的高杠杆行为。Clerc等(2015)[181]探讨了经济周期内最优资本的可能性并建立了相关模型。

2.5.2.2 国内研究

宏观审慎监管问题亦引起国内学者的重视。对于宏观审慎监管的必要性,苗永旺和王亮亮(2010)[182]认为,金融创新、金融市场的不稳定性以及顺周期性加大了系统性风险,必须加强对金融体系的宏观审慎监管。张华(2010)[183]研究了银行综合经营可能导致的系统性风险隐患,并指出需要加强宏观审慎监管。李亚奇(2017)[184]认为宏观审慎监管、逆周期资本监管和防范系统性风险成为国际金融监管改革的方向。

关于宏观审慎监管的实施路径及框架构建,国内学者进行了多角度研究。李宗怡和冀勇鹏(2003)[185]指出监控银行体系的隐性风险和建立问题银行退出机制是两项重要措施。孙涛(2002)[186]认为宏观审慎监管不限于监管体制重建,还包括理念、体制、指标和方法的完善与统一。李妍(2009)[187]认为银行监管应上升至宏观层面,并提出一些审慎规则。闫海(2010)[188]提出应建立系统性风险预警和逆周期监管机制。李健全(2010)[189]指出应从防控系统性风险出发,重建金融业宏观和微观审慎监管机制。何德旭等(2010)[190]建议中国建立逆周期的监管制度体系。巴曙松等(2010)[191]认为宏观审慎监管应与传统的微观审慎监管相协调。周小川(2011)[192]提出宏观审慎政策应作为中国应对金融危机的重大战略,且需要动态发展和体现逆周期特点。范小云和王道平(2012)[193]分析了巴塞尔Ⅲ在微观审慎监管和宏观审慎监管方面的改进措施。梁颖琳(2013)[194]指出了中国宏观审慎监管框架下的监管协调问题。王兆星(2015)[157]提出了宏观审慎监管的"三个一",即一个组织架构体系、一个系统性风险监测体系和一个监管工具箱。

简要评析:无论是政策制定者还是学者,都认识到加强宏观审慎监管的必要性,也认同要从系统性金融风险防控的角度推进宏观审慎监管,从时间维度(如逆周期资本监管)和空间维度(如系统重要性金融机构监管)构建宏观审慎监管工具箱。国内外的研究尽管还不系统,但仍为本书的研究切入点指明了方向。

2.6　资本监管有效性研究

2.6.1　国外研究

资本监管的核心是通过限定银行最低资本充足率并加强持续监管,以促进银行体系防控金融风险,但资本监管的有效性一直备受争议。

一种观点认为,资本监管会激励银行承担风险。Koehn & Santomero (1980)[195]、Kim & Santomero(1988)[196]认为,为弥补由于资本充足率限制而带来的效用损失,银行有可能在新的资产组合中增加更多的风险项目。Rochet(1992)[197]也持类似观点,认为银行会成为风险偏好者。Shrieves & Dahl(1992)[198]通过联立方程模型研究发现,银行资本与风险资产之间存在正相关关系。Besanko & Kanatas(1996)[199]研究认为,资本监管下,银行将会扩大外源资本如股权融资,并影响内部激励,引起资产风险上升或市场价值下降。Blum(1999)[200]认为,资本监管具有双重效应,即初始阶段会制约银行扩张高风险业务,一旦银行达到监管最低要求后,则有可能会增加风险承担水平。Jeitschko & Jeung(2005)[201]研究发现,随着监管资本要求的提高,银行的风险承担水平会提高。Jokipii & Milne (2011)[202]对美国银行业资本缓冲研究发现,资本缓冲短期调整愈大,银行风险承担水平愈高。

另一种观点则认为,资本监管有助于约束银行的风险承担行为。Kahane(1977)[203]、Kareken & Wallace(1978)[204]、Sharpe(1978)[205]等,研究发现资本监管在完全市场的假设条件下,可以降低银行的资产风险行为。Pyle(1971)[206]、Hart & Jaffee(1974)[207]、Keely & Furlong(1990)[208]、Jacques & Nigro(1997)[209]、Laeven & Levine(2009)[210]的研究也表明,资本监管可以促进银行降低风险水平。Elsinger(2004)[211]、Repullo & Suarez(2004)[212]认为资本监管可以促使银行规避过度风险的行为,以审慎选择适当的资产组合。Decamps 等(2004)[213]发现,最低监管资本要求有利于银行降低道德风险,市场纪律的引入会使资本监管的作用更为明显。Kopecky & VanHoose(2006)[214]认为资本监管利于改善银行成本收入结构,降低信贷供给及其风险。Blum(2008)[215]认为应引入杠杆率以增强资本监管的有效性。

资本监管对银行风险行为影响的差异性体现在不同国家的实证研究中。Ediz 等(1998)[216]基于英国银行业 1989 年至 1995 年的数据研究,发现资本监管在不影响银行资产选择的情况下增强了银行的稳定性。而

Rime(2001)[217]在对美国、英国、瑞士的比较研究中发现,在资本监管约束下,虽然上述国家均提高了资本充足水平,但是美国和瑞士的银行资产风险随之扩大。Ghosh 等(2003)[218]对印度银行研究发现,银行主要通过调整资本而非调整高风险贷款来满足资本充足率监管要求。Roy(2005)[219]发现,加拿大、日本、英国和美国的监管压力能激励银行提高资本水平,但法国和意大利则无明显效果。Stolz 等(2004)[220]研究 1994 年至 2002 年的德国银行数据发现,资本充足率较低的银行会增加资本和降低风险资产,而资本充足率较高的银行则倾向于增加资本的同时相应增加风险资产。Godlewski(2004)[221]将 Roy 的模型应用于 30 个新兴经济体 2779 家银行,证明资本监管能够降低风险。Hussain & Hassan(2005)[222]对巴西、泰国、土耳其等发展中国家研究发现,资本监管在提高银行资本方面的效果不显著,但有助于降低银行风险水平。Singh 等(2009)[223]研究了印度商业银行,发现银行资本的提高并不一定伴随风险的降低。

综上,近年来,国外诸多的实证检验证实了资本监管对银行风险行为存在重要的影响,但由于市场环境、银行发展阶段和资本监管力度的不同,资本监管的有效性在各国仍然存在明显差异(Barth 等,2001[224]),国外学术研究亦未取得共识(Santos,2001[225];Van Hoose,2007[226])。

2.6.2 国内研究

2004 年我国实施《商业银行资本充足率管理办法》后,国内学者对资本监管的效果进行了研究。一些研究认为资本监管有助于降低银行资产风险。黄宪等(2005)[227]证明在静态条件下提高资本要求能够有效地降低银行风险。胡杰(2006)[228]发现,资本监管促使银行厌恶风险。吴栋和周建平(2006)[229]研究发现,资本监管可以促使银行的风险水平降低。周光宇和杨博(2010)[230]研究表明,资本监管促进了商业银行风险的下降。袁鲲和饶素凡(2014)[231]对上市银行 2003 年至 2012 年实证发现,杠杆率和资本充足率的"双重"监管有助于促进银行提高资本水平和降低风险水平。熊启跃和杨昊龙(2015)[232]研究表明,巴塞尔Ⅲ实施后全球系统重要性银行提高了资本充足水平,更加注重合格资本的"分子"策略。代军勋和陶春喜(2016)[233]基于 2006 年至 2014 年我国 36 家商业银行数据检验发现,资本监管、流动性监管与银行风险承担之间存在负相关关系。

另外一些学者的研究认为,资本监管对于降低我国商业银行风险的作用不确定或不明显。朱建武(2006)[234]发现资本监管压力未对我国中小银行风险行为产生明显影响。张强和武次冰(2007)[235]发现资本监管虽然一定程度上提高了银行资本水平并降低了银行风险,但效果逐渐减弱。王晓龙和周好文(2007)[236]基于 2000 年至 2005 年数据实证,发现资本监管对于降低风险的作用不明显。刘夏和蒲勇健(2007)[237]研究发现,资本监管对我国金融控股公司的资本有影响但风险行为影响不大。吴俊等(2008)[238]研究结果表明,在资本充足率监管"软约束"情况下,巴塞尔协议在我国的实施没有明显作用。周文(2007)[239]的研究表明,资本水平低于监管要求的银行并未着力降低风险,这可能与监管惩罚力度不够有关。江曙霞和任捷茹(2009)[240]对 1998 年至 2007 年美国商业银行数据研究发现,资本监管对资本充足的银行提供了监管套利机会,表外业务对资本和风险水平的调整存在显著影响。许友传(2011)[241]发现监管压力没有实质影响银行的风险承担行为。成洁(2014)[242]基于我国 2004 年至 2010 年银行数据研究发现,惩罚压力和预警压力对于银行的资本和风险调整影响不同,银行为达到资本监管要求,补充资本的同时又不放弃追求高风险高收益。李卉冉和孙英隽(2015)[243]通过对比我国上市银行 2004 年至 2014 年数据发现,资本监管对银行提高资本充足水平产生积极影响,但对于降低银行风险行为效果有限。张敬思和曹国华(2016)[244]基于 2009 年至 2013 年我国 53 家商业银行的财务数据研究发现,资本约束对银行风险承担的影响存在门限效应,当资本充足率低于门限值时,提高资本要求会降低银行风险。

综上,从国内学术研究情况看,资本监管对于银行资本水平和风险承担行为的影响效应不同,有的研究结果表明资本监管有助于降低银行风险行为,有的研究结果表明资本监管效果不确定或不明显。资本监管可否持续影响或如何影响银行风险调整?本书认为实证检验资本监管对银行资本及风险水平的影响及影响因素很有必要,同时注意到上述研究大多数未检验不同监管压力下的不同银行资本监管有效性的变化时期,未能充分反映 2013 年新的《商业银行资本管理办法(试行)》实施前后银行的风险承担行为特征,这也就成为本书研究的着力点。

2.7　文献述评及本章小结

本章围绕本书的重点研究领域,从资本监管理论、资本监管制度、监管资本套利、资本顺周期性、系统性风险及宏观审慎监管、资本监管有效性等方面,对国内外文献进行了综述评价,可以看出相关研究文献没有系统地解决以下问题,这些为本书的研究着力点、研究方法及创新提供了重要思路。

(1)现有的银行监管理论、资本监管理论大多是从为何监管的角度出发,而鲜见从风险视角及运用经济学方法、聚焦于"如何监管"的资本监管理论规范分析。"银行监管,风险为本",研究基于风险视角的资本监管理论十分必要,而且对于提升我国商业银行资本监管有效性具有现实意义。本书由此出发,将在第 3 章专门分析现有理论不足,重点从银行风险承担水平的影响因素出发,对动态适度的资本监管及其"风险调整"标准进行理论探讨,以一定程度上弥补资本监管理论研究的空白。

(2)全球商业银行资本监管变革仍在进行中,后巴塞尔Ⅲ时期的资本监管制度改进也将呈现新的特征。随着我国商业银行风险管理压力的上升,商业银行资本监管如何改进和提升有效性将面临新的挑战。而现有文献中,对于我国商业银行风险形势变化下的资本监管演进规律或改进方向,包括监管战略、监管范畴与模式、宏微观监管工具等尚未进行系统研究。

(3)监管资本套利问题成为爆发 2008 年金融危机的重要原因之一,国外对此研究较成体系但欠缺国别差异性分析,我国对于资本套利的理论分析、套利在我国的特殊性、套利渠道和正负效应等研究还不够系统。

（4）随着巴塞尔Ⅲ的颁布，许多学者从宏观审慎、资本缓冲等视角探讨资本监管的顺周期性及逆周期资本缓冲机制的设计问题，但研究结论仍存在一定分歧且缓冲资本的实证检验分析偏少，特别在如何选取适合我国国情的逆周期资本缓冲监测指标、建立逆周期缓冲资本提取机制等方面仍需要深入研究和实证检验。

（5）资本监管有效性始终成为业界争论的焦点，其实证结论在不同国家、不同时期均表现出不同。为此，有必要结合我国监管实践设定符合实际的资本监管压力变量，持续检验资本监管对银行资本水平及风险水平的影响效应，并探讨资本监管约束下的银行最适资本充足率等微观影响机制。

3

资本监管的一般理论
及风险调整标准

银行监管,风险为本。本章在第 2 章文献研究的基础上,专门讨论商业银行资本监管的基础理论并拟在理论研究上有所创新。首先,从经济学中的管制理论出发,探讨为何实施资本监管的问题;然后,在分析现有理论不足的基础上,有所创新地提出更具现实意义的资本监管的新视角——风险视角,通过经济模型推导,重点讨论如何把握资本监管的强度即“风险调整”标准,从而尝试构建一个动态适度的资本监管理论分析框架,以丰富现代商业银行资本监管理论体系。

3.1　银行监管的理论基础

银行监管(banking supervision)是指一个国家(地区)的金融监管当局依据国家法律的授权对银行业实施监督管理的行为。银行监督管理理论源于经济学中的管制论,主要有:社会利益论(public interest theory)、利益集团论(interest group theory)和管制成本论(supervision cost theory)。

社会利益论又称公共利益论,主张现代经济社会并不存在完全的市

经济,认为市场总是有缺陷的,如自然垄断(natural monopoly)、外部效应
(externality)和信息不对称(asymmetric information),而作为社会公共利
益代表的政府管制可以减少和消除上述市场失灵,从而增进资源配置效
率、提高社会福利和保护公众。但管制效果的某些实证研究却得出管制会
降低效率、破坏竞争的结论,从而诞生了利益集团论。

20世纪六七十年代,出现了以利益集团理论为核心的追逐论、供求
论、寻租论、公共选择论。追逐论的实证研究表明,监管部门会被产业部门
所控制,最终被俘获(capture)。供求论认为,管制也存在需求与供给及其
平衡问题,应避免过度管制。寻租论较好地诠释了政府监管与市场参与者
之间的经济利益关系,认为政府管制会加剧市场中的寻租机会。由布坎南
等人发展起来的公共选择理论认为,政府也存在失灵问题,因为政府监管
者也是经济人,存在"管制时滞"(regulatory lag),必须合理确定政府管制
的职能空间。

管制成本论以经济学的基本原理之一——资源的稀缺性为基础,认为
在追求理想的管制目标时必须考虑管制成本的因素(张忠军,1998[245]),包
括由政府负担的行政成本和由被管制者负担的合规成本(compliance
cost),并提出了成本有效性分析思路来判断管制的有效性。

上述理论是如何在银行监管中应用的呢?归纳起来,学术界有如下几
种论断:市场失灵说、金融脆弱说、政府失灵说等。

3.1.1 市场失灵说

20世纪30年代发生在西方国家的经济危机,使人们认识到看不见的
手的经济原理存在缺陷。社会利益论认为,仅靠市场不能实现帕累托最
优,在存在自然垄断、外部性和信息不对称的情况下,市场会失灵。金融市
场上的市场失灵普遍存在。例如,银行体系中的自然垄断可能表现为:某
家机构占据过高的市场份额会影响其他机构的市场进入;公平、自由竞争
的市场机制受到破坏,影响了市场效率;银行机构"太大而不能倒"等,为维
护市场秩序,就必须有政府的监管规制。

银行业体系中的负外部性主要源于银行经营的特殊性。银行业是一

个严重依赖外部资金和公众信任的行业,比如,相对于工商企业,银行使用同样的资本金可以实现 10 倍以上的杠杆经营;资产、负债期限错配是其经营盈利的重要方式之一,但却伴随着流动性风险;一家有问题机构的存款挤兑可能传染至其他的健康银行,甚至引发系统性金融风险;银行的风险损失、低效率、信用萎缩等都会影响到经济生产领域,而来自银行体系外的输入型风险如非法集资、过度的跨业套利活动等也会威胁银行体系的稳定性和加大负外部性。为此,政府通常会对具有负外部性的行为进行约束,对具有正外部性的行为进行补贴,通过改变激励使得"外部性内在化"(internalizing the externality)。

新凯恩斯学派认为,经济循环中信息不对称广泛地存在,是非完全竞争市场的内生特征,也受到组织制度等外生性因素影响。信息不对称既损失效率,也引发风险,作为信用中介的金融机构便成为解决这些信息不对称的基本工具。但是,银行体系本身也面临着与存款人和金融消费者、借款人、所有者和经营者"委托—代理"关系中的信息不对称问题,易造成银行对存款人和金融消费者的误导、欺瞒,造成借款人"劣币驱逐良币"对银行贷款安全性的不利影响,造成银行各级经营者——代理人对委托人的道德风险,为此需要监管。此外,由于金融公共秩序和一些金融服务的提供具有非排他性,易被某些人过度利用而形成"公地悲剧",或者一些政策性金融服务、金融公共物品因难以形成市场价格而造成私人不愿提供、供给不足,从而发生"反公地悲剧",这些也需要由政府采取激励措施加以监管引导。

2008 年席卷全球的金融危机凸显了金融市场失灵,表现为四个方面:①个体危机的负外部性。现代金融市场的风险传染性日益上升,由某一银行的危机导致的流动性停滞将会通过"多米诺骨牌效应"冲击整个金融体系。②金融体系在一定程度上具有公共产品或准公共产品的特征,金融市场上的"搭便车"行为会影响金融产品供给的充足性。③金融市场因为信息不完备产生的逆向选择和道德风险问题易造成市场机制失灵。④道德风险问题。一些亲社会价值的东西如职业道德、市场信心、诚信履约、买者自负、卖者有责等信用文化,对于构建有效率的金融市场和稳定金融秩序至关重要。但有些银行依靠"发起(次级贷款)—分销或出售(证券化)"的经营模式(originate-to-distribute model),使得次级抵押贷款的发起人无动力确保贷款拥有较低的信用风险,抵押贷款的经纪人拿到佣金后更无动力考虑贷款利息偿付风险,从而造成责任不清,放大了"委托—代理"问题,违背了"卖者有责";危机爆发后,仍然有一些银行高管可以获取高达数亿元的离职费用,其贪婪和掠夺破坏了社会信用。

3.1.2 金融脆弱说

金融脆弱性(financial fragility)理论最早源于马克思对货币的脆弱性研究。美国经济学家海默·明斯基(1985)针对金融脆弱性,提出了"金融不稳定性假说(financial instability hypothesis)",认为银行的高负债特性成为金融市场脆弱性的来源。归纳起来,经济学界对于金融脆弱性成因的诠释主要有如下观点:

米什金(Mishkin)认为,银行体系的内在脆弱性主要源于银行市场存在信息不对称所导致的逆向选择和道德风险以及存款挤兑。尽管银行可通过限制性契约等手段约束借款人,但并不能防控借款人影响偿债能力的所有风险活动。由于存款人无法辨识存款银行的安全性,因此一旦银行发生声誉风险或意外事件,会诱发存款人挤兑,存款人这种个体行为的理性导致了集体的非理性。著名的 D-D(Diamond & Dybvig)银行挤兑模型证明,市场信心崩溃时银行体系非常脆弱。

凯恩斯(Keynes)认为,金融市场脆弱性首先来自金融资产未来收入的不确定性,其次是市场的不完全有效性。如 Kindleberger(1978)[246]指出,市场集体非理性导致的过度投机会引起股市的过度波动;Fama 等有效市场理论认为,现实经济中不存在强有效市场。汇率的过度波动也将增加金融市场脆弱性,如 Dornbush 认为在浮动汇率机制下,市场预期会引起汇率大幅波动;Eichengreen 指出在盯住汇率机制下,若国内经济恶化,外部攻击会引起汇率下跌,银行外债会因本币贬值而扩大。

金融自由化激化了金融内在脆弱性。Williamson、Caprio & Levine

等研究发现,爆发金融危机和银行危机的国家大多数实行了金融自由化,如利率自由化、放松业务管制和资本自由流动等。Hellman、Murdock 和 Stiglitz 指出,利率自由化可能会增大银行风险管理的难度,银行对于利率管制的特许经营价值会降低,从而扭曲风险管理行为,进一步影响金融体系的内在稳定性。在放松管制的情形下,银行资金若过度进入资本市场,将加速资本市场欠发达国家的泡沫形成;银行全球化经营、混业经营都将增加国际金融体系的脆弱性。Carter 指出金融创新激励了投机性融资,Greenspan 指出金融衍生品风险更具渗透性和系统性。东南亚金融危机后,国际上开始重新重视资本流动带来的脆弱性,Kindleberger 认为,游资将引发经济泡沫及汇率无规则波动等。

商业银行作为金融中介机构,为经济社会提供了流动性服务,承担了风险分散的职能,并能解决信息不对称问题,帮助金融市场实现资金在贷款——储蓄者与有生产性投资机会的人之间的转移(又称"资产转换",asset transformation),对于提高经济社会的运行效率至关重要(米什金,2009[247])。上述银行的特殊功能作用,更加决定了银行体系的重要性和脆弱性,表明监管的必要性。

此外,20 世纪 90 年代,新凯恩斯主义经济学家提出的"金融约束论"也强调政府干预的重要性,认为选择性的政府干预有利于金融发展。

3.1.3 政府失灵说

1929 年西方国家经济危机及之后的经济大萧条,打破了古典经济学"市场万能论",使凯恩斯主义所倡导的政府干预经济政策取得了经济学的主流地位,因为政府能够将"看得见的手"伸向市场,可以通过强制性的制度规定和手段,对私人逐利的行为进行必要约束,以保证社会公共秩序的生成和稳固。

在市场经济条件下,政府的重要职能是弥补和纠正市场失灵。银行监管作为公共产品,是一种弥补市场失灵、恢复公众对金融市场信心和维护金融体系稳健运行并使公共利益不受侵害的制度安排,特别是对于一些市场缺陷如金融产品供给不足、银行过度追逐利润等可以采取监管行动,同时,通过创造租金等激励手段,促进银行业提高金融资源配置效率。米什金在《货币金融学(第九版)》中指出,金融监管的类型包括:为防范银行过度冒险和道德风险的监管措施,如资本金要求、整改纠正措施、市场准入限制和现场检查、信息披露、消费者保护以及过度竞争限制等,以及存款保险、流动性支持、再贷款等政府安全网。

但是,在市场经济条件下,市场机制与政府机制并没有完全的互补关系(黄健荣,2014[248]),市场缺陷并不意味着有了政府干预就必然可以改善,仍存在一定情形下的"政府失灵"。关于政府失灵的定义,萨缪尔森强调政府政策或集体行动不能改善经济效率的问题,查尔斯·沃尔夫强调政府活动的高成本与低效率和分配不公的问题,以布坎南为代表的公共选择学派强调政府干预的局限性问题。从公共管理的角度,政府失灵的主要原因:一是政府也面临信息不对称的困境,会存在监管知识能力的不足,并由此导致监管低效率;二是政府官员也是"经济人",有个人利益和偏好,会使得政府行为与公共利益之间存在差异;三是管理成本与收入的分离导致政府预算最大化或追求短期政绩,政府管理的成本包括政治成本、经济成本、管理成本、社会成本等。由此导致的政府失灵表现为:政府的立法、公共政策以及治理行为有时会达不到目标,公共产品供给低效或浪费,政府决策失误、政府部门的自我扩张、官僚腐败及创租收租,甚至造成社会福利损失。

政府虽然在金融体系中扮演重要角色,但也存在监管履职困难、监管不到位和监管失效等问题。米什金在《货币金融学(第九版)》中指出,监管者与金融机构之间始终存在着博弈,在不断演变的市场环境中,若监管者不能迅速应对市场或缺乏足够的资源技术,就可能无法阻止金融机构的冒险行为;此外,被监管的机构可能会疏通政治家,使得监管行为向有利于他们的方向倾斜。联合国发布的《斯蒂格利茨报告》认为,2008年金融危机爆发的原因之一是金融监管不完善,如长期低利率政策的积弊、场外金融衍生品监管不足、系统性风险监管缺乏、国际监管合作不够等。海曼·明斯基提出的"金融不稳定假说"认为政府干预不能根除金融脆弱性。监管失灵的主要原因：①监管成本的约束，包括为确保监管政策实施的监督检查成本和被监管机构的内部控制成本；②信息劣势，政府相比于银行等金融机构，常常处于信息劣势；③监管效率能否得到有效保证，取决于是否对金融机构产生激励效用（张景，2010[249]）。

3.2　资本监管的一般理论

从上述监管理论来看，市场失灵说和金融脆弱说均诠释了银行监管的必要性，但均未证明银行监管一定能实现监管目标。政府失灵说则从金融危机的现实分析出发，指出政府干预并不一定能达到目标，并论述了影响监管效能的因素。但现实的问题并非是否需要监管，而是如何有效地实施监管。

现代公共管理学者、新加坡国立大学陈抗教授等主张，有效公共管理的最高目标是善治——政府与市场的共同治理。①政府与市场发挥不同的比较优势，政府拥有强制性的公权力，市场凭借市场机制配置经济资源。政府、市场有其各自的行动资源及行动逻辑，针对各自的比较优势，选择恰当的机制或进行机制的混合运用，是实现有效公共治理的关键。②政府与市场的关系需要保持平衡，良性互动的治理机制超越了单一的市场调节机制和单一的政府干预机制，应由市场承担的必须由市场来发挥作用。美国次贷危机及席卷全球的金融危机可谓是政府监管缺失和市场失灵的典型，正如法国帕斯卡尔·德利勒所说"这次金融危机在很大程度上是国家和国际治理体系的失败，也是私营和公共体制的失败"。这次危机表明，单一的政府主导型或市场主导型金融治理模式亟待重构。因此，危机后，巴塞尔委员会发布的新版资本协议更加注重平衡政府监管与市场纪律的关系，建立了最低资本充足监管要求、监督检查和市场约束等资本监管的"三大支柱"，强化了银行自律、银行监管和市场机制之间的相互补充作用，更加注重平衡银行监管的稳定、成本与效率目标。

3.2.1 市场对银行的资本约束

前述分析过,商业银行为确保其特许权价值,一般不会违背资本监管规定,其自律动机是持续经营的内在需要。为实现预期价值最大化,商业银行还需要确定一个适当的资本水平,即银行持有的资本充足率,对其预期价值有着重要的影响(Marshall,1999[250])。1958 年莫迪格利安尼—米勒定理(MM 定理)提出了"资本结构无关论",认为在一个信息完备、完全竞争的市场,企业价值与资本结构无关,不存在最优的资本结构。根据该定理,在完全竞争市场上,市场对银行持有多少资本没有约束,但该定理的假设条件在现实中并不存在,后续的资本监管理论研究则集中于放松假设条件后的研究。

与 MM 定理的假设不同,由于存在信息不对称,银行中的股东和管理层之间、股东和存款人之间都存在委托—代理问题。苗雨峰和邓鑫(2011)[251]认为,与存款人相比,股东拥有银行的信息优势,当银行面临破产时,股东不愿意为银行补充资本,因为创造的价值将被存款人获得,即银行价值最大化并不必然使股东价值最大化,为此存款人和股东之间的利益冲突将促使银行资本要求的提高。叶立新(2006)[252]认为,银行的低资产负债率将会向市场发出银行稳健的信号,从而提升银行价值,使得存款人和股东之间的委托—代理问题得到缓解。与股东相比,经理人拥有银行的信息优势,但银行一旦破产,经理人会丧失其人力资本,因此银行的资产负债率愈高,经理人就会更努力以避免银行破产。另外,Brealey 等(1977)[253]的研究表明,相对于股东,银行管理层利用信息优势获取银行的剩余控制权,倾向于追求自身利益,即产生所谓的自由现金流由管理层支配的问题,而存款人的集中挤兑行动会对管理层行为产生约束作用,为此股东和管理层之间的利益冲突将随着银行杠杆率的下降而减少,提高资本充足水平可以缓解股东和存款人之间的利益掠夺。

此外,MM 定理未考虑银行税收、财务困境成本(distress cost)。一般情况下,银行负债融资(如吸收存款)会产生税前利息,具有避税效应,而股权融资会产生税后股利,因此负债融资或财务杠杆率的提高,可能会提高银行的价值。但是,Berger 等(1995)[254]认为,随着杠杆率的提高,在预期收益一定的情况下,银行的预期财务困境成本(如破产、存款人挤兑、金融产品竞争力下降)会增加。因此,提高资本比率,有利于提高银行价值,而能够使银行价值达到最大的负债率,即为最佳的债务比率(江曙霞,1994[255])。银行资本结构必须权衡负债融资带来的避税效应和可能的财务成本。

巴塞尔新资本协议提出市场约束(又称"市场纪律")是第一支柱和第二支柱的重要补充,旨在通过市场机制来约束银行,主要途径是借助于银行的信息披露和审计、会计、信用评级等社会中介机构,依靠利益相关者包括银行股东、存款人、债权人等的利益驱动及对银行的监督,通过将管理落后或不稳健的银行逐出市场来促使银行体系安全稳健经营。市场约束条件下,资本充足、经营状况好、信用水平高的银行容易拥有更广泛的客户,其融资成本更低,可以获得更为宽松的经营条件。当然,市场约束发挥作用的前提条件必须具有健全的金融市场体系、充分有效的信息披露机制、完善的维护市场运行的法律体系、市场参与者有较强的金融风险意识等。

3.2.2　监管对银行的资本约束

银行经营具有特殊的风险性,主要体现为高杠杆经营下的期限转换和资产转换所带来的风险。如,银行吸收存款并偿付存款本息,同时利用存款发放贷款、"短借长贷"并承担借款人违约风险和收取贷款利息,在充当存款人—借款人的资金供需中介的同时,也承担了由此产生的流动性风险、信用风险、市场风险、操作风险等。银行负债经营的特性和金融脆弱性都会影响银行体系的稳定性,银行资本便有了特殊的功能作用:①承担风险和吸收损失。Matten(2000)[256]提出,当面临非预期损失及冲击时,资本不仅可充当银行应付未来不确定损失的缓冲器,而且可为银行留出空间以便恢复增长,降低银行的破产概率。②提振市场信心。当面临银行挤兑时,银行资本将首先用于赔偿存款人的存款;当个别银行经营失败影响社会公众信心时,若其他银行资本充足,则可以减缓银行恐慌(bank panic)的传染效应。③发挥市场约束作用。国际货币基金组织 Hardy(2012)[257]研究发现,银行的资本水平能够反映银行的风险状况,有助于建立市场约束机制,但信息不对称性可能使存款人不能有效识别低资本水平的信号。

为保持银行体系的安全性,各国政府安全网推出了一系列举措,如充当最后贷款人、存款保险制度等,但这些防线在保护存款人利益、减少恐慌带来的社会成本的同时,也削弱了市场的约束、惩戒作用。实行存款保险制度,强化了存款人对其资金安全的预期,弱化了存款人参与挤兑的心理动机,投保银行也将维护存款人信心的责任转移给存款保险机构,银行破产成本不会随着存款负债的增加而增加,这就可能导致银行愿意持有的资本比率下降。D-D挤提模型证明,存款保险制度的存在使得银行过度冒险。此外,Chan、Greenbaum 和 Thakor 研究发现,由于信息不对称的存在,存款保险费率很难依据风险定价。在相同费率下,会导致"逆向选择",低风险银行的保险效用反而低,掩盖了银行之间的风险差异。因此,实行资本监管一定程度上可以替代存款人对银行的风险识别、监督,对银行资本结构进行干预,以减缓存款保险下的资本比率可能降低的趋势。

综上,资本监管是弥补市场失灵、政府失灵的重要手段,体现了银行、监管、市场"三方"的共同治理,是有效银行监管的重要政策工具,资本充足比率要求的高低成为监管当局调节监管力度的一个重要指标。资本具有事前的成本约束和事后的风险补偿作用,事前能够防止银行体系过度承担风险,事后能够提升银行体系吸收损失的能力(马冰,2012[258];王胜邦,2016[54])。正如王兆星(2014)[259]强调,随着市场经济的发展,特别在提出"把银行真正办成银行"之后,资本监管在金融稳定中的作用越来越重要。银监会提出了监管的六项原则:坚持市场导向原则,但要防止走向过于迷信市场的极端;坚持公开公正透明的原则;坚持激励约束平衡的原则;坚持持续监管的原则;坚持底线思维的原则,维护金融安全;坚持立足国情放眼全球的原则。危机之后的各国金融监管改革更是将资本监管制度改革摆上重要议程。

3.3　资本监管的动态调整标准:风险视角[①]

上节重点分析了资本监管的必要性,本节将重点探讨如何动态地实施资本监管,资本监管的力度和调整时机如何把握。

3.3.1　现有理论隐含的监管标准及其缺陷

从古典经济学到新古典经济学、凯恩斯宏观经济学、信息经济学、社会管制理论、博弈论等,都从不同角度提出了包括资本监管在内的银行监管理论主张。监管的理论中隐含着以下两类监管标准:

(1)市场失灵标准:①借款人、银行、储蓄者之间存在信息不对称。②银行业不是完全竞争的,某些银行占有垄断优势。③银行挤兑、破产具有传染性,Freixas & Rochet(2008)[260]认为这是一种负外部性,这种负外部性会随着金融杠杆程度的扩大而扩大。据此可以提出动态监管的标准,即市场失灵程度越大,监管应越严,反之亦然。

(2)政府信用标准。李稻葵等(2003)[261]提出基于政府失灵的银行监管理论,认为政府提供信用必须同时加强监管。汪莉等(2016)[262]认为,政府隐性担保会带来竞争性扭曲。宋凌峰和阳浪(2016)[263]、朱子贤和徐培文(2011)[264]认为,监管宽容将增加政府救助成本。王志刚(2016)[265]、聂新伟(2016)[266]和杨雪冬(2015)[267]也认为过度的政府信用或政府担保会影响市场机制建设,必须辅以监管。据此也可以提出动态监管的标准,即政府信用水平越高,监管就应越严。

上述两个标准,均表明银行监管的核心是监管者与被监管者的一种关系和博弈,或政府与市场的一种关系和博弈,均从各自角度体现了银行监管的内在要求,但仅强调了监管价值的一个方面。在一定时期内,无论是市场失灵的程度,还是政府信用的提供水平,都具有相对稳定性,在这些变

①　本节及以下主要内容已发表于中央财经大学学报(2010 年 11 期),题目为《基于风险视角的动态银行监管规则》。

量既定的情况下,仍然存在银行监管的制度安排或规则选择问题。为此,还需要提出更为现实的标准。

3.3.2 风险调整标准

与非金融企业不同,银行是高杠杆机构,是经营和管理金融风险的信用中介。风险为本的银行监管理念和原则是当前国际银行监管的普遍遵循,巴塞尔委员会主导的《有效银行监管核心原则》从良好银行监管的最低标准出发,对银行监管的目标权力、独立性、监管方式和工具、纠正与处罚权力、并表监管以及审慎监管措施等做出了规定,同时重点针对银行体系风险管理与监管问题提出了审慎监管行动要求,并规定银行的风险管理体系如风险治理架构、风险偏好、管理政策与程序、风险识别与计量控制等应当与银行的风险状况和系统重要性相匹配。据此提出,动态有效的银行资本监管应关注银行的风险偏好、风险承担行为及银行愿意承担的风险水平变化,当银行从事风险业务的动机、决策和执行以及愿意承担的风险水平发生变化,超出银行的风险承受能力或加剧道德风险时,必须加强监管,反之则应放松监管。

(1)风险调整的重要性。在多数情况下,银行必须在低风险、低预期收益与高风险、高预期收益的情形之间进行选择。此时,必须首先确定银行愿意承担的风险水平,以追求预期收益的最大化。如果银行提高愿意承担的风险水平,则原来评价不可行的项目,在新的风险偏好下可能成为可行。

(2)两类不同性质的风险。银行面临的风险通常可以划分为两类:一类是由于经营者不遵循"在既定的风险水平下追求预期收益最大化",为追求个人效用最大化而产生的代理人道德风险。当存在多个代理人时,他们之间还存在着"合谋"的问题。如,一家银行通常设有分支机构,这些分支机构的经营者可能采取"合谋"行动来对付股东。另一类风险是因银行、储蓄者、借款人之间的风险转嫁及一些外部因素(如竞争状况、宏观经济环境等)的改变,引起银行愿意承担的风险水平发生变化,此类风险具有系统性,更需要依赖银行监管来解决。Chen(1999)[268]提出的银行挤兑蔓延模型认为,当银行的风险资产发出负面信号时,掌握更多信息的存款者必然先提款,从而使银行发生挤兑,导致银行倒闭。Nier 等(2007)[269]探究了银行体系结构如何影响系统性风险,流动性风险如何在银行间传递,传染风险如何受信息不对称影响。Gauthier 等(2012)[270]利用网络模型测得银行系统性风险,并分析了银行资本的变化如何影响系统性风险的大小。张强和冯超(2010)[271]基于上证指数和金融指数实证发现,我国银行的系统性风险主要来自于行业内部,且呈两极分化趋势,大型商业银行的系统性风险居高不下。

3.3.3 动态监管的一般实现手段

本书研究的动态监管规则是指区别不同的时间、监管环境、监管对象,银行资本监管的策略和力度随之动态调整。通常,动态监管可以通过以下手段来实现。

(1)调整监控指标。监管当局对于银行经营的监督管理主要是调整有关监控指标,如资本充足率,这是银行抵御非预期损失的缓冲器,监管当局对银行最低资本充足率及其资本结构进行监控,以促进银行保持充足的资本基础。按照巴塞尔资本协议,我国商业银行自 2013 年起将资本监控指标分为四个层次:第一层次为最低资本要求,核心一级资本充足率、一级资本充足率和资本充足率分别为 5%、6%和 8%,且区分不同类型银行、不同时期,直至 2018 年达标;第二层次为储备资本要求和逆周期资本要求,储备资本要求为 2.5%,逆周期资本要求为 0~2.5%;第三层次为系统重要性银行附加资本要求,为 1%;第四层次为第二支柱资本要求。此外,与资本监管相配套的监控指标还包括:①资产类,如不良资产率、拨备覆盖率、单一集团客户授信集中度、贷款首付比率等,主要是防范银行资产损失风险;②负债类,如存款准备金率、核心负债依存度、流动性比例、同业负债集中度、杠杆率等,主要是防控银行过度杠杆化及流动性风险;③价格类,如利率、汇率、指令性收费等。上述指标之间具有显著的关联和互补效应,既可以通过各类指标的调整,在所有方面都加强或放松监管,也可以进行结构性调整,对监管指标进行组合运用或制定新的指标。

(2)调整现场检查力度或频率。巴塞尔委员会发布的《有效银行监管核心原则》规定,现场检查是监管当局实施监管的重要手段之一。现场检查是指银行业监管人员通过实地查阅商业银行经营活动的各种信息、数据和资料,对其风险性与合规性进行检查、评价和处理的一种监管手段。从各国监管实践来看,现场检查至少具有三大功能作用:①纠错查弊,督促银行业依法合规稳健经营;②评价指导,获取银行业风控评估和监管评级所需的定性信息,促进银行业改进公司治理、风险管理和提升内控有效性;③通过传导政策、督促落实法律法规和采取监管措施,达到警示威慑的作用(杨新兰,2016[272])。现场检查和法庭的执法结合起来,能够确保法律、法规和有关银行监控指标的顺利执行。根据法律不完备理论,银行检查可以在银行的违法、违规行为发生前,及时判断未来发生违法、违规事件的可能性,或者在违法事件发生中和发生后,主动去搜集证据,打击违法、违规行为,从而有效弥补法庭执法在威慑力方面的不足。银行检查的力度和频率通常按照风险导向的原则,根据银行的风险状况、内部控制水平和对金融体系影响程度等进行确定或调整。

(3)调整市场准入制度。包括资本监管在内的银行市场准入通常包括:商业银行的机构准入、业务准入和董事、高级管理人员任职资格准入以及市场退出等。对于银行市场结构的安排,主要是通过调整市场准入、退出方面的监管法规来实现。

(4)实施分类监管。分类监管是指对具有不同风险特性的银行机构采取不同的监管措施。监管评级是实施分类监管的重要工具,是指通过对银行资本充足率、资产质量状况、管理状况、盈利状况、流动性状况和市场风险状况等六项要素进行评估,以对银行的风险等级进行分类。从资本监管的角度,可以根据资本充足的不同情形采取不同的监管措施,如,根据资本充足率水平将商业银行分为四类,对满足最低资本要求但未达到其他层次资本要求的商业银行进行细分,明确对各类银行的相应监管措施,提升资本约束的有效性。

3.3.4 实施动态资本监管的模型假设及分析

如何宽严适度、科学动态地实施资本监管?监管边界、监管力度如何做到科学合理？这对于后金融危机时代各国提高银行监管有效性具有重要的理论和现实意义。为简化分析,提出实施动态适度监管的四个假设。

假设一:监管当局通过资本监管,可以有效地调整银行愿意承担的风险水平。

假设二:监管当局只关注银行愿意承担的风险水平的变化。

假设三:如果银行愿意承担的风险水平与其风险承担能力同步变化,则不必改变监管力度。

假设四:不管风险承担能力如何,如果银行愿意承担的风险水平提高,并且这一提高是与道德风险相关,加大银行对公众或政府的风险转嫁,或加大借款人对银行的风险转嫁,监管当局都应加强监管。

3.3.4.1 银行与储蓄者之间的博弈分析

(1)关于模型假定

①银行的权益资本为 1,吸收储蓄 $Af(x) = \dfrac{1}{2}\sigma^2 f''(x) + \mu f'(x)$,存款利率为 r,银行将全部资金 $1+d$ 都用于贷款或投资。

②贷款项目的收益为 $ky(p)$(其中 k 为参数,意味着规模报酬不变;p 表示银行项目成功的概率,值愈大表明银行愿意承担的风险水平愈低)。

③如图 3.1 所示,将存在一个理想的风险水平 p^*,使得银行的预期收益 $pky(p)$ 取得最大值。

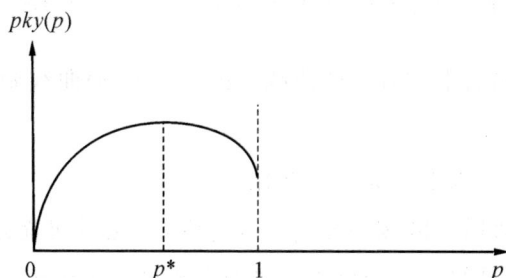

图 3.1　风险水平与银行预期收益的关系

Fig 3.1 The relationship between level of risk and benefit expectation

（2）关于收益函数

考虑成本后，银行的收益为：

$$B^e = p(1+d)\left[ky(p)-(1+r)\frac{d}{1+d}\right]-1 \qquad (3.1)$$

由假定四可知，将存在 $p^{**}(<p^*)$，使得 B^e 取得最大值，即银行的有效风险水平是 $p\in[p^{**},1]$。

银行对储蓄者的反应曲线（如图 3.2 所示）可以表述为：

$$p = p(d,\Phi) \qquad (3.2)$$

其中 $\frac{\partial p}{\partial d}<0$（$d$ 为债务资本与权益资本的比例）。

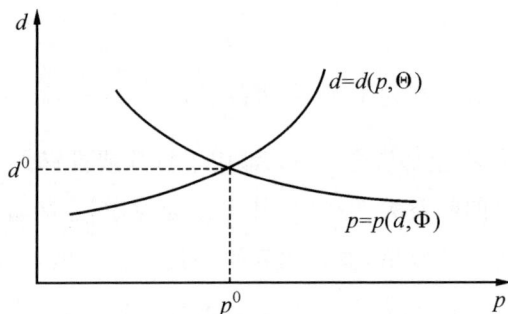

图 3.2　银行与储蓄者的博弈均衡

Fig.3.2 Game Equilibrium between banks and depositors

这是一条向右下方倾斜的曲线。$d=d(p,\Theta)$ 曲线则表示了储蓄者对银行的反应。

（3）关于风险水平的决定与变化

银行在有效风险区域 $p\in[p^{**},1]$ 内，总是尽可能地提高风险水平，以提高收益，但最终选定的风险水平要受到储蓄者约束。均衡的风险水平 p^0 和储蓄量 d^0，由图 3.2 中两条曲线的交点来决定。储蓄利率 r 提高，d 曲线上移、p 曲线左移，二者交点决定的 p^0 减小，表明提高利率时，银行会倾向于承担更高的风险水平，监管当局应加强监管。

需要关注的是,对于多数存款人来说,由于有限的专业知识和高昂的信息搜寻成本,常会表现出"理性无知"[①],而未能发挥对金融市场的监督作用;同时,商业银行披露的浩瀚数据对其来说,由于金融专业能力制约等原因,多数情况下也只能是"红鲱鱼"[②]。为此,保护广大存款人合法权益是监管的首要目标。

3.3.4.2 银行与借款人之间的博弈分析

（1）关于贷款的需求及供给

由于借款者可以利用信息不对称在项目失败时将部分风险转嫁给银行,因此,借款者选择的风险水平 p 是借款量和其他变量 Ψ 的函数 $p=p(L,\Psi)$（如图 3.3 所示）。银行贷款供给量 L 是贷款利率 r_L、担保物的变现价格 c 的函数 $L=L(p,r_L,c)$。

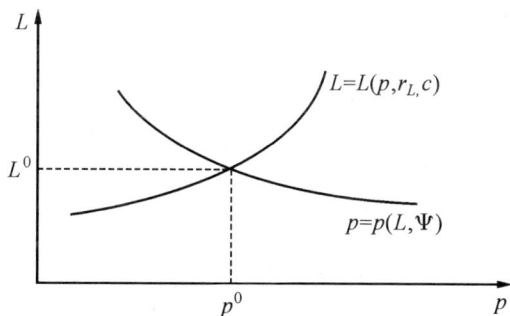

图 3.3 银行与贷款者的博弈均衡

Fig.3.3 Game Equilibrium between banks and borrowers

（2）关于均衡风险水平 p^0 和贷款量 L^0 的决定

提高利率 r_L,会使 $L=L(p,r_L,c)$ 曲线向上移动,同时 $p=p(L,\Psi)$ 向下移动,从而在新的均衡点,p 值下降,风险水平提高。其政策含义是:贷款利率提高时,应加强监管。

---

① "理性无知"并不是真正的一无所知,而是从某种"私利"出发,人们觉得自己保持"无知"状态是有益的。

② 红鲱鱼（red herring）,即指故意用于冲淡主题的过多的繁枝末节。

(3)关于担保物价格不确定性对风险水平的影响

$L=L(p,r_L,c)$曲线的斜率是由$1+r_L$与担保物价格c的差决定的。如果担保物价格被高估,银行就会承担过高的风险。其政策含义是:当特定产业的发展(如房地产业)使得作为担保物的资产具有价格泡沫时,银行监管当局应当加强监管。比如,我国银行监管当局通常设定动态的个人住房抵押贷款首付比率、抵押贷款价值比率等,来督促商业银行防范房地产价格泡沫、抵押物价值波动带来的第二还款来源风险。当前,商业银行以房地产为抵押的各类贷款占全部贷款的比例已经超过三分之一,无论对银行贷款经营管理还是资本占用都有较大影响,因此,房地产贷款和以房地产为抵押的贷款一直成为监管当局管关注的重点。

3.3.4.3 银行与银行之间的博弈分析

银行控制其风险承担水平是为了获得政府的特许经营权而得到垄断租金,银行之间的竞争之所以会提高银行承担的风险水平,原因在于:一方面,竞争造成的"赢者通吃"将导致银行的分层,使得拥有非优质客户的银行风险水平高于以优质客户为主的银行;另一方面,银行竞争中的"囚徒困境",即若每家银行都实行更为谨慎的风险标准,对所有的银行都会更有利,但是若任何一家银行通过放松风险标准带来更大收益,则将使银行系统性风险水平高于社会所需的最优水平。其政策含义是:竞争的加大会降低银行垄断租金和特许权价值,会诱使银行偏好于承担更高的风险,因此必须加大资本监管力度,缓解竞争格局下全部或某类银行的风险水平的普遍上升。

3.3.4.4 政府信用对银行与储蓄者之间博弈的影响

为解决市场失灵问题,政府会对银行业提供信用担保,如隐性存款保险、地方政府债务融资平台等。以$q\in(0,1]$表示政府信用水平,q越大,图3.2中$d=d(p,\Theta)$就越平坦,储蓄者的决策d对风险水平p愈不敏感;$q=1$时,$r^e=(1+r)$,储蓄者决策d与风险水平p完全无关,表明政府信用削弱了储蓄者对银行的约束。当存款人在存款保险制度下减少对银行监督时,银行管理层有激励增加风险(Freixas & Rochet,1997[260])。其政策含义是：一方面，政府提高信用担保水平时，必须同时加大资本监管的力度；另一方面，国有资本占比越大，银行所接受的隐性政府信用程度就越高，监管当局应实施更严格的资本监管。

3.3.4.5 宏观经济周期不同阶段的影响分析

经济周期可以分为上升、由升转降、下降、由降转升等四个阶段。在不同阶段，银行愿意承担的风险水平呈现不同的特点。

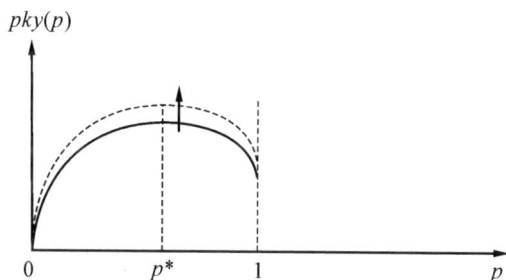

图 3.4　经济上升对银行预期收益的影响

Fig.3.4 Influence of rising economy on banks' expected earnings

以经济上升为例（如图 3.4 所示），经济上升意味着 k 值变大，从而 $pky(p)$ 曲线上移。在每一个愿意承担的风险水平上，银行的收益都更高。此时，满足 $\dfrac{\partial B^e}{\partial p}=0$ 的点 $p^{***}<p^{**}<p^*$，银行风险承担水平的有效区域 $[p^{***},1]$ 扩大。持续快速的经济增长和较高的储蓄率将提高银行系统的抗风险能力。

经济上升时期，银行愿意承担的风险水平受如下因素共同影响：①从银行与储蓄者博弈的角度看，经济上升时期储蓄者的反应曲线上移；同时，在每一个储蓄水平上，银行都倾向于承担更高的风险，均衡状态下的风险水平提高。②从银行与借款者博弈的角度看，银行在每一个风险水平上都愿意提供更多的贷款；同时，在每一个借款水平上，借款者都倾向于承担更高的风险水平，均衡状态下的风险水平也是提高的。③从银行之间博弈的角度看，竞争压力因经济上升而下降，这将减弱银行竞相承担更高风险的冲动。最终风险水平的变化方向要视上述反向效应的比较而定。当风险水平提高时,而且提高幅度超过抗风险能力的提高幅度时,应加大监管力度。比如,在经济高涨时期,监管当局若发现银行贷款迅速向特定高风险行业聚集,可以增加对特定高风险资产或行业的风险权重,提高银行监管资本要求。经济下滑时期,情况相反。前提是监管当局相对于银行应具有更大的信息优势,应比银行能够更准确地预测宏观经济周期的转折点。

3.4　本章小结

　　本章首先在分析银行监管基本理论的基础上,探讨了资本监管的必要性,分析得出资本监管是弥补市场失灵、政府失灵的重要手段,体现了银行、监管、市场"三方"的共同治理。然后,重点针对现有监管理论对监管标准设定的局限性问题,有所创新地提出银行资本监管的"风险调整"标准,并进行了理论分析。提出监管当局应随时关注银行愿意承担的风险水平的变化,实施动态适度的资本监管策略和监管规则。银行与储蓄者之间的博弈是确定风险水平的基础,文中描述了二者之间的博弈均衡,并提出了银行风险水平的有效区域的概念。在银行与借款人之间的博弈中,担保物价值具有风险缓释或风险调整效应,这有助于说明特定产业的资产泡沫对银行风险的影响。本章还分析了政府信用对银行与储蓄者之间博弈的影响,这实际上体现了银行与政府之间的博弈。最后,分析了经济周期对银行风险水平的影响,讨论了经济周期不同阶段的资本监管策略或监管规则。从而初步建立了一个基于风险视角的动态资本监管的一般理论分析范式。

4

金融风险演变下的商业银行资本监管变革

商业银行资本监管的理念、制度、模式和方法技术是伴随着金融风险的演变而不断改进的。本章从分析金融风险特征及商业银行风险形势变化入手，探讨我国商业银行资本监管变革所遵循的一般逻辑。

4.1　金融风险变化与银行风险管理面临的挑战

随着经济全球化、金融一体化的发展，金融风险愈加复杂，金融监管不断面临挑战。我国商业银行面临的风险形势愈加严峻：①后金融危机治理与经济复苏并重，各国财政货币政策做出重大调整，这将对包括中国在内的新兴市场经济体产生溢出效应。②金融监管体制和制度发生重大变革，宏观审慎和微观审慎相结合，交叉风险和跨业风险愈加重视，统一监管框架向纵深推进。③金融结构发生重大变化，一些国家针对混业经营的脆弱性实施了改革，如美国的"沃尔克规则"、英国的"栅栏原则"等。④金融发展模式出现转型，更加重视发展轻资本业务，注重金融业发展与实体经济发展的协调性，防止资金在金融体系"空转"。⑤从金融市场的深度与广度、监管规则的统一、金融风险与危机的传染到风险、危机应对的全球化，将在一个更加开放的经济环境下发生重大演变。⑥强化金融创新活动监管，加强穿透(look-through)监管，防控监管套利给监管带来的挑战，防范影子银行活动风险。⑦金融风险的复杂性和系统性进一步增强，既面临单体机构的风险，也面临跨业、跨市场、跨境的系统性金融风险。⑧我国经济结构调整和经济增长方式转变将会重构经济发展格局，经济下行使银行业经营管理面临新的挑战，同时，利率市场化、汇率改革等金融改革处于关键阶段。

面对复杂多变的经济金融环境，银行体系面临的风险形势愈加严峻，风险的隐蔽性、交叉性和传染性有所扩大，风险水平攀升，对银行风险管理能力提出了新要求。

4.1.1 信用风险暴露

(1)不良贷款暴露，资产质量劣变承压

从图 4.1 可以看出，到 2002 年末，我国全部商业银行不良贷款余额 2.28 万亿元，达到"技术性破产"的边缘；后经不良资产剥离等措施，使得不良贷款得以化解，保持了近十年下降的势头，但降至 2011 年 9 月的 0.4 亿元后出现"不降反升"，截至 2016 年末不良贷款余额上升至 1.51 万亿元。全部商业银行不良贷款率与不良贷款余额变化的趋势基本一致，从 2003 年的两位数(17%)降至 2005 年 6 月的一位数(8.7%)，再降至 2012 年 6 月

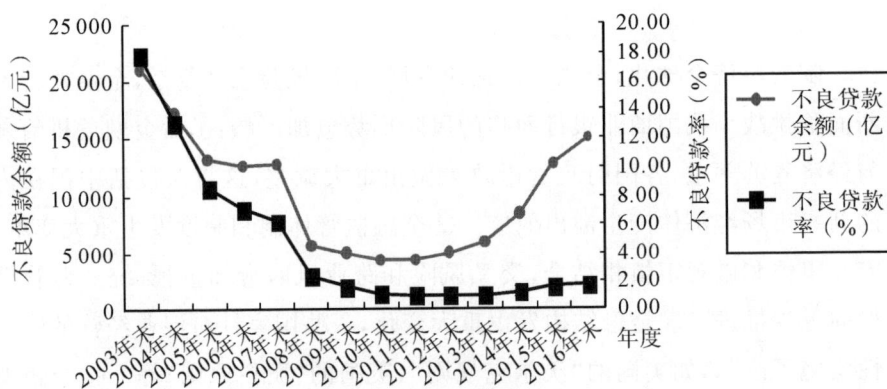

图 4.1 商业银行不良贷款变化趋势

Fig.4.1 The change trend of commercial banks non-performing loans

的 0.94％,之后连年上升,到 2016 年末,不良贷款率反弹至 1.74％。相应地,用于抵御不良贷款损失的拨备覆盖率指标从历史高点 2013 年 6 月的 292.5％下降至 2016 年末的 176％。

(2)逾期与不良贷款剪刀差扩大,预期损失增加

以某商业银行集团为例。截至 2015 年末,该银行集团逾期贷款余额与不良贷款余额的差额为 1 518 亿元,当年增加 657 亿元。该差额称为"剪刀差",通常主要表现为五级分类当中的"关注类贷款"(含非应计贷款),即潜在信用违约风险较大的贷款。同时,2015 年末平均预期损失率 0.67％,当年上升 0.12 个百分点。行颖(2017)[273]指出银行存在通过关注类贷款、放松风险分类标准、嵌套转移不良贷款等延缓风险暴露或藏匿不良资产风险的行为,认为不良贷款可能被低估。魏国雄(2015)[274]分析 16 家上市银行披露的数据发现,2015 年末逾期贷款余额 16 028 亿元,逾期率 2.64％,剪刀差达到 6 068 亿元,余额占比 1％。

(3)实体企业经营困难,信用等级向下迁徙

据调查,某银行 4 万户企业客户的销售收入增速自 2013 年以来不断下滑,下滑企业数量占比由 34％上升至 2015 年末的 45％;2016 年信用等级在 AA－级(含)以上客户的信用等级当年向下迁徙率高达 42％,一定程度上反映出经济下行期客户整体违约风险上升。

从表 4.1 可以看出,近六年来国有企业反映盈利能力和经营增长状况的主要指标持续下滑,反映偿债能力的"已或获利息倍数""现金流动负债比率""EBITDA 率"亦持续下降。

表 4.1　国有企业主要财务指标状况(2010—2015 年)

Table 4.1 The main financial indicators of state-owned enterprise(2010—2015)

国有企业		2015	2014	2013	2012	2011	2010
盈利能力状况	净资产收益率(％)	4.80	5.00	5.10	5.50	6.00	6.20
	总资产报酬率(％)	3.50	3.80	3.80	4.10	4.20	4.60
	销售利润率(％)	9.00	8.50	7.90	8.00	9.20	10.00
	资本收益率(％)	5.20	5.50	5.50	6.00	6.50	7.00

续表

国有企业		2015	2014	2013	2012	2011	2010
债务风险状况	资产负债率(%)	65.00	65.00	65.00	64.00	64.00	65.20
	已获利息倍数	2.00	2.40	2.50	2.80	3.00	3.20
	现金流动负债比率(%)	7.50	7.50	7.50	8.90	9.30	10.90
经营增长状况	销售增长率(%)	−5.40	4.30	7.50	9.80	17.50	15.00
	资本保值增值率(%)	103.50	104.00	104.10	104.50	104.70	106.10
	销售利润增长率(%)	−2.50	3.10	5.00	7.00	9.90	13.90
	总资产增长率(%)	7.00	8.50	9.70	10.60	11.10	10.40
补充材料	存货周转率(次)	3.50	4.50	4.50	4.70	5.10	5.30
	销售平均增长率(%)	0.00	0.00	0.00	10.00	11.00	11.00
	经济增加值率(%)	0.20	0.30	0.30	0.30	0.20	0.00
	EBITDA率(%)	5.70	5.90	5.90	9.30	10.20	0.00

资料来源:Wind资讯

(4)债券市场信用风险暴露

近年来,人民币债券市场不断发生企业客户债务融资工具违约事件,仅2016年前三季度就发生57支,涉及30个债券发行人303亿元,主要集中在有色、水泥、煤炭、钢铁、机械等制造业、采矿业和批发零售业以及中小民营企业,信用债发行主体评级劣变比上年增加,由此造成商业银行持有的企业信用债不断出现浮亏,同时叠加债券流动性风险因素。

(5)影子银行活动潜在资产风险

以类信贷非标债权资产形式存在的大量银信合作、银证合作、银证信或银信证合作、银基合作、银保合作、理财产品、资管计划、信用债、委外投资、代理代销等,构成了影子银行体系的类信贷风险资产。这些风险资产大多数间接向企业融资,但未反映为银行表内贷款而是表外资产,即融资风险未体现在不良贷款中。据公开数据统计,截至2016年6月末,银行业仅表内自营非标准化债权资产和表外理财非标准化债权资产两项就达14.5万亿元,若按5%不良资产率匡算,将提升银行业整体不良资产率0.7

个百分点。

（6）信用风险管控难度加大

主要表现为：企业客户经营业态多元化，银企信息不对称问题突出，银行获取企业真实经营信息的难度和成本大幅提高；一些企业客户和个人客户利用多头开户、多头融资、关联担保、虚构交易、伪造凭证、隐瞒资金用途等方式骗取银行信用；银行多元化经营带来的组合风险日趋复杂，租赁、证券经纪、商品交易等领域的风险与传统信贷风险的并表管理面临更大挑战；信托、证券、保险、资管、基金等社会金融中介活动日趋活跃，小贷公司、担保、第三方支付、互联网金融形成了错综复杂的民间金融业态，银行之外的金融中介、民间借贷与银行融资等风险交叉传染加快。

4.1.2　市场风险和国别风险及境外合规风险管理难度加大

随着我国商业银行国际化步伐加快，以及利率市场化及汇率机制改革，商业银行市场风险管理和国别风险管理不断承压。一方面，与国际政治、经济、金融市场波动的关联性加大，银行面临的国别风险、市场风险的影响因素增加；另一方面，国内金融市场改革进入深化期和创新提速期，利率、汇率、商品等各类产品复杂程度和交易规模"双升"，对商业银行的国别风险和市场风险管理能力提出更高要求。

当前，全球金融市场波动性及复杂性加剧，经济总体疲弱态势无显著改观。我国商业银行在市场风险管理领域仍然存在一些短板，主要表现为：银行账户与交易账户划分不清晰；产品风险的事前控制和事中控制薄弱；新产品缺乏完备的风险管理体系；在利率市场化背景下，应对净利息收益率下滑的手段不足；金融工具套期保值尚处于探索阶段；银行账户利率风险的主动管理工具和手段仍不足，计量方法和系统支持尚不完善。

相应地，随着银行集团国际化水平的提升，国别风险敞口涉及的业务范围不断扩大。国别风险敞口是指银行表内外项目中直接或间接风险承担主体所在地为境外的敞口，主要表现为：①借款人或保证人为境外主体的贷款及表内贸易融资。②向境外主体办理的保函、信用证、提货担保、进口代付等。③向境外交易对手办理的同业融资、拆借及借款、买入返售、证券清算融资。④境外证券投资和境外利率、汇率、贵金属等金融衍生品。⑤银行总行对境外附属机构、参股机构的投资等。在国别风险评级中,由于部分国家和地区的数据较为缺乏,银行通常参考外部评级来核定单一国家或地区的国别风险限额,国别风险的内部评级(含主权评级、国别评级和风险分类)和国别风险限额的科学制定、有效管理还处于较低水平。

随着商业银行国际化步伐加快,境外合规风险管理难度亦日趋加大。特别是境外反洗钱监控平台系统功能难以满足境外差异化监管要求,部分境外机构可疑交易分析报告和客户风险分类工作缺乏有效的系统支持。如,2016 年 9 月,农行纽约分行因在纽约联储的检查中,风险管理和合规性存在"重大缺陷",不符合美国财政部的反洗钱要求,违反了美联储关于"银行隐私保护"的规定,而被纽约州监管当局罚款 2.15 亿美元。

4.1.3 投融资多元化和跨业竞争加剧,流动性风险管理承压

银行流动性风险是银行运营中最具破坏性的风险之一。全球金融危机中,流动性风险直接或间接导致多家金融机构破产。我国金融市场上的风险事件也带来深刻教训。如 2011 年浙江中小企业资金链断裂导致银行坏账,2013 年 6 月银行间市场出现"钱荒",2015 年 6 月起爆发股灾。近年来,我国商业银行业务结构发生深刻变化,表内表外、境内境外多元化发展,流动性风险的诱发因素增多,风险形成的渠道较以存贷款为主的传统经营更为复杂,资产流动性、负债流动性和市场流动性冲击都会产生"金融加速器"作用,信用风险、市场风险、声誉风险的积累都会激发资产负债流动性断崖式下滑。

流动性风险的复杂性、交叉性增强,可预见性降低,有四种新情况亟待关注:①资产负债结构复杂性上升。各类新兴表内外业务大量涌现,流动性风险分布更为广泛,表内外相互转化增多,利率、汇率等外部政策和市场环境对流动性影响加深。②金融脱媒使得负债稳定性下降。随

着金融投资品及工具日益丰富,传统的银行存款被理财、信托、基金、互联网金融等金融资产分化,进一步分流银行的核心负债;同时,同业批发融资的不稳定性及理财资金的快速迁移性,再加上一般性存款的"冲时点"现象以及部分机构突破存款偏离度监管要求,银行流动性波动趋向加快。随着利率市场化改革步伐加快,对银行或银行集团的主动负债管理能力、负债管理质量、资金来源与运用的平衡力提出更高要求。③期限错配加大。如短期的理财资金投资长期"类信贷"项目,短期同业负债配置期限较长的同业资产,在赚取利差收益的同时,形成了较大的期限错配;部分银行机构表内资产表外化,信贷业务同业化,借助通道机构"脱表经营"、规避监管,期限错配风险加大。④跨业经营风险上升。银行资金间接进入二级资本市场且风险波动加大,包括银行杠杆配资、理财同业资金绕道进入股市、股票质押贷款、法人账户透支等,一些企业或个人挪用贷款进入股市。

与此同时,我国商业银行流动性风险管理的难度日渐上升,主要呈现以下特点:①宏观经济错综复杂,汇率市场、资本市场波动,境外资金形势的不确定性和不稳定性增加。②货币政策调控力度加大,监管要求日趋严格,自2017年起银行需披露日均流动性覆盖率(LCR),且2018年底前应到达100%。③金融深化稳步推进,金融机构交易活跃,市场资金流动渠道复杂;理财、非银行的金融产品快速发展,金融脱媒使得商业银行资金来源稳定性下降。④部门分割式的流动性管理仍然存在,日间流动性管理薄弱;现金流预测、流动性成本计价能力不足;部分机构的流动性覆盖率(LCR)和净稳定资金(NSFR)比例不达标;流动性风险的压力测试结果应用和管理信息系统的支持不足;流动性风险管理的全面性、匹配性、主动性均存在不足。

4.1.4　操作风险形势严峻

由于内外部因素影响,在经济下行期,经济快速发展时期的银行不规范操作会以客户违约、项目失败、外部欺诈、内部案件等形式暴露;新型业务领域的风险传染性及对银行的声誉危害上升;不当激励机制下违规经营时有发生；业务尽职调查、贷后（投资后）管理及系统刚性控制存在薄弱环节。据不完全统计，截至 2016 年 3 月末，银行业前三年平均操作风险损失事件 4000 余件，平均损失金额 1.8 亿元。从图 4.2 和图 4.3 可以看出，由于"执行、交割和流程管理"内部风险因素导致的损失金额占比达到 45%，由于外部欺诈导致的损失事件达到 63%。

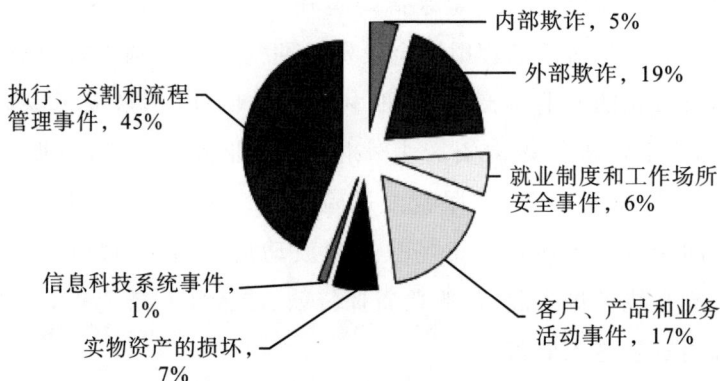

图 4.2　操作风险损失金额分布

Fig.4.2 Distribution of operational risk loss amount

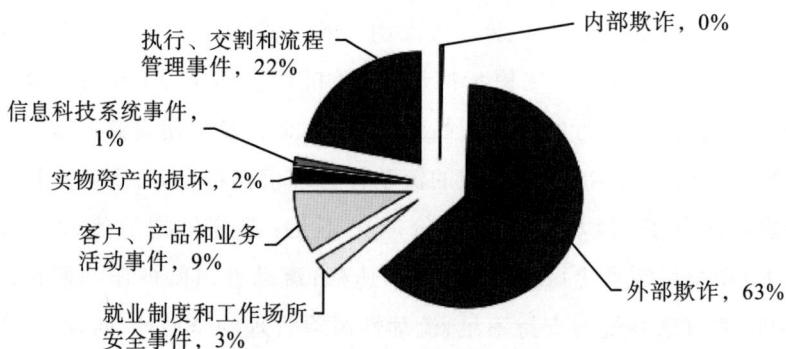

图 4.3　操作风险损失事件分布

Fig.4.3 Distribution of operational risk loss events

近年来，银行业金融机构大案要案时有发生，单案涉及金额增幅较大，亿元以上案件上升，银行的基层机构、基层关键岗位的"两基"案件突出，因内部违规、内外勾结等导致的案件居高不下,信贷、存款结算等传统业务领域的案件与同业、理财等新业务领域案件并发,违规担保、理财飞单、票据案件、私刻公章、骗贷等案件触目惊心。与此同时,银行声誉风险伴随着操作风险、交叉风险开始承压,而现行的声誉风险管理仍以舆情管理为主,亟待根据风险驱动因素对声誉事件进行分类管理,并按照严重程度、可控性、影响范围和紧急程度对声誉事件进行分级管理,全面提升声誉风险的识别与监控水平。

4.1.5　交叉性、输入型风险亟待关注

近年来,我国商业银行加快了综合化经营步伐,催生了一批横跨银行、证券、信托、基金、租赁、保险等不同行业的金融创新产品,在提高综合经营交叉销售效应的同时,也伴生了新的风险。同时,非法集资、民间借贷、P2P 平台等司法纠纷或经济案件频发,风险波及商业银行,对银行体系安全性带来影响。

4.1.5.1　交叉性、输入型风险的内涵与特征

交叉性风险是指跨市场、跨行业开展的交叉性金融产品所蕴藏的金融风险。交叉性金融产品涉及多种金融工具、多方参与主体、多层法律关系,在融资主体、发起机构、合作机构、投资者之间形成错综复杂的权利义务网络,一些产品存在典型的监管套利动机,融资链条中的任一环节或参与方一旦触发信用违约或操作风险事件,将形成跨行业和跨市场的交叉性风险传导,由此引发的风险传染效应造成商业银行难以独善其身。从资金流向上看,交叉性金融产品的提供方在银行,但资金流向了信托、证券、保险、基金、资产管理公司及其他非银行金融机构、股票和商品等非银行传统市场,即银行自有资金、同业筹资、理财资金、代销资金等通过与第三方机构合作或委托第三方投资等方式,发生跨行业的资金流动,或通过特定金融产品进入商品市场、股票市场等非银行传统市场,发生跨市场的资金流动。

与交叉性风险的产品特性不同,输入型风险通常指由隐匿于银行体系之外的外部机构包括非银行金融机构、互联网金融平台、民间融资机构、非

持牌金融机构等向银行输入的风险。这些外部机构或人员利用银行较高的信用价值,通过伪造银行产品、勾结银行内部员工、虚构交易等手段,欺诈、引诱客户参与非法金融活动,将外部法律风险和案件纠纷渗透、转嫁至银行,给银行造成经济损失与声誉风险。近些年案件频发的理财"飞单"、民间借贷、非法集资、网贷平台、私募融资等成为银行输入型风险的高危领域。

交叉性风险与输入型风险虽然在风险来源方面有所区别,但与银行传统的信用风险、市场风险、操作风险相比,该类风险具有以下共性特征:

(1)隐匿性。输入型风险潜伏在银行系统之外,主要源自合作机构或外部人员的违约操作和道德风险,其交易记录和不法行为均游离于银行内部的风险监控体系之外,银行要及时、准确地识别此类风险具有较高难度。交叉性风险则源自产品本身层层嵌套的交易结构,银行有时会通过抽屉协议提供隐性担保,或通过多层委托代理承担实质兜底,但仅从业务档案和公开披露资料中难以评估真实的风险暴露水平。

(2)复杂性。交叉性、输入型风险不是一种独立的风险类型,而是在传递的方向上呈现出一种特殊的风险形态,风险实质仍为信用风险、市场风险、操作风险、流动性风险、声誉风险等,但交叉性、输入型风险的爆发经常表现为上述各类风险的交织,进而演化出一些全新的风险类型和监管盲点,在实践中难以形成一套标准化的解决方案。

(3)粘连性。虽然交叉性、输入型风险来源于外部因素,但在我国银行市场刚性兑付尚未全面打破的情况下,投资者大多数以"卖者有责""消费者权益保护"为由群体上访银行。银行出于维护声誉和维系客户关系的考虑,即使按照合同约定可豁免赔付,也往往会承担债务牵头处置甚至全额资金垫付的义务。

4.1.5.2 交叉性、输入型风险的主要表现形式

由于商业银行产品和交易的开放性,客观上任何一类业务条线、任何一个操作环节、任何一家经营机构均面临交叉性、输入型风险孳生的隐患。表4.2列举了债权债务类、合作机构类等输入型风险的特征及主要表现形

式。表 4.3 列举了交叉性风险存在的主要业务领域及表现形式。

表 4.2　输入型风险特征及主要表现形式
Table 4.2 Imported risk：characteristics and its main patterns

类型	主要特征及表现形式
直接债权债务类输入型风险	银行与外部机构发生贷款、担保等业务，或投资于外部机构发行的债券，同时承担上述机构的信用风险。
合作机构类输入型风险	1.代理投资业务：与理财资金对接的合作机构发行的金融工具出现风险，导致购买该产品的客户遭受损失或无法按期兑付，客户向银行要求兑付。
	2.代理销售业务：客户购买银行代销的信托、保险、基金等出现损失，要求银行赔偿。
	3.合作方虚假宣传银行在客户资金管理方面承担的角色，导致投资者资金损失时，向银行要求赔偿。
	4.合作方超出与银行约定的合作范围开展业务，造成客户资金损失或引起投诉。
	5.第三方支付合作业务：支付页面被虚假网站盗用，客户资金出现风险或被不法分子挪用，不能及时从支付机构获得赔偿，而向银行要求赔偿。
	6.外部报价服务商。一旦外部数据源出错或停报，将给银行带来赔付损失。
其他输入型风险	1.非法集资类。不法分子未经许可向公众筹集资金，并承诺高额回报；募集资金后，或卷款潜逃，或进行高风险投资，陷入偿付危机或引发群体性事件。
	2.承销业务。债券发行机构违约后，尽管在法律上承销银行不承担偿付责任，但投资者会寻找理由要求银行承担偿付责任，刚性兑付风险输入银行。
	3."飞单"私售。第三方机构向银行员工提供高额佣金，由其向客户推介、销售未经授权的融资产品，客户认购后一旦无法兑付则要求银行承担赔付责任。
	4.存款丢失。客户通过资金掮客与借款人达成高额贴息存款协议，在银行以自身名义开立账户、存入资金后，账户被借款人或掮客控制。借款人在发生资金链断裂后，以存款丢失为由向银行施压以转嫁赔偿风险。

资料来源：个人整理

表 4.3 交叉性风险特征及主要表现形式
Table 4.3 Cross type risk:characteristics and its main pattern

类型	主要特征及表现形式
同业业务	以买入返售为例。为规避贷款规模或信贷政策限制、缓解资本压力,金融机构间形成了一种以提供融资项目的银行为回购方或担保方,金融机构相互充当过桥方的买入返售模式,传统信贷资产被掩盖为同业资产,信用风险在金融机构间交叉传递。2014 年 5 月五部委联合发文叫停了各类明保和暗保行为。
代理投资业务	代理投资分为标准化和非标准化两类。非标投资项目主要集中于银行"类信贷债权"资产,与表内信贷资产同样面临着融资违约风险,如出现通道类机构操作违规、项目资金断裂、融资方欺诈跑路等事件。在信用溢价缺失、刚性兑付未打破的情形下,表外融资风险多数由银行表内资产或新增表外业务进行承接,"庞氏效应"的叠加造成风险在银行产品不同期次、表内表外业务之间交叉传染。
债券承销业务	近年来,经济下行、企业信用状况恶化,债券市场违约事件不断。从 2014 年 3 月"超日太阳"打破债券零违约记录之后,2015 年以来又有 ST 云网、ST 中富、天威、英利、中钢、山东山水等多家企业债券出现兑付违约。一旦企业出现兑付困难,承销银行若选择代为履行兑付义务则可能造成经济损失,形成表外风险的交叉传染,但若拒绝代偿则可能带来声誉风险。
私人银行业务	以 MOM(多管理人)运作模式为例。资产配置由传统的产品遴选转变为投资者甄选,银行对委托管理人的投资行为进行有效监控存在难度;多层嵌套的投资结构掩盖了底层资产信息;投资于非标债权等融资类项目,可能由于项目融资人、担保人等未能履约而使购买该产品的客户遭受损失,客户投诉及媒体负面信息引发银行声誉风险。
黄金租赁业务	一些黄金租赁业务蕴含着与贷款之间的交叉风险:①一些与黄金生产贸易不相关的企业通过变相获取黄金租赁资质,从银行套取远低于贷款利率的融资。②承租人在银行获得低成本实物黄金后,转手抛售变现,变现资金流入房地产、证券期货等违规领域。③将黄金租赁业务与代理顾问等产品捆绑销售,将承租人信用风险嫁接至银行。

资料来源:个人整理

4.2　资本监管战略导向：从微观审慎到宏微观审慎监管并举

4.2.1 监管战略的提出①

陈振明（2004）[275] 提出，战略管理作为一种新实践模式和新理论范式，为公共部门管理者提供了一个行动框架。比较公、私组织战略管理的异同，至少有四点：①前者用"权"，突出决策的强制力；后者用"钱"，突出市场的作用。②前者决策要历经公众咨询，后者决策机制商业化。③前者的目标是公共价值，后者的目标是股东利益最大化。④前者对民众负责，后者以客户为导向。二者相当于政府与市场，相互配合协同，以达到公共治理。赵景华等（2014）[276] 提出，公共战略是以实现公共价值为目标、注重平衡各利益群体需求而作出的全局谋划。

杨新兰（2015）[277] 认为，银行监管也同样面临战略问题：是否创造了公共价值，是否必须由政府主导，是否有政治、法律的支持，行政与运作上是否可行，市场机制如何发挥等。监管当局只有加强外部环境评估，掌握信息优势，关注复杂形势下银行业的风险水平变化，平衡当前需要和长远公共利益而进行全局谋略，厘清政府与市场的职能边界，优化公共管理方式和监管制度，把握好监管时机和监管力度，同时深入研究单体风险引发系统性金融风险的可能性、触发条件和演变路径，分层次、分类施策，才能确保稳健效率的银行业体系的供给。

一些交叉、跨业、跨境的监管存在"公地悲剧"，这就需要微观审慎监管和宏观审慎监管合力建立起公共治理的选择、激励与约束机制，科学合理地分摊监管成本，统一监管标准，防止监管套利，实现监管效用增益（杨新兰，2015[277]）。

---

①　本节部分内容已发表于《新金融》（2015 年 11 期），题目为《新加坡金融发展与金融治理的经验借鉴》。

4.2.2 资本监管战略

王胜邦(2016)[282]指出,在巴塞尔Ⅲ框架下,最低资本充足率要求体现了对单家银行破产的私人成本,逆周期资本要求、系统重要性银行的附加资本要求等则体现了监管当局为推动单家银行资本水平更接近社会最优水平所作出的努力。面对金融风险的演变,科学有效的资本监管应当从传统的盯住单体银行微观审慎监管转变为防范单体银行风险与系统性金融风险相结合、资本要求覆盖私人成本与社会成本的宏微观监管并举。

微观审慎监管的主要目标是保护存款人和金融消费者的合法权益,监管的方法一般是通过制定审慎经营规则(如公司治理、风险管理、内部控制、各项监管指标等),主要以单家银行为对象,采取市场准入退出、现场检查和非现场监管等手段,监督银行依法合规稳健经营。在金融风险复杂度不高的市场环境下,微观审慎监管发挥了稳定金融的主要作用。在2008年全球金融危机爆发前,各国监管当局包括我国监管当局更大程度上开展微观审慎监管,但随着系统性金融风险隐患增加,单一的唯机构的微观审慎监管的有限性逐步暴露。

作为审慎监管的另一大支柱,宏观审慎监管则是通过对系统性金融风险监测、系统重要性银行监管等来促进金融体系的安全。按照巴塞尔委员会的建议,宏观审慎监管存在两个维度,对于时间维度,可以通过逆周期资本等自动稳定器约束单体机构对风险的不当承担行为;针对空间维度,可以通过对系统性"尾部风险"测度并按单体银行的贡献率向其分配资本来防控风险,但这些理念在我国实践中仍是个难题。

后金融危机时代,国际监管部门在改革完善金融监管框架的同时,不断推进解决宏观审慎监管权力机构或监管主体设置问题。2010年美国发布《多德—弗兰克华尔街改革和消费保护法》,在财政部设立金融稳定监督委员会(FSOC),对系统重要性金融机构及可能引发系统性风险的金融市场工具进行管理。2010年欧洲成立系统性风险委员会,并与微观审慎监管机构组成欧盟金融监管体系,同时欧盟赋予欧洲央行宏观审慎管理职能。2012 年英国议会颁布《金融服务法》,在英格兰银行设立负责宏观审慎管理的金融政策委员会(FPC)。国内学者围绕完善我国金融监管体制改革献计献策,迟福林(2017)[278]指出,"十三五"是经济社会转型的关键五年,监管制度变革需要为管控经济金融风险提供制度保障。我国金融监管体制的改革是一项帕累托改进的系统工程,不能拘泥于国外监管模式的引进与改良,而应结合我国国情着力提升监管的有效性、独立性和专业性。负责牵头管理系统性风险的宏观审慎监管职能至少应包括:①评估整个金融体系(包括所有金融市场、金融机构和金融基础设施)的系统性风险变动、系统性风险水平和潜在脆弱性,特别是跨机构、跨市场活动的系统性风险生成机理和聚集情况。②建立系统性风险预警指标体系,并建立完备的应急预案。③监测对金融体系稳健性构成威胁的潜在监管漏洞、监管缺位、监管重叠,并推动采取改进措施。④提出宏观审慎监管政策建议并付诸实施。⑤健全与微观审慎监管的有机联动机制,防止监管部门的信息"孤岛"或信息割裂等。

从巴塞尔委员会监管制度变迁的政策导向看,巴塞尔Ⅰ框架和巴塞尔Ⅱ框架均侧重于银行资产负债表的资产风险计量,更强调单体机构的微观风险;巴塞尔Ⅲ及后巴塞尔Ⅲ则将风险关注点扩展到银行资产负债表内、表外的所有要素及负外部性防控等宏观经济影响问题。银监会发布了业界称为"中国版巴Ⅲ"的商业银行资本管理办法,重构了微观审慎资本监管框架,在以下三方面提升了监管力度:①从公司治理、资本规划、风险评估等方面对商业银行提出更高的监管要求。②鼓励商业银行通过优化业务结构、降低资本消耗,实现风险调整后资本收益的最大化,转变发展方式。③下调小企业和个人贷款风险权重,促进商业银行支持经济薄弱领域。上述办法也从稳定金融体系等方面赋予了资本监管的宏观视角,同时提出了宏观审慎监管的核心要求,如建立逆周期监管资本、系统重要性银行资本附加等。正如王兆星(2015)[279]提出,微观审慎监管与宏观审慎监管不可割裂,资本充足、资产负债流动性等微观审慎框架内的监管要求都具有宏观审慎管理的效果。

2014 年底国际货币基金组织（IMF）发布了《宏观审慎政策指引》，认为应根据系统脆弱性来源制定宏观审慎政策，并提出了建立宏观审慎政策框架遵循的原则。从防控系统性风险、维护金融体系稳健性出发，中国银监会近年来积极推进风险导向的宏微观监管一体化进程：①以银行体系为核心，强化跨市场、交叉风险的监测、检查与穿透监管，防控监管套利带来的系统性风险。②加大查处力度，提升资本和流动性监管精细化水平，严守银行业不发生系统性风险的底线。③强化系统重要性银行监管，防止"大而不倒"，推进跨部门、跨境监管合作。④监督银行业强化全面风险管理，推进逆周期资本缓冲机制建设。中国人民银行（2016）[280]开始将原有的"差额准备金动态调整"及"合意贷款管理机制"升级为宏观审慎评估体系（macro-prudential assessment，MPA），重点评价银行的资本、杠杆、资产负债、流动性、定价行为、资产质量、外债风险、信贷政策执行等八大方面，同时，对银行业、证券业、保险业、金融控股公司和具有融资功能的非金融机构开展系统性风险监测，并组织开展金融稳定压力测试，以加强系统性金融风险防范。2017 年全国金融工作会议提出，设立国务院金融稳定发展委员会，强化宏观审慎管理和系统性风险防范工作。

4.3 资本计量的调整

4.3.1 资本定义及资本补充机制

现行监管资本的分类和结构主要依据资本吸收损失的能力大小来确定，巴塞尔 I 将资本划分为核心资本和附属资本，核心资本主要指损失吸收能力较强的实收资本、公开储备等，附属资本主要包括重估储备、贷款损失准备、长期次级债等；巴塞尔 II 将监管资本分为核心资本、附属资本、三级资本。随着巴塞尔 III 的推进，监管资本被分为核心一级资本、其他一级资本、二级资本，为增强资本工具的实际损失吸收能力，我国对银行资本的定义、资本补充渠道或资本工具的质量要求愈来愈严格。

2004 年 6 月,借鉴巴塞尔协议关于拓宽补充资本渠道的基本规定,银监会与人民银行联合发布办法,批准商业银行在银行间市场发行长期次级债券,以缓解资本不足的状况。2009 年,银监会鼓励银行在银行间市场发行"混合资本债券",以拓宽附属资本补充渠道,该债券较次级债具有更强的资本属性。为提高资本质量,2009 年银监会提高了对长期次级债补充资本的质量要求,规定在计算资本充足率时,应从附属资本中对 2009 年 7 月 1 日以后持有的其他银行长期次级债进行全额扣减。自 2009 年起,我国监管当局要求银行同时将资本水平和资本质量作为目标,实现资产与资本、核心资本的匹配增长,同时强调内源资本积累及股东持续注资的责任。

汲取金融危机中部分资本吸收损失能力不高的教训,巴塞尔Ⅲ专门规定了"核心一级资本"主要由损失吸收能力强的普通股和留存收益构成,且资本扣减项需直接从普通股中扣除,一定程度上体现了监管资本定义向会计资本回归的趋势;同时强化其他一级资本的合格标准,如非累积性、无固定期限、不带利率跳升等赎回条款,当普通股充足率下降到5.125%时,必须转换为普通股或减记,二级资本工具也必须含有减记或转股条款。银监会 2013 年起实施的《商业银行资本管理办法(试行)》(银监会,2012[2])根据国际统一规则,严格了合格资本定义,提高了资本损失吸收能力要求,对于已发行的次级债等不合格资本工具要求十年内退出;将资本覆盖风险的范围,从信用风险和市场风险扩大至操作风险;并结合国情适当下调了小微企业、个人贷款、公共部门实体债权等风险权重,上调了银行同业业务的风险权重,以体现资本质量管理的差异化。2014 开始,大力推进优先股等新型资本补充工具。

资本补充渠道一般分为内源积累和外源补充,由于各国银行的发展战略和所处的政治经济环境不同,因此补充资本方式也各有差异。以美国、欧洲的比较为例。美国系统重要性银行补充资本着力于"加资本"即提高资本充足率的分子,欧洲系统重要性银行着力于"去规模"即降低资本充足率的分母,欧美银行均明显降低了资产的平均风险权重。与美国的银行相比,欧洲的银行面临更大的提升资本充足率的压力,倾向于缩减规模快速提升资本充足水平。当然,欧洲的银行清理资产负债表、缩减资产规模为其去杠杆化作出贡献的同时,也错失了一些盈利机会,比如欧洲的银行缩减了在日本、加拿大等的业务,而这些地区危机后复苏,成为美国的银行危机后重要的利润来源。总之,我国商业银行资本补充渠道应充分考虑宏观经济环境、银行经营转型和战略定位,考虑资本市场发展状况,以内源积累为主,并保持资本、风险和收益之间的平衡。

4.3.2 资本计量方法的调整

随着商业银行风险计量水平的提高,历史数据的不断积累,以及计算机信息系统的发展,资本计量方法开始从传统方法(按业务量的一定比例)发展到以评估客户违约损失为核心的高级计量方法。目前,我国监管当局已核准五大国有商业银行、招商银行实施资本计量高级法。

4.3.2.1 信用风险内部评级法

截至 2016 年末,我国商业银行信用风险内评法覆盖的风险加权资产占比①超过 70%,内部评级模型的准确性、区分能力、稳定性指标的表现基本正常。信用风险暴露通常被分为公司(一般公司、中小企业和专业贷款)、主权、金融机构、零售、股权和资产证券化等。在非零售客户评级方面,建立境内一般公司(包括制造业、批发零售业、基础设施、建筑业、房地产业、投资类和其他大中型企业)、新建公司、境外公司、小企业、金融机构、事业单位、政府投资类等评级模型。在零售信用评级方面,建立数十个模型和近千个违约概率(PD)、违约损失率(LGD)、表外业务转换系数(CCF)资产池,银行的全部申请评分模型 KS 值(指模型的区分能力和预测能力)超过 20%,行为评分模型 KS 值超过 35%,催收评分模型 KS 值超过 30%;产品的 PD、LGD、CCF 预测值基本大于实际值,各评分评级模型指标和结果的 PSI 不超过 25%,模型稳定性较好。

随着我国商业银行内部评级法的实施,内评结果开始应用于客户准入、审批、贷后监控预警、限额管理、贷款定价、报告等方面。在准入方面,

---

① 指内部评级法对应的信用风险加权资产、自行校准增加的信用风险加权资产和监管校准增加的信用风险加权资产三者之和,与全部信用风险加权资产的比值。

开始实施法人客户和个人客户的调整后风险资产回报率(RAROC)阈值控制。在审批流程中,关注客户风险等级、贷款申请评分等条件,将个人住房贷款分为自动审批、分类审批及正常审批。在信用卡业务领域,启用信用评分政策,实施内评结果在预审、发卡审批、额度管理、催收管理的刚性控制。在限额设定方面,对法人客户和交易对手统一授信,以客户评级结果为基础,结合客户融资风险状况,核定客户最高综合授信额度。在贷后管理方面,以预期损失(EL)作为贷款质量分类的重要标准之一,预期损失(EL)增加会使债项分类向下迁徙,并结合个人贷款的行为评分和催收评分,采取差别化的贷后管理措施。从客户和债项的评级变化、风险收益、预期损失(率)和资本占用(率),以及产品、地区等多个维度,对信贷风险进行判断,为信贷结构调整提供依据。此外,开始将内评法成果应用于经济资本管理,对于内评法已覆盖的产品,以客户违约概率、债项违约损失率等内评成果作为经济资本计量模型的输入参数。在减值准备计提方面,国际会计准则委员会新发布的 IFRS9 金融工具准则要求对金融工具采用预期信用损失计提减值准备,并于 2018 年 1 月 1 日正式生效,商业银行开始实施会计准则下的预期信用损失模型应用违约率、违约损失率等风险参数。

信用风险内评法项下的压力测试结果也将为商业银行管理决策提供重要支持。如每年人民银行组织的金融稳定压力测试、银行开展的内部资本充足评估(ICAAP)压力测试,均将测算宏观经济下行对银行资产质量和资本充足率的影响度;在恢复处置压力测试中,将测算银行可以承受宏观经济恶化的极限情况;在资本合规化中,将考虑经济下行对资本的额外要求;在设定风险偏好时,将考虑未来经济环境不利变化对不良率和预期损失的影响;在专项压力测试中,将根据压力情景下客户的现金流和信用等级恶化情况,加强对风险客户的跟踪监测分析。此外,基于 GDP、M2、CPI 增速及房价下降的压力情景,对个人住房贷款开展专项测试,据此改进押品动态监控评估机制,同时根据未来一年轻度压力情景的测试结果,对 PD 资产池参数在原有 5 年期长期平均估计的基础上进一步审慎处理。

4.3.2.2 市场风险内部模型法

我国商业银行计量市场风险资本通常采用标准法和内部模型法。截至 2016 年末,市场风险内部模型法覆盖的风险加权资产占比近 30％,较上年略有提高。内部模型法下,一些银行开始采用按交易组合、风险类别开展多维度 VaR 值计量,以充分揭示市场风险状况;建立以 VaR 值为核心和敞口限额、敏感度限额、止损限额等为补充的限额管理体系。有的银行市场风险 VaR 值计量尝试采用基于全定价的历史模拟法,历史数据观察期长度为 250 个交易日,置信度为 99％,分别计算持有期为 1 天和10 天的 VaR 值和 SVaR(压力 VaR)值。有的银行开始针对涉及市场风险的金融工具,包括本外币固定与浮动利率债券、债券远期、外汇掉期、利率掉期、贵金属与商品期货等建立相应估值模型。有的银行从制度建设、系统开发和模型验证等方面推进市场风险内部模型法验证,如制订数据验证规范,投产市场风险验证系统,每日生成市场数据验证报表与返回检验报表。

但是,目前大多数银行的市场风险管理仍然存在短板:①内部模型的自我验证总体薄弱、有效性不足,且大多数聘请中介公司开展模型验证和新产品、新模型投产前验证。②市场风险内模法返回检验突破时有发生,如 2015 年 3 月 18 日美元对人民币汇率大幅下跌,2015 年 8 月 12 日人民银行改革人民币中间价报价机制、人民币汇率出现波动,2015 年 12 月 17日阿根廷政府宣布阿根廷比索贬值等,均是市场变动引起的突破。③尚未使用内部模型计量特定市场风险下的新增风险资本,主要是国内信用违约债(CDS)等衍生品市场处于起步阶段,缺乏信用价差、相关系数、回收率等市场数据。特定风险是市场风险与信用风险的交叉领域,商业银行相应的风险计量模型开发和系统实施尚显滞后。

实施市场风险内模法的银行通常应建立市场风险压力测试管理体系,从制度办法、情景设计、实施、分析报告以及应用等方面开展压力测试。在压力情景设置方面,应按照严重程度设计情景,建立单因子与多因子压力情景,同时设置监管情景、历史情景和模拟假设情景等不同情景类型,借助信息系统在组合和汇总层面进行每日压力测试。压力测试报告包括日报、季报和年度报告及专项报告(包括 ICAAP 整合性压力测试、金融稳定压力测试和银监会压力测试)。压力测试结果应当应用于限额管理与应急方案中,在风险偏好和风险管理规划中体现压力测试限额。在压力测试及其结果应用方面,我国商业银行还有较大改进空间。

4.3.2.3 操作风险标准法与高级法

操作风险计量一般包括基本指标法、标准法和高级计量法。目前,我国监管当局只核准了操作风险基本指标法和标准法。基本指标法适用于中小型规模的银行,我国监管当局已核准大型商业银行和一些股份制商业银行实施标准法。截至 2016 年末,操作风险标准法覆盖的风险加权资产占比不到 5%。

(1)标准法

标准法下,操作风险资本等于商业银行各项业务条线净收入乘上不同的资本系数(β)。通常,商业银行将业务条线划分为九类,分别对应 12%—18% 的不同资本系数。计量基本原则:①建立收入会计科目与业务条线的映射关系,以此计算对应业务条线的收入;②将涉及两个及以上的业务条线归入 β 值较高的业务条线;③按照各业务条线利息收入的比例对利息支出进行分配,以计算净收入。

部分银行借鉴操作风险监管资本的计量思路和基本方法,引入操作风险经济资本管理。各类产品线经济资本等于产品线前三年收入之和的平均值乘以产品线的资本转化系数和银行分行调节系数。其中,分行调节系数将根据分行内控评价、法律、信息科技等综合考核得分计算。同时,推进损失数据收集、风险与控制自我评估、关键风险指标、情景分析等操作风险管理工具应用,并将其综合应用作为提高标准法实施质量、传递风险管理导向的重要举措。

(2)高级计量法

巴塞尔委员会对操作风险资本高级计量法(AMA)的监管文件主要包括 2004 年巴塞尔 Ⅱ、2009 年《AMA 关键要素报告》和 2011 年《AMA 监管指引》,但上述文件仅明确实施基础、数据规范和审慎标准等最低要求,允许银行自主选择具体模型方法。巴塞尔委员会成员经济体中,欧洲、北美、澳大利亚等地的实施进度明显领先。欧洲 AMA 银行的数量居首,2012年正式实施的银行已达 20 余家;美国于 2014 年初批准系统重要性银行实施;澳大利亚的大型银行实施了 AMA;亚洲的日本、韩国均有银行实施,日本系统重要性银行已实施,中国暂无银行正式获批。从实施技术看,AMA 的关键技术经多年探索,在国际上已形成一些共识。如:普遍选择损失分布法;通过蒙特卡洛模拟得到操作风险资本;使用泊松分布建立损失频率模型;严重度分布集中在 10 个左右的常用分布。

但从定量测算的情况看,各国存在着一定差异:①资本差异。巴塞尔委员会 2013 年 7 月公布的 100 家银行数据显示,操作风险加权资产占全部风险加权资产比率的中位数为 6.6%,上下四分位数水平分别为 5.3%、8.6%;资本对大额损失的覆盖程度(以操作风险资本除以银行历史前五大内部损失之和衡量)中位数为 6 倍,上下四分位数水平分别为 3 倍和 16倍。我国某大型银行操作风险资本在第一支柱监管资本中的占比,按标准法为 8.3%,按 AMA 为 5.8%;大额损失覆盖程度,按标准法为 450 倍,按AMA 为 310 倍。②数据差异。不同经济体的银行掌握的建模数据差异显著,如单家银行年均损失事件数与总收入(以 10 亿欧元为单位,下同)比例的中位数为 208,上下四分位数水平分别为 79 和 564;北美、欧洲银行的损失金额最高,其中交易销售条线的损失最多,亚洲银行的年均损失仅为全球平均水平的 20%,且集中在零售银行条线。我国某大型银行年均损失数量与总收入的比例约为 25,集中于零售银行条线。③缓释差异。预期损失和保险是 AMA 常用的两种风险缓释技术。个别欧洲银行从资本中扣减了预期损失,75% 分位数上的缓释效果为 3.4%,中位数水平为 0;少数北美银行和欧洲银行体现了保险缓释效应,75% 分位数的缓释效果约在 5%,中位数水平为 0。我国部分银行开发了保险缓释模型,但因建模数据量不足暂未启用。④监管差异。欧盟、澳大利亚、日本、韩国等监管当局对 AMA 持相对积极态度,出台了专门的监管指引或报告;印度、俄罗斯、印尼等对 AMA 持谨慎态度。

借鉴国际经验,我国银行的操作风险资本实施高级计量法至少需要具备以下条件:①稳健有效的操作风险管理架构,这是实施 AMA 的前提条件。②风险计量和资本配置应有助于激励业务条线加强风险控制。③监管当局要有能力对银行的风险、资本、损失、模型情况实施综合管控。④强调同类银行资本结果的可比性和透明度,防止监管套利。

从表 4.4 可以看出,我国商业银行高级计量法的推进情况,部分有能力的银行于 2010 年开始使用损失分布法构建计量模型,采用混合法计算集团口径操作风险资本,如法人使用 AMA、其余并表机构使用标准法,实施技术与国际主流银行实践基本一致。

表 4.4　我国部分银行 AMA 部分关键技术环节对比

Table 4.4 Comparison of AMA key technical indicators among some banks in China

技术环节	我国部分银行情况	国际情况	对比
实施范围	混合法	56％的银行使用混合法,其余使用 AMA 单一方法	基本一致
方法论	损失分布法	损失分布法	与主流实践一致
频率分布	泊松分布	绝大部分使用泊松分布,少数使用负二项分布	与主流实践一致
严重度分布	经验分布、对数正态分布、广义帕累托分布、韦布尔分布	使用最多的为对数正态分布、广义帕累托分布	与主流实践一致
资本聚合技术	蒙特卡洛模拟	蒙特卡洛模拟	与主流实践一致
单元格数量	17 个	78％的银行小于 50 个	与主流实践一致
相关性	考虑 17 个单元格间的频率相关性	76％的银行从业务条线、损失事件类型角度考虑相关性;约 1/3 的银行不考虑相关性	基本思路一致
外部数据使用	直接使用	80％的银行直接使用,其余有调整	与主流实践一致
预期损失	未考虑	80％的银行未考虑	与主流实践一致

续表

技术环节	我国部分银行情况	国际情况	对比
保险缓释	已开发模型,因数据原因未使用	76％的银行未考虑	基本思路一致
内部数据量	总量 10 383 个,年均每 10 亿欧元营业收入25 个	年均每 10 亿欧元营业收入对应损失数量的中位数水平为208,上下四分位数水平分别为79 和 564	数据量相对较少
大额损失覆盖倍数	标准法约450 倍,AMA约310 倍	中位数水平为 6 倍,上下四分位数水平分别为 3 和 16	覆盖倍数较高

资料来源:巴塞尔委员会 2013 年 50 家 AMA 银行调查结果;操作风险 AMA 校准进展报告

我国银行操作风险实施高级计量法的主要短板表现在:①未全面覆盖境外分支机构,主要是境外机构的经营环境、监管环境与国内差异较大,损失数据积累较少,风险与控制自我评估、关键风险指标、情景分析等管理工具应用时间不长,实践积累相对薄弱。②内部损失数据时效性不足,数据信息采集不全,交叉风险的损失数据较少。③经济资本未充分引入 AMA 成果,资本配置未与管理工具的应用相衔接;AMA 资本配置仅覆盖国内分行,不利于全面传导风险资本压力。④尚未根据业务经营环境和内部控制因素对模型结果进行定性调整。

4.3.2.4 资本计量技术持续改进

王兆星(2016)[281]指出,巴塞尔Ⅱ为提高风险的敏感性鼓励银行采用内部模型来确定资本很有必要,但由于模型复杂,数据质量不同,造成在不同的银行、不同的国家缺乏可比性和一致性,影响了公平竞争。因此,巴塞尔Ⅲ及后巴塞尔国际监管改革的方向是将巴塞尔Ⅱ下的标准法和内部模型法双轨运行改为尽可能使用标准法,同时增加标准法的风险敏感性,简化内部模型法并明确使用条件、设定资本底线。总之,在"敏感性、复杂性"与"简单性、可比性、一致性"之间寻找最佳的平衡点(王兆星,2016[281]),以及将银行的风险管理体现在风险资本要求中,是未来资本监管改革的重点。2017 年 12 月,巴塞尔委员会发布《2017 年版巴塞尔协议Ⅲ》,拟从

2022 年起逐步实施。

（1）信用风险

2015 年 12 月，巴塞尔委员会广泛征求关于信用风险标准法的修订意见，拟对信用风险资产类别重新界定，增加以房地产为抵押的债权资产；构建基于外部评级和基于监管规定的二维风险权重体系，但外部评级需剔除政府支持，仅反映银行自身的风险状况；根据银行尽职调查、校准结果适当调整风险权重，强调资本与实际风险的一致性。

2016 年 3 月巴塞尔委员会发布了《减少信用风险加权资产差异性——对内部模型法的限制性使用》（征求意见稿），提出：①限制内部评级法的使用范围，银行、其他金融机构和并表资产超过 500 亿欧元的大型企业以及股权、信用估值调整（CVA）只可使用标准法；②设定模型参数底线并规范建模和数据要求，如防止评级的顺周期性、建模的细度提升、表外业务信用转换系数（CCF）更多地由监管部门给定，同时对于内部模型计算设定底线（output floor），初级内评法下不再允许银行自行测算抵押品折扣系数等。对此改革，我国银行面临较大挑战，不仅需做细标准法，还要主动应对内部评级法监管框架的调整，评估对资本水平的影响，研究改进模型，提升资产组合风险计量水平（王胜邦和王瑾，2016[282]）。2017 年版"巴塞尔Ⅲ"规定，内部模型法计量的风险加权资产不低于标准法的 72.5%；提出标准信用风险评估方法（SCRA）；设定内部评级法的最低输入参数；在交易对手信用估值调整（CVA）风险计量中取消内部模型法，引入市场隐含参数。

下一步，我国商业银行推进内部评级法不能仅注重资本节约而片面追求模型化，应综合考虑经营转型、风险管理水平、数据加总能力，使内评法回归为科学、适用的风险管理工具。王胜邦和王瑾（2016）[282]研究发现，当前部分银行对公业务的实际违约率已高于内部模型预测的违约率。因此，必须加强和改进数据积累、IT 建设和模型验证工作，持续优化内部评级体系和风险计量模型，提升模型的区分能力、审慎性和稳定性，确保内评结果能够反映资产组合风险和审慎估计资本要求，并有效应用于拨备计提、贷款审批、行业限额、绩效考核和经济资本等经营管理中；同时，提高内部模型法和标准法的可比性,提高信用风险计量的可信度。

(2)交易账户市场风险与银行账户利率风险

2008 年国际金融危机中,基于 VaR 的市场风险内部模型法暴露出一些缺陷,比如交易账户和银行账户的划分不清晰、风险参数稳定性假设不成立、交易工具持有期假设不合理、未考虑不同交易头寸的流动性差异、不能反映小概率事件带来的损失等。为此,2016 年 1 月巴塞尔委员会发布《市场风险的最低资本要求》,增加了违约风险和信用价差风险,将交易账户和银行账户的划分从基于目的(intent-based)改为基于证据(evidence-based),并对二者的工具划转加以限制。此外,修订市场风险标准法,提出基于敏感性方法、违约风险(DRC)和剩余风险附加(RRAO)的资本要求;修订市场风险内部模型法,充分考虑尾部损失和压力情景,提高模型的颗粒度,采用预期尾部损失(ES)替代 VaR 模型,引入违约风险资本要求替代新增风险资本要求、压力资本附加等。修订后的市场风险资本计量框架缩小了标准法和内部模型法的差异,提高了两种方法的风险敏感性,引入了市场流动性风险,将标准法作为内部模型法的资本底线,并要求各国 2019 年之前制定本国标准。随着利率、汇率市场化进程的推进,上述交易账户市场风险新规将对我国银行资本管理及监管带来深远影响,将有助于控制银行短期高风险交易类业务的盲目扩张,但对于银行的数据和 IT 系统及监管专业性提出了更高要求(綦相和朱元倩,2016[283])。我国商业银行需要根据新方法要求设置敏感度因子、信用价差和货币隐含收益率等曲线,完善违约风险和剩余风险计量方法,优化预期尾部损失(ES)计量模型,构建全新的市场风险管理体系。

同时,为缓解银行账户和交易账户的利率风险资本计量方法差异导致的监管套利,巴塞尔委员会于 2016 年 4 月发布了新版银行账户利率风险管理标准(《IRRBB 监管标准》),要求 2018 年开始实施。①提出了加强的银行账户利率风险资本计提的原则,将此类资本纳入第二支柱,明确了资本计量的标准方法,同时允许银行可建立适合自身的内部模型方法;要求银行用经济价值法和净利息收益法计量银行账户利率风险水平。②规定银行要对活期存款、按揭贷款等具有内嵌期权的产品以及金融创新工具进行精准计量,其计量的复杂性对银行内部建模构成较大挑战。③规定银行将利息现金流纳入利率缺口计算,但目前我国大多数银行的利率管理信息系统仅支持对本金现金流的测算。④王胜邦和陈璐(2016)[284]认为,随着利率市场化改革的持续推进,存款成本和贷款收益发生不对称变化,净息差(NIM)会不断缩窄,在我国利率衍生品种类不丰富、风险管理对冲工具有限的情况下,银行账户利率风险管理的难度加大。目前,我国正研究发布新的银行账户利率风险监管指引。

(3)操作风险

为降低计量的复杂性,提高可比性,2014 年以来巴塞尔委员会致力于修订操作风险标准法计量规则而取消高级计量法。2016 年提出的新标准法增加了计量复杂性,提高了风险敏感性,首先根据业务指标规模分别确定资本系数,构建业务指标(BIC),然后建立损失数据(LC)并转换为资本乘数(ILM),再根据资本乘数与业务指标的计算得到操作风险资本。王胜邦和王珺(2016)[285]认为,新标准法以规模为主要风险因子,对业务指标进行加权处理并使用操作风险损失数据进行调整,更多关注损失事件的影响并平滑处理极端损失。该方法下,将对银行的内部损失数据积累提出更高的要求,对于高额损失给予更高的资本乘数,因此提高内部损失数据特别是交叉风险的损失数据质量、防控由案件风险导致高损失事件的发生,将是我国银行面临的极大挑战。此外,巴曙松等(2017)[286]认为,新标准法能否达到可比性、简单性和风险敏感性之间的平衡尚需观察。2017 年版"巴塞尔Ⅲ"将操作风险计量简化为标准法,即银行业务规模愈大,历史操作风险损失率愈高,操作风险资本要求愈高。简而言之,我国商业银行只有全面加强操作风险管理,包括治理架构、风险文化、流程控制,开发应用各类管理工具如关键风险指标、损失数据库、内部控制自评估和情景分析等,主动应对监管规则的变化,完善内部损失数据收集工作,严控高损失事件的发生,并将监管要求融入操作风险经济资本管理实践中,才能不断提升操作风险资本计量与管理水平。

4.4 资本监管的范畴：从传统风险监管到并表监管

随着商业银行的治理架构、经营范围、业务品种、交易模式的不断复杂化，如何从单一银行的风险监管转向对银行集团的并表监管，即有效识别、计量、监测和控制银行及其附属机构(含银行类、非银行类和非金融类机构)的总体风险状况，确保集团对附属机构的公司治理、资本和财务管控的持续性和有效性，是现代银行监管转型面临的重要问题。自 2005 年国务院批准银行开展综合化经营试点以来，银行系的非银行类金融机构得到稳步发展，据李岚(2016)[287]统计，截至 2015 年末，设立基金管理公司的银行有 13 家，入股保险公司的银行有 11 家，设立或入股金融租赁、信托、消费金融和汽车金融公司的银行累计有 52 家，跨业协同效应不断显现。

并表监管源自国外监管机构，但其英文在各国并不统一，如美国常用"comprehensive consolidated supervision"，欧洲常用"consolidated supervision"(王兆星，2015[288])。巴塞尔委员会 1997 年发布的第一版《有效银行监管核心原则》第 23 条首次提出了"全球性并表监管"的概念，2012 年正式发布了《金融集团监管原则》，2012 年发布的《有效银行监管核心原则》第 12 条原则要求银行监管者对银行集团进行并表监管，并对银行集团全球范围内的业务全面实施审慎标准。

按照国际通行做法，传统风险监管着重于对商业银行单体机构、个体风险的监管。并表监管则基于全面风险管理的理念，督促银行集团达到以下要求：①完善风险治理架构，确定集团统一风险偏好和政策，培育集团统一的风险合规文化，建立覆盖全部境内外机构、全部风险类型和全部业务品种、全部业务流程的风险治理体系。②提升风险治理效率，如统一集团授信管理、统一风险分类、统一风险视图，提升银行集团风险数据的加总、监测与管控效率。③建立风险隔离机制，识别从事跨业跨境经营的附属机构风险并防止集团内部传染。银行集团并表管理的核心要素至少包括：并表管理的治理架构完善性、管理模式的有效性；内部交易管理、风险隔离机制的有效性；相关信息系统和数据治理的健全性；跨业、跨境并表管理的有效性。

银监会 2008 年首次发布《银行并表监管指引》，提出资本充足率、大额风险暴露、内部交易等并表监管的原则。随着银行集团综合化经营、国际化经营步伐的加快，2014 年银监会修订发布了新的《商业银行并表管理与监管指引》并于 2015 年 7 月正式实施。该《指引》强调并表管理分为会计并表、资本并表和风险并表，资本并表范围按照资本监管相关规定，风险并表范围则遵循"实质重于形式"的原则，并表监管采取定量和定性两种方法，定量监管主要是针对银行集团的资本充足状况以及并表基础上的主要实质性风险量化评价。该《指引》要求不仅关注银行机构的单体风险，还要关注风险在银行集团的内部、外部的交叉性和传染性，定期评估银行集团及附属机构资本管理的审慎性、交叉持股及互持资本、持续补充资本能力等（李旭和程江，2015[289]；张晓朴，2014[290]；张春子，2011[291]；丁慧，2009[292]；银监会，2014[293]）。

但是，我国银行并表监管还存在诸多薄弱环节，主要体现在：并表管理覆盖的范围、风险并表的计量技术、交叉风险和风险关联性的影响测度及资本计量方法等方面。基于股权和控制关系的会计并表基本覆盖了大多数资产负债表，但从风险并表的角度，尚未覆盖跨业交叉风险以及一些影子银行活动；从资本并表的角度，尚未覆盖集中度风险、银行账户利率风险、声誉风险、国别风险等。并表监管覆盖范围的调整（无论是风险并表范围，还是资本并表范围）都可能对银行集团的资本、大额风险暴露、流动性风险水平、杠杆率、全球系统重要性银行资本缓冲要求等带来影响。

归纳起来，我国商业银行并表监管面临的主要难点在于：①以会计并表范围为基准，如何更加合理地调整或界定风险并表与资本并表的范围。②如何有效识别对银行集团带来实质性风险的实体，而现实中的金融类实体的监管标准并不一定统一，非金融类实体并不都在银行监管范围内。③明确应纳入风险并表、资本并表范围实体的并表标准比较困难，特别是如何判断该实体的风险事件是否引发银行集团的声誉风险，银行集团是否利用该实体进行监管套利等。④如何测度信用风险、市场风险、操作风险等各类风险之间的关联性影响。Rosenberg & Schuermann(2006)[294]基于1994年至2002年的数据进行估计,发现对各类风险的简单加总会使风险资本被高估(陈岗,2009[295])。目前,我国商业银行对于基于信用风险、市场风险和操作风险的资本计量仍是各单一风险资本的简单加总或加权。⑤如何监控和确定银行集团内的银行、证券、信托、保险、基金、投资银行等的风险关联性、风险传染性、多样化收益及其对银行集团的影响。刘春航和陈璐(2009)[296]认为,银行集团面临的整体风险是由各个附属机构的组合风险组成的风险集合,而银行、证券、保险不同性质子公司的风险如何加总,是银行集团风险评估中的难点。目前,在此方面国际上也无成熟的统计方法,主要依靠专家判断,我国商业银行跨业、跨市场业务产生的交叉风险对资本的影响还处于研究中。王兆星(2015)[288]、马腾(2008)[297]提出,我国商业银行的并表监管需要进一步改进,包括:将具有风险敞口的各类特殊目的工具(SPV)纳入并表监管,并计提相应的拨备、资本;加强对银行集团的实际控制人并表监管,加强跨业监管合作,完善相关法律授权。

4.5 资本监管的模式:从规则导向到激励相容①

曾宝华和吴丁杰(2007)[298]认为,激励相容理论是诠释如何能更好地提高激励效果的理论。陈刚等(2004)[299]指出,我国商业银行激励相容的监管机制并不完备。哈维茨(Hurwiez)提出的机制设计(mechanism design)理论强调,激励相容是市场经济中能促使个人利益与企业利益相一致的制度安排。李顺(2007)[300]从新制度经济学角度出发,认为制度效率取决于实施制度的交易成本,以及制度目标是否与行为人利益目标一致。

---

① 本节部分内容发表于《新金融》(2015年11期),题目为《新加坡金融发展与金融治理的经验借鉴》。

哈维茨（Hurwiez）提出的"一致性"具有丰富的内涵。不仅强调了激励的一致性，也强调了激励的公平性，前者是指制度设计要统筹委托人和代理人的共同目标，后者是指行为人获得的正向激励要与其付出的成本相匹配（纪敏，2005[301]；周丹，2006[302]）。刘学著和王宝成（2007）[303]认为，建立委托人与代理人的目标、利益一致性关系需要弥补不完全契约的漏洞。一项制度的运行是否有效关键在于该制度的设计目标、实施方式方法是否能够推动激励相容。

蒋海（2004）[304]认为，纠正监管失灵关键在于解决监管与被监管的激励冲突。江曙霞和何建勇（2009）[305]提出，能够使银行利益和存款人利益保持一致的监管制度安排才是有效的激励。相对于由监管当局采取行政手段、强制性规定的"规则导向"监管来说，激励相容的银行监管关键要引入正向激励措施或市场化激励机制（纪敏，2005[301]；曾宝华和吴丁杰，2007[298]）。为此，激励相容的银行监管应认识到监管不是替代市场作用，而是监督市场规则的运行，也不能只从监管角度制定监管政策，而应兼顾银行的风险控制和市场约束目标（杨新兰，2015[277]），使监管目标的实现转变为银行在市场运行规则下的自觉行动。

目前，国外一些银行监管当局已引入激励相容的监管理念。以新加坡和美国为例，亚洲金融危机后，新加坡主动改革金融管理体制，监管理念从规制导向（more regulation）转向"从旁监管"（more supervision）。2000年，开始从"一刀切"（one-size-fits-all）式的合规监管转向"风险导向"监管，2004年发布"金融业监管目标与原则"，2007年发布"评估金融机构冲击力与风险的框架"。旧的监管理念主要是依赖严密且细致的条规来管制金融机构，即"法无允许则为禁止"。新的监管理念则通过实施"风险导向"的金融监管，促进金融机构自我管理。杨新兰（2015）[277]认为，新加坡金融监管在如下方面体现出激励相容的理念：①政府不应是市场的主导者。②注重金融发展与金融监管的目标平衡，金融发展的目标是创新与效率，金融监管的目标是银行业安全与稳定。③把控金融监管的"钟摆"幅度，保持金融监管政策的连续性。

美联储 2009 年提出了综合资本分析评估体系(comprehensive capital analysis and review,简称 CCAR),重点关注在美国的大型银行控股公司在不利经济环境下是否有足够资本维持经营。刘波(2014)[306]分析了美联储 2014 年度评估报告认为,部分美资银行和欧洲银行在美的控股公司因未能通过 CCAR 压力测试将遭遇资本规划得不到批准,这也反映了在激励相容监管中亦需要加大监管惩罚力度。杨军(2015)[307]认为,CCAR 监管体现了监管理念向市场化转变,通过规范资本充足评估方法与标准,设定资本底线要求,引导银行提升自我管理水平。

从巴塞尔委员会发布的一系列资本监管文件来看,也体现了由规则导向向激励相容转变的监管理念。即在遵循资本监管的底线标准基础上,体现出资本监管的激励相容,包括:①鼓励风险管理水平高、具备条件的银行使用高级资本计量方法,以节约资本。②分类监管,鼓励资本充足程度高的银行适度创新或开展风险业务。③注重市场纪律,强化信息披露,鼓励资本充足水平自我控制,充分发挥自律和市场约束作用。④鼓励银行资本水平高于最低监管要求,保持可持续发展和应对风险损失的能力。目前,我国商业银行资本监管制度一定程度上体现了激励相容,但仍面临诸多难题,包括:如何动态调整最低资本充足率,对于超过最低资本要求的银行如何提升其资本缓冲管理水平,如何差异化监管和增强不同机构之间的资本水平的可比性,以及如何防止监管套利、有效发挥市场约束作用等。

4.6 系统重要性银行的监管强化

肖远企(2015)[308]提出,解决系统重要性银行"大而不倒"问题将成为国际监管改革的重点,是宏观审慎监管的重要举措。2011 年 11 月以来,金融稳定理事会(FSB)提出了相关监管措施,联合巴塞尔委员会出台了系列监管指引。按照金融稳定理事会的系统重要性银行评估标准,如表内外资产规模、与其他银行的关联度、在某类业务和市场中的可替代性、场外衍生交易的复杂性、全球活跃程度等,2011 年中国银行最早入选全球系统重要性银行(G-SIB),工商银行、农业银行和建设银行分别于 2013 年、2014年、2015 年入选。在我国,系统重要性银行的风险特征和系统性影响具有特殊性,如高国华(2014)[309]认为,作为宏观调控和政策传导的重要载体,我国银行在国家信用担保下有较强激励向政府项目提供金融支持,易导致信贷集中和诱发道德风险并形成系统性风险隐患。与国外系统重要性银行相比,截至 2016 末,我国系统重要性银行在规模增速、净息差、资本充足率、净资产收益率等方面均表现较佳,但资产质量承压,经营效率指标(成本收入比)低于国际同业水平。我国商业银行成为全球系统重要性银行,将提高其在全球金融体系中的地位,拓宽经营品牌国际知名度,获得更高的国际市场评价,但鉴于系统重要性银行的风险传染性、关联性等外部性更为明显,将比其他银行承担更高的资本要求和更严格的监管要求,主要体现为以下三个方面:

(1)加强危机管理,制定恢复处置计划(RRP)。对进入处置状态的关键功能和关键共享服务可持续性要提前做出安排,并接受危机管理工作组的可处置性评估。若存在影响可处置性的因素,组织架构、业务运行模式等需要作出调整。监管当局需在 6 个月内牵头组建危机管理工作组,12个月内审阅银行制定的恢复计划,18 个月内完成处置计划和跨境合作协议,24 个月内开展可处置性评估。

(2)实施更高的资本要求,将系统重要性银行"外部性内在化"。全球系统重要性银行按照重要性大小被划分为五组,分别适用 1%~3.5% 的附加资本要求,组别愈高则附加资本要求愈高,且由核心一级资本来满足。此外,全球系统重要性银行还需要满足 16%~18% 的总损失吸收能力(TLAC)的资本要求,避免纳税人为危机期间救助破产银行的巨大费用买单而影响金融系统的稳定性;国际上一些活跃银行尝试将或有可转换债券(contingent convertible bonds)和自救债务工具(bail-in-debts)作为系统重要性银行的新型资本工具。

（3）提高监管强度。银行在风险数据加总、公司治理和全球风险并表管理、信息披露等方面将面临更高的监管要求，接受现场检查的频率、范围将扩大。特别是对风险数据加总能力提出更高要求，在数据治理、IT设施、数据完整性等方面比一般银行的要求更高。加强全球系统重要性银行监管，将成为我国监管当局乃至我国政府相当长时期的战略任务。2008年金融危机后，国外一些监管当局在强化系统重要性银行监管框架方面进行了改革，如英国金融服务局（FSA）2013年被拆分为审慎监管局和金融行为管理局，前者重点关注对金融稳定有重大影响的大型商业银行集团；美联储和美国货币监理署2014年均发布了大型银行监管规则；欧盟推进了单一监管机制，强化了系统重要性银行监管。

4.6.1 恢复处置和危机管理

2008年金融危机后，金融稳定理事会提出系统重要性银行要做好"生前遗嘱"，目的是防止这类银行危机传染到其他机构而引发系统性危机。目前，我国系统重要性银行基本建立了危机处置计划，监管当局成立了"危机管理领导小组"，会同财会部、人民银行和相关境外监管当局构建境内外危机管理工作机制，评估更新恢复处置计划（RRP）。金融稳定理事会（FSB）2014年对《金融机构有效处置机制关键要素》进行了更新，2015年我国的《存款保险条例》正式实施，商业银行危机处置的立法工作正在积极推进。根据这些变化情况，部分银行对其恢复处置计划进行了更新完善，包括：识别关键功能和关键共享服务，识别重要实体和核心业务条线；建立恢复计划的管理框架，设计触发指标和监测指标，建立资本和流动性的恢复措施，开展压力测试并明确相应的行动方案；处置计划中，梳理了金融稳定理事会要求的处置权力和处置工具及中国法律现状，分析了存在的障碍及应对措施。

从2015年7月开始，按照金融稳定理事会的要求，我国的全球系统重要性银行加强了可处置性自评估，主要评估银行处置对金融系统和实体经济造成的影响，包括对本国及相关东道国金融市场、金融市场基础设施、市场资金、其他机构资本、实体经济等。评估要点包括：处置机制及处置工具、处置资金来源、恢复与处置计划的充足性、银行组织架构、内部关联性、金融市场基础设施、管理信息系统、跨境处置等方面,分为银行层面、行业层面和恢复处置计划本身的评估。

从各国自评情况看,英国、欧洲和美国的全球系统重要性银行识别出的内部障碍一般涉及以下方面:按监管要求提供处置所需的高质量数据的能力;识别关键共享服务及其与重要实体的映射关系的能力;识别具有损失吸收能力的债务工具的能力。

从我国银行处置的外部环境及配套设施看,仍面临一些问题:①处置机制尚不完善,缺少与 FSB 关键属性一致的银行处置权力。根据 FSB 的规定,处置机构应拥有推翻股东权利、中止金融合约的提前终止权、破产清算、出售资产、成立过桥银行、成立资产管理公司、自救等权力。②银行处置和破产的法律体系不健全。③实施自救面临一些障碍,如将大量分散债权转换为股权对于大多数银行在现行法律下并不可行且无操作经验。④我国的债务工具种类和规模相比发达经济体明显偏低,债券市场容量有限,较难满足商业银行资本融资需求;我国银行的二级资本工具主要在银行间市场发行,市场容量也有限。⑤跨境合作难度较大。各国基于主权考虑,一般不易接受他国监管机构对其金融机构的日常监管,特别是对他国的跨国现场检查及信息的获取仍持审慎态度;出于本国金融信息安全考虑,各国法律对银行业相关信息均有不同程度的保护措施,跨境危机处置合作难度更大。⑥未经许可,商业银行不得将其债权转让给非金融企业,这将给资产出售和业务重组带来困难。⑦资产转让的二级市场缺乏流动性,银行处置时出售信贷资产、非上市股权存在难度,也缺乏可靠的外部估值数据。为此,需要进一步完善我国银行业处置机制,修订相关法律法规;继续培育资本市场,扩大市场规模,丰富各类股权和债务工具,继续发展资产转让二级市场;逐步推进跨境监管和处置合作。

4.6.2　总损失吸收能力

汲取国际金融危机教训,金融稳定理事会会同巴塞尔委员会提出金融机构"大而不能倒"问题的解决方案,除要求计提系统重要性附加资本、强化监管与恢复处置制度安排外,2015 年 11 月提出了《总损失吸收能力(TLAC)条款》。王兆星(2016)[281]指出,总损失吸收能力考量的是银行合格资本和其他债务工具的充足性,危机情形下这些债务工具需无条件减记或转换为股权用于吸收损失。上述方案包括以下内容:

(1)设立全球统一的两项最低标准且需同时满足。如:要求 2019 年 TLAC 最低达到银行集团风险加权资产的 16%,2022 年最低达到 18%,若加上现行的 2.5%储备资本和 1%～2.5%的系统重要性附加资本,则总要求将达到风险加权资产的 19.5%～23%,高出现行资本充足率要求 8～10 个百分点;还要求同时具有至少相当于杠杆率为 6%的一级资本数量。

(2)总损失吸收能力中至少含有三分之一的合格债务工具。这类工具应满足剩余期限在一年以上、偿还顺序排在存款等一般债权之后、不含抵押条款、能够减记或转化为普通股等条件,但不包括存款保险覆盖的存款和有抵押债务等在破产清算时享有优先受偿权的负债。由银行缴款成立的基金,若事先承诺在处置全球系统重要性银行时能提供明确的无金额限制注资,可以按照不超过风险加权资产 2.5%的比例计入总损失吸收能力。

(3)限制银行之间相互持有总损失吸收能力工具。为降低风险传染性,全球系统重要性银行应扣减其所持有的其他全球系统重要性银行发行的合格债务工具,其他银行持有此类工具也需要采取审慎的处理方法。可有三种方案:①采用上限管理,银行持有 TLAC 的总量不得超过大额风险暴露的上限(核心资本的 25%)。②持有的 TLAC 给予 250%的风险权重。③对银行持有的 TLAC 工具不超过大额风险暴露限额的部分,适用 250%的权重,超出部分则从资本中予以扣除。一方面避免银行过度持有交叉风险,另一方面避免间接产生对非全球系统重要性银行的惩罚效应。

实施总损失吸收能力国际标准,对推动我国全球系统重要性银行发展转型和深化金融市场改革具有积极意义。一方面,更高的损失吸收能力要求,有助于提高银行风险抵御能力,制约过度扩张,强化风险资本约束机制;另一方面,有助于推动银行经营转型,增强主动负债能力,保持长期稳定的负债结构、资金来源,强化可持续发展能力。此外,创新总损失吸收能力工具也有助于推动我国进一步完善资本市场和债券市场,健全金融市场功能,提升市场深度和广度。但是,受限于我国金融市场发展阶段,目前全面实施总损失吸收能力国际标准仍面临着挑战,特别是缺乏合格的债务工具用以弥补总损失吸收能力缺口。

为应对资本附加和 TLAC 的资本要求,我国的全球系统重要性银行需要制定更加科学周密的资本规划及管理政策,充分考虑未来在排名组别中的资本附加要求进一步提升的可能性,制定应对预案。巴曙松等 (2016)[310]认为,应保持适当的 TLAC 资本水平,较低会导致资本工具频繁触发,过高会加大成本,必须建立起内源资本为主的资本补充机制。

4.6.3 有效风险数据加总与报告

巴塞尔委员会指出,2008 年全球金融危机的重要教训之一是大型金融机构缺乏快速准确采集银行集团层面、不同业务领域及不同法律实体之间风险和风险集中度数据的能力,银行信息技术和数据架构不足以支持广泛的金融风险管理。有效风险数据的加总与报告能力是商业银行进行风险识别、计量、控制、管理的基础,是商业银行实现风险管理升级转型的基本能力。巴塞尔委员会要求全球系统重要性银行在入选 3 年后满足相关要求。2015 年 6 月,巴塞尔委员会发布《有效风险数据加总和风险报告原则》,旨在改善银行风险数据采集能力和风险报告做法,包括强化治理与基础设施等 14 项原则。

分析我国商业银行存在的差距,主要表现在以下几个方面:

(1)在重大并购的尽职调查中,未充分对被收购方的风险数据加总能力进行评估,未充分考虑其对集团风险加总能力和风险报告的影响。如,某境外子银行开展的商品、外汇、利率、信用、股权等交易,由于业务产品较为复杂,仍采取外购方式进行交易管理和估值,导致其系统、数据、模型与境内总行存在较大差异。

(2)整合性压力测试尚需推进。统一情景下的整合性或全面压力测试还未有效开展,压力测试情景通常是按照信用、市场、操作风险等单一风险类别开展,尚不能全面评估统一情景下的压力状态变化对银行的整体影响,银行集团对压力和危机情景的管理能力有待提高。

(3)业务基础数据质量有待提高。部分业务系统的基础信息包括客户现金流量表、利润表和资产负债表等相关数据、客户评级、押品重评等更新不及时、数据不准确时有发生;一些业务系统与会计系统之间存在数据差异;关键监测指标尚未覆盖金融资产服务及互联网金融等业务;尚不能完整准确地获取理财、同业投资等业务底层数据,制约了对此类业务及合作机构开展自动化监测和实施限额管理。

(4)部分领域数据未实现系统自动化采集。如:会计系统、信贷系统、市场风险管理系统、操作风险损失事件系统等部分系统尚未延伸至全部境外机构;风险加权资产计量系统(RWA)尚未实现数据采集的全面自动化;流动性风险数据报表、资本充足率统计仍需手工编报;非银行类子公司部分业务缺乏系统支持。

(5)以客户为中心的风险数据加总能力不足,数据的宽度、长度、时效性和全面性不够,企业级数据应用体系建设尚需推进。

(6)风险报告在整合市场信息、覆盖压力和危机情形、前瞻性预测风险变化趋势方面尚需加强,在全面分析集团风险承受能力及其影响并提出相应风险管理建议方面的能力不足。

4.7 资本监管的"第二支柱":内部资本充足评估

巴塞尔新资本协议的第二支柱包含两部分内容:一是基于银行视角的内部资本充足评估程序(ICAAP),二是基于监管视角的监管复核与评估机制(SREP)(于忠义,2016[311])。第二支柱体现了三项原则:①全面风险管理,指除第一支柱覆盖的三大类风险外,将风险评估延伸到可能面临的所有实质性风险,如集中度风险、银行账户利率风险、流动性风险、战略风险、资产证券化风险以及金融工具估值等。②强调自我管理,要求银行建立用于衡量风险资本、维护资本策略的内部资本充足评估程序(ICAAP)。③监管机构若不满意可以采取"追加资本"等适当的监管措施。简而言之,就是要求银行的资本水平与实质风险水平、风险管理质量相匹配。招行(2010)[312]认为,ICAAP 的建立是银行提高自身经营管理水平、提升经营价值的需要。ICAAP 关键需要银行建立一套内部资本充足评估程序,对自身面临的实质性风险的水平和管理状况进行评估,找出差距,在此基础上确定需要为此持有的资本,并结合整合性或全面压力测试、与资本充足预测结果的比较,最终确定未来资本充足率的目标值和应急管理措施。与国际监管机构相比,我国银行的第二支柱监管实践相对滞后,银行内部资本充足评估尚在推进中,2016 年三季度我国监管当局提出了进一步加强内部资本充足评估的监督检查原则。

4.7.1　实质性风险评估与资本附加

按照巴塞尔协议规定,风险评估应覆盖银行各类实质性风险。国际通行做法是,对于信用风险、市场风险和操作风险,由于其风险水平已在第一支柱下考虑,因此只评估其风险管理质量情况;对于第一支柱下未包括的剩余信用风险、第一支柱涉及但未完全覆盖的集中度风险、第二支柱下的流动性风险、银行账户利率风险、声誉风险、战略风险、国别风险和资产证券化风险,需要同时评估风险水平和风险管理质量。我国某些商业银行借鉴国际做法,在风险水平评估中,对集中度风险、流动性风险、银行账户利率风险、剩余信用风险、国别风险和资产证券化风险通常采用定量评估,选取相关风险的核心监管指标、银行风险偏好指标、行业最佳实践参考值等作为基准值,根据指标实际值是否突破基准值来评估风险水平的高低(通常分为"高""中""低"三档);对声誉风险和战略风险主要采用定性评估。上述实质性风险的风险管理质量评估通常包括风险治理与偏好、风险管理政策与程序、风险识别与计量、管理信息系统、内部控制与审计等五个方面因素,每个方面细化为一定数量的节点,每个节点设计专门的打分卡,每项评估标准所得到的"强""中""弱"分别对应不同的分值,每类风险的风险管理质量最终得分等于各项评估结果的加权平均值,最后将此评分结果转换为"第二支柱下的资本附加"。表4.6列出了第二支柱下的各类资本附加(A1-A10)及其合计值 A。

通常,银行资本附加的测算可分为四个步骤:①确定最大资本附加点。从公开渠道获取同业银行的最新资本充足率并计算平均值,按照"平均值+3倍标准差"确定评估时的最大资本附加点,必要时适当调整。②根据不同风险的特征,设置各类风险的风险水平和风险管理质量的评分权重,并设置其占总风险资本的比例。③根据确定的资本加点,结合银行风险评估分数区间的划分,将资本加点分拆到各区间,并根据预先设定的监管资本最低要求,计算资本充足率区间。在划分资本加点过程中,秉承审慎性原则,随着资本充足率逐渐增大,评估总分跨度应逐渐增大。④通过计算模板,自动测得各类风险的资本附加结果 A。

4.7.2 全面压力测试及压力情景下的资本充足预测

ICAAP 压力测试是全面压力测试(或整合性压力测试),其目标是在一定压力情景如宏观经济发生衰退的情况下,考虑银行各项业务间的相互作用和反馈效应、风险因子与承压指标间可能存在的非线性关系、不同风险之间和同一种风险内部的相关性,通过定量和定性的技术手段,评估压力情景下资本充足率、资产质量等重要指标的变化。目前,我国商业银行开展的整合性压力测试尚处于摸索阶段,大多数采用单一类型风险压力测试。全面压力测试至少应达到:①统一情景,所有风险的压力测试均是在统一的情景下开展,各类风险压力测试采用统一情景中与各自相关的情景参数开展。②定量与定性相结合,且有计算机信息系统支持。

压力情景一般设置为基准、轻度、中度和重度等情景,具体的风险因子则会因不同时期、不同经济状况、不同银行而不同。表4.5显示了某股份制商业银行在各情景下的重要风险因子。在开展整体压力测试中通常会有如下假设:不考虑银行贷款规模和贷款结构的变化,以及内源性和外源性的资本补充。

表 4.5　压力测试的不同情景

Table 4.5 Different scenarios of stress tests

情景	基准情景			轻度　经济发生轻度衰退			中度　经济发生中度衰退			重度　经济发生重度衰退		
描述	经济下行压力增大,GDP增速回落,总需求不足,房地产、工业进入萧条状态,价格水平低迷,就业增长放缓,社会融资规模收缩。			GDP增速下降,总需求疲软,工业疲软等,CPI增速,PPI下降,服务、消费领域蔓延。投资增速放速,隐性失业日益增高。房地产库存增商。工业企业资金周全周转回落,部分行业不良率走高。社会融资和银行贷款出现收缩。经济在X年触底并在X年反弹。			GDP增速降幅较大,经济出现局部陷入需求不足全面分化。CPI负增长,PPI降幅较大。隐性失业严重。房地产投资和制造业投资加速回落,部分行业受较大影响。部分行业不良率显著升高。社会融资规模持续回落。经济并对上下游产生大影响。经济在X年触底并在X年反弹。			GDP增速严重放缓,工业、房地产、服务业等进入萧条状态。CPI,PPI严重下跌。社会失业大幅提高,产能过剩导致房地产业破产。部分行业不良率加剧明显,金融市场失去信心。投资者规模大幅回落。银行不良资产大幅攀升,社会融资规模严重收缩,贷款严重收缩并在X年反弹。		
假设	不适用			利率市场化基本完成,银行存贷利差将在一段期间内持续收窄。人民币国际化进一步加深,汇率波动加大。未出现主权信用危机。			利率市场化基本完成,银行存贷利差将在一段期间内持续收窄,然后在中期趋稳。人民币国际化进一步加深,汇率波动加大。未出现主权信用危机。			利率市场化基本完成,银行存贷利差将在一段期间内持续收窄,然后在中期趋稳。人民币国际化进一步加深,汇率波动加大。未出现主权信用危机。		
定量参数 宏观指标	2017	2018	2019	2017	2018	2019	2017	2018	2019	2017	2018	2019
GDP 累计同比	6.7%	6.6%	6.5%	6.1%	6.0%	5.9%	5.5%	5.4%	5.3%	4.9%	4.8%	4.7%
CPI 累计同比	2.0%	1.9%	1.8%	0.5%	0.4%	0.3%	−1.0%	−1.1%	−1.2%	−2.5%	−2.6%	−2.7%
M2 当季同比	12.2%	12.0%	11.8%	10.2%	10.0%	9.8%	8.2%	8.0%	7.8%	6.2%	6.0%	5.8%
PPI 累计同比	−1.4%	−1.5%	−1.6%	−2.4%	−2.5%	−2.6%	−3.4%	−3.5%	−3.6%	−4.4%	−4.5%	−4.6%
固定资产投资完成额:累计同比	10%	9.6%	9.2%	8.5%	8.1%	7.7%	7%	6.6%	6.2%	5.5%	5.1%	4.7%
工业增加值:累计同比	6.1%	6%	5.9%	5.6%	5.5%	5.4%	5.1%	5%	4.9%	4.6%	4.5%	4.4%
70个大中城市新建住宅价格指数:当年同比	−0.9%	−1.6%	−1.7%	−4.0%	−3.5%	−2.5%	−6.0%	−5.5%	−3.0%	−15.0%	−13.0%	−10.0%

续表

情景		基准情景			轻度 经济发生轻度衰退			中度 经济发生中度衰退			重度 经济发生重度衰退		
	宏观指标	2017	2018	2019	2017	2018	2019	2017	2018	2019	2017	2018	2019
定量参数	定期存款利率:1年(整存整取)变动(BP)	−36	−50	−25	−65	−55	−40	−70	−60	−50	−80	−80	−55
	短期贷款利率:6个月至1年(含)变动(BP)	−42	−62	−50	−115	−95	−75	−140	−120	−90	−170	−160	−125
	中债国债到期期限收益(BP)	−5	−10	−12	−25	−20	−15	−30	−25	−20	−50	−40	−30
	平均汇率:美元兑人民币变动	+3%	+2%	+1%	−9%	−5%	−3%	−14%	−10%	−5%	−19%	−12%	−10%

资料来源:个人整理

在压力情景下,各类风险对净利润的负面影响导致资本供给的减少,随着压力增大,资本充足率下降,需要采取降低分红比例等管理行动补充资本。以此得出压力情景下的资本附加 B。需要说明的是,压力情景下,一般是参考中度压力情景的结果,因为重度情景下,系统重要性银行将需启动恢复处置计划。

综上,加总 A 和 B 即得到 ICAAP 要求下的目标资本充足率,具体如表 4.6 所示。根据银监会《商业银行资本管理办法(试行)》要求,商业银行应至少每年一次实施 ICAAP 评估程序。若监管检查认为银行 ICAAP 程序符合监管要求,监管机构则会参考银行的 ICAAP 测得的目标资本充足率确定监管资本要求,否则追加资本。一般地,商业银行获准实施资本计量高级法后的三年并行期内,应获得内部资本充足评估程序的实施核准,否则将延长并行期。目前,香港等监管当局已发布了内部资本充足评估程序监管规则。

表 4.6　目标资本充足率测度表

Table 4.6 Measure of target capital adequacy ratios

资本要求项目	资本要求(%)
(1)第一支柱最低资本要求	8
(2)第二支柱下的风险评估	A
①信用风险管理质量的评估	A1
②市场风险管理质量的评估	A2
③操作风险管理质量的评估	A3
④集中度风险状况和管理质量的评估	A4
⑤银行账户利率风险状况和管理质量的评估	A5
⑥流动性风险状况和管理质量的评估	A6
⑦国别风险状况和管理质量的评估	A7
⑧声誉风险状况和管理质量的评估	A8
⑨战略风险状况和管理质量的评估	A9
⑩资产证券化风险状况和管理质量的评估	A10
(3)压力测试和资本实力评估	B
(4)总体最低资本要求(1+2+3)	8%+A+B

4.7.3 资本充足率预测:一个实例

本节的资本充足率预测基于表 4.5 压力情景假设,不考虑银行贷款规模变化和资本补充,主要考虑压力情景下对净利润的影响导致的资本充足率分子的减少,或对资产质量的影响导致分母——加权风险资产的增加。

4.7.3.1 银行资本动态模型与预测模型

在时间 t,银行资本充足率 CAR_t 可以表示为,

$$\mathrm{CAR}_t = \frac{X_t}{R_t} \tag{4.1}$$

其中,X_t 表示 t 时间银行资本储备总额,R_t 表示 t 时间银行风险加权资产总额。

假设银行资本变化取决于盈利累积或经营亏损,银行盈利全部成为资本储备,而不考虑分红、募集资本,那么,在时间 $t+1$ 时银行资本储备额度 X_{t+1} 为,

$$X_{t+1} = X_t + I_{t+1} \tag{4.2}$$

其中 I_{t+1} 表示时间 $t+1$ 银行净利润(I_{t+1} 小于零则表示亏损)。

在时间 $t+1$,银行盈利 I_{t+1} 和风险加权资产总额 R_{t+1} 分别可以表示为,

$$I_{t+1} = (1 + r_{t+1}) I_t \tag{4.3}$$

$$R_{t+1} = (1 + u_{t+1}) R_t \tag{4.4}$$

其中 r_{t+1} 和 u_{t+1} 分别表示 $t+1$ 年度银行盈利增长率和风险加权资产增长率。

由此,时间 $t+n$,$n \in (1, 2, \cdots)$ 时银行资本充足率 CAR_{t+n} 可以表示为,

$$\mathrm{CAR}_{t+n} = \frac{X_t + \prod\limits_{i}^{n}(1 + r_{t+i}) I_t}{\prod\limits_{i}^{n}(1 + u_{t+i}) R_t} \tag{4.5}$$

已知时间 t 时银行资本储备 X_t,盈利水平 I_t,以及风险加权资产 R_t,

通过预测 $t+i, i \in (1, 2, \cdots, n)$ 年度银行盈利增长率 r_{t+i} 和风险加权资产增长率 u_{t+i}，将这些预测值代入公式（4.5）中求得 $t+n$ 年度银行资本充足率 CAR_{t+n}。

4.7.3.2　增长率回归预测模型

首先，通过回归模型确定银行盈利增长率（风险加权资产增长率）与宏观经济变量之间的回归关系。然后，在压力测试情景中，给定 $t+i$ 时间不同宏观经济指标的假设值，并将假设值代入回归模型，得到不同情景下的预期银行盈利增长率和预期银行风险加权资产增长率。回归模型设计如下：

$$Y_{i,t} = \beta_1 GDP_t + \beta_2 M2_t + \beta_3 CPI_t + \beta_4 PPI_t + \beta_5 FAI_t + \beta_6 IAV_t + \eta_i + \varepsilon_{i,t} \qquad (4.6)$$

其中，$Y_{i,t}$ 为银行 i 在时间 t 时的盈利增长率 r_t 或风险加权资产增长率 u_t；GDP_t 为 GDP 增长率；$M2_t$ 为 M2 广义货币供应量同比；CPI_t 和 PPI_t 分别为消费者价格指数和生产者物价指数；FAI_t 和 IAV_t 分别为固定资产投资完成额同比和规模以上工业增加值同比；η_i 为银行固定效应；$\varepsilon_{i,t}$ 为残差项。

4.7.3.3　回归结果与分析

从 Orbis Bank Focus 数据库得到 76 家银行 2005 年至 2016 年的相关财务数据。以 GDP、CPI、PPI、M2、FAI、IAV 等六个宏观经济指标（如表 4.7 所示）为解释变量，建立线性回归模型。表 4.7 描述了净利润增长率、风险加权资产增长率的回归预测模型及其相应的系数。

表 4.7　线性回归预测模型

Table 4.7 Linear regression forecast model

项目	净利润增长率 r_t	风险加权资产增长率 u_t
GDP	$-3.684(4.189)$	$-4.215^{**}(1.721)$
CPI	$1.035(2.554)$	$-2.316^{**}(1.126)$
PPI	$-2.247(1.424)$	$-0.235(0.608)$
M2	$2.419^{**}(1.090)$	$0.615^{*}(0.329)$

续表

项目	净利润增长率 r_t	风险加权资产增长率 u_t
FAI	-1.769^{**} (0.816)	-0.023(0.288)
IAV	8.146^{***} (2.712)	3.494^{***} (1.183)
银行固定效应	有	有
样本量	495	424
R^2	0.203	0.086

注:括号内为标准误差。

将表 4.5 中的不同压力情景下的六个宏观经济指标设定值分别代入表 4.7 的回归模型中,得到 2017 年到 2019 年的银行净利润、风险加权资产增长率的预测值。表 4.8 列示了 10 家银行的预测值(因为仅获取 10 家银行的 2016 年利润、风险加权资产披露数据)。当经济不断恶化时,银行预期净利润增速将持续降低。2017 年,基准情景中的净利润将由预期增长 4.85% 下降到 2019 年重度情景中的 -5.4%;相应地,风险加权资产增长率由 19% 提高至 29% 左右。

表 4.8　不同压力情景下净利润、风险加权资产和资本充足率预测

Table 4.8 Forecast on retained profits, RWA and CAR in different scenarios of stress tests

项目	测试情景 1 基准			测试情景 2 轻度			测试情景 3 中度			测试情景 4 重度		
	2017	2018	2019	2017	2018	2019	2017	2018	2019	2017	2018	2019
净利润增长率预测值(%)	4.85	4.75	4.65	1.5	1.4	1.3	-1.85	-1.95	-2.05	-5.2	-5.3	-5.4
风险资产增长率预测值(%)	19.01	19.23	19.44	22.31	22.52	22.74	25.61	25.82	26.03	28.9	29.12	29.33
资本充足率预测值(%)	12.16	10.25	8.63	11.8	9.64	7.87	11.45	9.08	7.19	11.12	8.57	6.59
资本充足率相对 2016 年的累积增减(%)	-0.8	-2.72	-4.34	-1.17	-3.33	-5.1	-1.52	-3.89	-5.78	-1.85	-4.4	-6.38

由表 4.8 可知,随着经济低迷的持续,在基准情景下,2019 年 10 家银行的平均资本充足率相对于 2016 年将下降到 8.63%,触及 8% 的最低监管标准。在重度情景中,2019 年平均资本充足率将下降到 6.59%,低于

8％的最低监管标准。本节预测表明,在经济下行期,商业银行应一方面提前募集资本,将资本充足率提高至一个较为安全合理的水平,从而降低因资本不足而导致的破产风险,另一方面需提高资产质量和风险管理能力,降低加权风险资产的资本占用。

4.8　本章小结

商业银行资本监管理念、制度、方式和技术伴随着金融风险的变化而改进。本章从分析金融风险形势和银行风险特征及其变化入手,探讨资本监管改革所遵循的一般逻辑。研究认为,资本监管将从单一机构的微观审慎监管转向单一机构和系统性风险兼顾的宏微观审慎监管并重,资本要求应覆盖私人成本与社会成本,防止监管"公地悲剧";资本计量技术将更加重视资本的质量、体现风险敏感性、注重可比性,并强调要与银行规模、复杂度等相适应,同时防止资本套利;资本监管的模式将从政府主导的"规则导向"转向激励相容,鼓励作为市场主体的商业银行在监管底线内的自主管理;资本监管的覆盖范围将从传统的风险监管扩展到银行集团的并表监管,更加关注风险关联性和跨业业务交叉风险的"风险并表"和"资本并表";为促进系统重要性银行"外部性内在化",资本监管强度和资本要求将不断上升,特别是总损失吸收能力的要求;作为第二支柱下的内部资本充足评估程序(ICAAP)将成为银行资本管理与监管的重要内容。此外,本章还对 4 种压力情景下的资本充足率进行预测,发现样本银行的资本充足率将在中度压力情景下低于监管最低要求,需要提前应对。

5

监管资本套利
及其负外部性防控

银行资本监管制度在不同金融对象、不同金融行业、不同地域、不同国家的标准不统一或不协调,都会引起银行套利冲动,并对金融稳定及宏观调控产生正面或负面影响。2008 年金融危机后,监管资本套利成为国际银行资本监管改革的难题。本章着重探讨监管资本套利的机理以及在我国的特殊性和现实渠道及其外部性,并从防控负外部性及系统性风险出发研究对策措施。

5.1 监管资本套利的理论分析[①]

5.1.1 监管套利的理论基础

"监管套利"借用了金融学中的"套利"一词,但目前尚无统一定义。Donahoo 和 Shaffer(1991)[55]认为,当可以通过不同交易策略达到同一经济目的时,最低净监管负担(类似税收)的交易策略就是市场主体选择的最优策略,这一论断成为此后研究"监管套利"的理论起点。Partnoy

---

① 本章内容发表于《中国金融》2015 年 12 期,题目为《资本套利及负外部性防控》。

(1996)[313]认为,监管套利旨在利用制度差异所创造的套利机会,来获取利润或降低成本。与 Partnoy 的观点类似,Fleischer(2010)[314]指出,监管套利源于监管制度的不完备。国内学者董红苗(2003)[315]认为,监管套利是指市场主体利用制度的不协调从事相关经济活动,以此降低成本、获取利润或减轻监管负担。沈庆劼(2010)[316]将监管套利划分为五种类型,包括:监管主体的转换、交易时间段的转移、市场主体身份的转换、业务形式的转换和披露方式的转换。

尽管目前学术界还未形成一套系统的监管套利理论体系,但归纳起来,以下情形将存在着监管套利机会,银行可以选择最优交易策略来实现自身效用的最大化。

(1)形式上的合法性。侯太领(2011)[317]认为,监管套利的手段虽然不同,但其目的均体现为规避法律约束或利用监管缺陷,因此监管当局在现行监管框架中很难找到银行"违规"的直接依据。银行在进行监管套利时,其法律规避行为并不必然违法,即监管套利并非一定违法。

(2)监管制度的不完备性。新制度经济学以制度作为经济研究的对象,建立在有限理性、信息不对称及机会主义倾向等假设的基础上,为监管套利问题提供了分析方法。格罗斯曼和哈特等 1986 年提出的不完全契约理论认为,由于经济人的有限理性、市场信息的不完全等因素,导致事前的制度不可能完备。为此,银行监管制度包括资本监管规则也会是不完备的。由于制度或契约不完备性的存在,商业银行能够获取机会在不同的监管制度中寻求对己更为有利的方面。黎四奇(2012)[318]认为,银行会利用不同监管机构、不同地域制定的不同甚至冲突的监管规则,选择监管相对宽松的市场或地域开展经营活动,以降低监管成本、规避管制和获取超额收益。

(3)委托代理产生的道德风险。银行监管是为维护公共利益,代表社会公众为防控银行体系的内在脆弱性、负外部性、信息不对称而实施监督管理。但由于从广大存款者——国家——政府职能部门再到银行董事会——管理层——经营机构,这一委托代理链条较长,代理成本较高,易产生"信息漏斗"或影响监管制度执行力。由于信息缺失、信息传递不畅以及高昂的监督成本,监管者有时不能及时、准确地监测到代理人行为,无法及时、有效地阻止代理人的"串谋"行为;由于缺乏有效的激励或激励不当,会出现代理人"搭便车"或"大家拿"的问题;甚至进行隐性寻租等负面的监管套利。

(4)"净监管成本的一价定律"或"净监管负担的一价定律"(the law of one net regulatory burden)。沈庆劼(2012)[319]认为,净监管负担是指监管给市场主体所带来的成本与收益之差。一种金融活动或事项的完成可以通过不同的交易策略,每个交易策略对应的监管制度分别为 r_1、r_2、r_3……,其相应的净监管成本或负担分别为 $NRB(r_1)$、$NRB(r_2)$、$NRB(r_3)$……。假设在监管制度 r_i 与 r_j 之间进行转换的成本为 $C_{i,j}$,当 $|NRB(r_i)-NRB(r_j)| < C_{i,j}$ 时,商业银行就会采取净监管负担低的经营策略。若 $C_{i,j}=0$(交易费用为零),银行则会采取交易策略 i,使得对于其他的交易策略 j,都会存在 $NRB(r_i) \leqslant NRB(r_j)$,$j=1,2,\cdots$,即其他监管制度将会失去效用,监管部门需要重新调整制度。也就是说,只有使净监管负担或净监管成本相等,即当符合"净监管负担或成本的一价定律"[$NRB(r_i)=NRB(r_j)$]的情况下,才有可能防止监管套利的发生,但这在现实中极为困难。

5.1.2 监管资本套利的动因

同样,学术界和业界目前亦未对"监管资本套利"给出一个统一、权威的定义。本书借鉴国内外的研究和实践,将"监管资本套利"定义为:在不违备监管资本充足率最低要求的情况下,商业银行利用不同监管制度上的差异或漏洞、不同的金融市场或环境、不同的监管主体、不同的国家和地区、不同的业务模式等带来的净监管负担的不同,选择使其利益最大化的交易策略进行的金融套利活动。

从数学的角度来看,商业银行要提高监管资本充足率可以采取两种策略:一方面,分子策略,即提高充足率的分子——监管资本,如核心一级资本、一级资本或全部资本;另一方面,分母策略,即降低充足率中的分母——风险加权资产。一般地,大部分商业银行都会采取监管当局制定的资本框架来应对资本压力,也就是说,会通过增加盈利或补充新的资本来提高分子,或通过减少贷款等风险资产业务来降低分母。但是,与前述基于资产负债表内项目的调整不同,在某些情况下,商业银行可能会利用纯粹"账面"调整来提高账面资本充足率,尽管这些调整对于提高银行的资产安全性和经营稳健性无根本作用。这些"账面"资本调整包括:①账面增加资本充足率分子,如转移盈余或少提贷款损失准备,这种方法只能暂时提高资本水平,无益于银行提高应对意外损失的能力;②账面减少充足率的分母,如对于相同的风险采取不同的风险度量方法将得到不同的风险资产。一些银行采取各种"准证券化"方法降低资产组合所需的有效风险资本要求,变相地降低了资本标准。Jones(2000)[56]研究认为,监管资本套利源于真实经济风险与监管资本充足率中对风险的测量不一致,银行通过拆分并重新打包资产组合来降低每单位的经济风险所对应的有效资本要求。

监管资本套利问题尚未在学术界得到系统研究,首要问题是套利交易的复杂性和隐蔽性以及资本套利技术的快速发展,使得套利模型构建、套利风险评估都十分困难。监管资本套利往往涉及银行通过所谓的"专门目的载体"(SPV)来分散风险。尽管 SPV 的交易结构有助于单独对 SPV 发行的资产支持证券(ABS)进行风险评价,但对于发起银行的风险评价并不透明。影响监管资本套利研究的其他关键因素还有许多,特别是缺乏计量分析所需的公开数据,这使得套利定量研究难以深入。

当监管资本要求比银行持有的经济资本更多时,银行会将这种监管资本视为监管税收,这种监管税收会激励银行采取避税或最小化税收的策略。多项研究认为,银行的经营行为受到监管税收的影响,这些监管税收包括最低资本要求等(Cumming,1987[320];Baer & Pavel,1988[321];Pavel & Phillis,1987[322];Koppenhaver,1989[323];Berger & Udell,1993[324];Jagtiani 等,1995[325])。

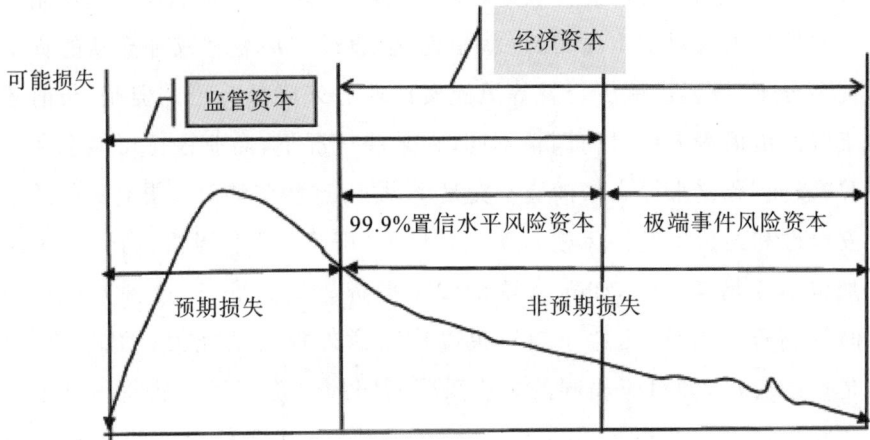

图 5.1　监管资本与经济资本区别

Fig.5.1 Comparison between regulatory capital and economic capital

图 5.1 显示了监管资本和经济资本的区别。Teply & Vejdovec
(2012)[326]提出,原则上监管资本应覆盖预期损失(由损失准备弥补)和除
极端事件外的非预期损失,经济资本应当覆盖所有非预期损失。巴塞尔委
员会认为,经济资本管理的实质是反映银行认知到的真实风险。Elizalde
& Repullo(2007)[327]运用动态规划的方法对监管资本、经济资本及实际资
本进行界定,武剑(2009)[328]对监管资本与经济资本进行了比较研究。李
雪等(2011)[329]认为,监管资本是监管当局为商业银行的表内外风险资产
设置的最高限额。

本书认为,监管资本是商业银行监管当局规定的资本,除实收资本(会
计资本)外,还包括经监管部门认可的特殊资本,监管资本的口径是随着资
本质量要求变化而变化的。经济资本与监管资本的影响因素不尽相同:①
经济资本是银行对特许经营价值与资本成本的一种权衡,资本成本愈高,
经济资本水平愈低,反之亦然;监管资本则是在某一置信水平下对银行资
产风险的度量,风险愈高,资本水平愈低。②违约率、违约损失率愈高,监
管资本的要求会愈高,但由于道德风险的存在会导致在无监管约束情况下
的经济资本不一定会随风险增加而增加。沈庆劼(2010)[330]指出,理论上

并不必然存在经济资本与监管资本的孰高孰低。目前,为防止破产风险和监管资本不达标的违规风险,我国商业银行的实际资本水平普遍高于监管资本要求。Gropp & Heider(2007)[331]基于美国和欧洲的银行数据检验发现,在无监管资本的约束下,银行愿意持有的资本水平会低于监管要求,即银行具有监管资本套利的动机。

众多研究表明,商业银行是否会进行监管资本套利,以及套利活动的多少,取决于银行的成本效益权衡(Pennacchi,1988[332];James,1988[333];Passmore,1992[334];Chhikara & Hanson,1993[335];Merton,1995[336])。例如,银行对于股权融资和债权融资的资本套利选择,会与这两种融资方式的融资成本成反比,与可由债务转化成股本的数量成正比。在其他条件不变的情况下,这些融资成本越低,银行进行监管资本套利的动机越大。一般来说,这些融资成本可分为外部成本和内部成本,其中,外部成本包括所有向第三方机构(如承销商、律师、评级机构等)支付的费用以及银行使用表外融资(如资产证券化)代替表内融资(如贷款)产生的成本,内部成本包括对贷款以及信息管理系统进行改造而产生的费用。目前,还没有公开研究能够表明监管资本套利的融资成本大小,但可以预计资本套利融资成本存在一定的规模效应,金融创新、技术进步以及银行业日益激烈的竞争,会使得这些融资成本在一定程度上降低。此外,商业银行也会根据监管资本约束的变化及规制的松紧来权衡套利的时机和套利的成本收益,监管资本规制和约束愈强、资本要求愈高,银行进行监管资本套利的动机愈强、套利收益也愈高。

5.2　监管资本套利的一般模式

杨新兰(2015)[337]指出,商业银行作为被监管者,资本监管制度既为其带来收益,同时也增加其成本,而资本监管的成本与收益之差就是银行承担的净监管负担;银行在可供选择的资本监管制度集合中选择不同的制度时,其所承担的净监管负担应当相同,若不同就会导致监管资本的套利行为,即银行会通过选择不同的业务模式,在不改变整体风险水平下提高资本充足率。本章结合 Jones(2000)[56]对加拿大、欧洲、日本及美国等银行的套利技术的非系统性描述,对监管资本套利的一般模式进行简析。

5.2.1 风险度量模型的选择

巴塞尔Ⅲ鼓励银行有条件地选择风险度量方法。例如,信用风险计量可采用权重法或内部评级法(初级内评法和高级内评法);操作风险计量可采用基本指标法、标准法、高级法(损失分布法和打分卡);市场风险计量可采用标准法或内部模型法。上述不同的方法反映风险的敏感度不同。从银行角度看,选择上述不同的风险度量方法,相同的资产组合会存在不同的监管资本要求;从国别角度看,实施巴塞尔Ⅲ的国家、地区与尚未实施的国家、地区,银行资本监管的力度存在着明显差异,由此带来跨境业务的套利空间。

从我国商业银行风险度量模型选择来看,根据自 2013 年 1 月起实施的《商业银行资本管理办法(试行)》,银行可根据未来资产组合结构,以及对信用风险、操作风险、市场风险等三大类型风险分布状况的估计,从表 5.1中选择风险资产水平低或监管资本要求低的最适风险度量模型。

表 5.1 《商业银行资本管理办法(试行)》可供选择的风险计量模型

Table 5.1 Optional econometric models of risk categories(The Capital Rules for Commercial Banks(Provisional))

风险类型	可供选择计量模型
信用风险	权重法、内部评级法(IBR 法,初级和高级)
操作风险	基本指标法、标准法、高级计量法(损失分布模型、打分卡模型)
市场风险	标准法、内部模型法

以加权信用风险资产的计算为例。在权重法下,加权信用风险资产包括表内和表外两部分。其中:表内加权风险资产的风险权重由监管部门给定,表外加权风险资产则通过信用转换系数计算而得。在内部评级法下,允许银行一定程度上使用自己测算的风险参数(如违约损失率、违约风险

暴露、有效期限等）。例如,我国银行资本监管制度规定,对于违约损失率,若采用初级内评法,非零售风险暴露将考虑合格抵质押品的两种情形;若采用高级内评法,则应单笔估计。对于违约风险暴露,若采用初级内评法,可按风险暴露名义金额计量表内资产,但需考虑风险缓释效应;若采用高级内评法,则取银行内部估计值。对于有效期限,初级内评法下将区分非零售风险暴露和回购类交易,高级内评法下则取二者中的较大值,但不得超过五年。

Samuels & Harrison(2011)[338][339] 的研究表明,内部评级法相对于标准法会低估风险,使资本充足率虚高,实施内评法的 17 家欧洲银行若采用标准法,信用风险加权资产会增加 30%,核心一级资本充足率将下降 2.3%。据我国某家银行模拟测算,基于权重法、初级内评法和高级内评法三个模型下的加权风险资产数值存在着差异性,如标准法测度的加权风险资产数量最高,高级内评法测度的结果最低。

再以操作风险资本计量为例。基本指标法和标准法合称“简单方法”,均按照前三年平均总收入乘以资本系数计算资本。基本指标法系数为15%,标准法则区分 8 个业务条线分别对应 12%、15%、18% 三档系数。两种方法也存在监管套利隐患,计量指标风险敏感性亦不强,将总收入(净利息收入和非净利息收入)作为操作风险暴露的替代指标具备一定直观意义,但该指标受经济周期及银行业绩影响较大,且无法反映业务复杂度、风险状况、风险控制等与操作风险更为相关的因素。实践中,还存在因支出增加、损失上升、经营亏损反而抵减资本的现象,受到质疑。此外,资本系数有待校准。巴塞尔委员会 2010 年第四次定量测算(QIS4)显示,操作风险资本系数与实际风险情况差距较大,亟须进行调整;操作风险损失与银行收入不一定呈线性关系,且固定系数的做法不能反映不同类型银行面临的风险。

5.2.2 交易行为的选择

商业银行业务可划分为银行账户和交易账户两大类。利用不同的账户进行监管资本套利是引发 2008 年金融危机的重要原因之一,危机后发布的巴塞尔新资本协议也未能有效地解决这个问题。主要表现为：①银行账户和交易账户的边界不清,埋下套利隐患。银行往往根据主观"交易目的"来选取账户,交易账户中往往缺少客观交易证据和以公允价值计量的金融工具。银行利用在银行账户和交易账户之间的调节,为其资本充足率提供套利机会。②交易账户的资本计量方法不科学。如,在模型计量中采用风险价值(VaR)计量方法,尚未有效使用预期尾部损失(expected shortfall,ES)的计量方法,未能更好地捕捉低频高损的"尾部风险"。

5.2.3 资产组合形式的选择

商业银行同样的资产即使选择相同的风险计量模型,但若资产组合技术不同,监管资本要求也将不同。这是最为常见的监管资本套利模式之一。从Jones(2000)[56]的研究可以看出,不同的资产形式或资产组合也会产生不同的监管资本要求,改变资产组合从而实现监管资本套利的模式主要有以下四种：

(1)摘樱桃式。即利用资本监管风险敏感性不够的漏洞,对风险不同的资产配置相同的风险权重。如,巴塞尔Ⅰ的风险权重从10%到100%仅设置四档,使得一些风险不同的资产配置了相同的风险权重。随后的巴塞尔Ⅱ和巴塞尔Ⅲ细化了风险权重设置,资本的风险敏感性不断提升,摘樱桃式资本套利的应用空间趋于下降。

(2)信用风险集中。银行首先对贷款组合现金流进行重新打包,使得最大潜在信贷损失(MPCL)低于原始信贷组合,然后将这些具有较低信用风险、较高投资信用评级的新金融工具出售给第三方投资者。由此,银行进行此类交易后承担的信用风险不变,但金融工具形式的变化降低了其整体的最大潜在信贷损失,如此可以降低资本占用。

(3)远程发起。即进行证券化的基础资产不是直接来自银行端,而是间接来自SPV或其他金融机构。SPV会向投资者发行高评级的商业票据,同时,银行会为投资者提供信用增级,这种方式的最大潜在信贷损失一般小于SPV商业票据发行的20%,这种结构需要的有效风险资本占基础资产的比例将低于1.6%(8%×20%)。

（4）间接信用增强。这些交易工具包括：快速支付准备（fast-payout provisions）、提前偿还（early amortization triggers）、流动性便利（liquidity facility）和信用衍生产品等。前两者不占用信用风险资本的原因是：发起银行可通过满足合同条款、提供足够高质量的贷款给 SPV，以避免提前偿还。

5.2.4 资本工具的选择

通常，各国监管当局都会对银行的资本充足结构进行基本规定。我国从 2013 年起规定，银行核心一级资本充足率、一级资本充足率和总资本充足率分别不得低于 5％、6％和 8％。对于不同的银行、不同的发展阶段，其核心一级资本、一级资本、二级资本等会出现不同，虽然不影响总资本充足率的大小，但因各级资本的融资成本不同，对银行资本套利的成本收益影响也将不同。

资本套利与核心一级资本、一级资本、二级资本等各级资本的比例以及所选择的资本融资工具相关。当融资成本不变时，银行会采用成本最低的资本工具；当成本随着资本增加而增加时，银行将采用其他低成本的资本工具，或使用资本组合以达到最低的融资成本和最高的套利收益，比如次级债、应急资本、自救债券、优先股等，并使各类资本的边际融资成本相等。沈庆劼（2010）[340]提出，各级资本（核心一级资本、二级资本）的最优比例确定应考虑到各级资本的边际效用替代率与边际成本比相等。边际效用替代率是指在维持总资本充足率水平不变的前提下，银行每减少 1 单位核心一级资本时，所需增加的二级资本的数量，即：

$$\mathrm{MRS} = -\Delta x_c / \Delta x = \mathrm{d}C_c / \mathrm{d}C_e \tag{5.1}$$

其中：Δx_c 为核心一级资本，Δx_e 为二级资本，$\mathrm{d}C_c$、$\mathrm{d}C_e$ 分别为核心一级资本的融资成本和二级资本的融资成本。

5.2.5 银行的国际化

由于各国的经济金融制度不同、金融发展阶段不同、金融结构和监管实践上存在差异，不同国家在银行资本监管的实施进度和标准上仍然存在着异质性，造成商业银行的净监管负担（NRB）不同，这就为银行国际化进程中的监管资本套利提供了可能。国外研究也表明,银行在国际化进程中,愿意进入资本监管较为宽松且治理透明的国家;银行的资本通过跨境流动,避开资本监管及存款保险制度严格的国家,降低监管资本套利的成本。当然,随着国际金融监管合作与协调机制的完善,不同国家的银行监管标准开始趋同,将逐步减少跨国的监管资本套利。2012 年 9 月,巴塞尔委员会对于跨境监管与合作提出了要求。

5.3 我国商业银行监管资本套利的主要渠道

除上述国际银行业普遍存在的五种监管资本套利模式外,我国商业银行监管资本套利具有其特殊性、阶段性,其中,"类信贷"的套利做法具有一定代表性。

5.3.1 类信贷

近年来,金融同业机构之间的资金融通业务部分演绎为向企业提供融资的"类信贷",且逐步发展成为除传统贷款之外的主要融资渠道之一。"类信贷"快速扩张的原因比较复杂,主要套利因素包括:

(1)同业资产与信贷资产在资本监管政策方面的差异。我国《商业银行资本管理办法(试行)》规定,商业银行对其他商业银行的债权(不包括次级债),原始期限在 3 个月以内的,其风险权重为 20%;3 个月以上的风险权重为 25%;而对一般企业的债权,风险权重为 100%。因此,随着资本监管约束力度的加大,商业银行资产负债管理更倾向于将债权配置为低资本占用的同业资产。

(2)规避存贷比考核和合意贷款管控。过去较长的一段时期,商业银行发放贷款要受到存贷比的监管考核,如我国《商业银行法》规定"贷存比不得超过 75%",而同业拆放、应收款项类投资等同业资产不体现在分子项中。姜苪栗(2015)[341]指出,在存贷比约束下,多数商业银行走负债驱动型的发展模式,即以核心负债支撑其信贷资产扩张的速度。近年来,存贷比考核方式及考核口径发生了一些变化,如将小微企业贷款从分子中扣除;2011 年新增了存贷比日均监测措施;2014 年 6 月规定银行 1 年以上未偿的债券将从分子中予以扣除;2014 年 9 月银监会、财政部、人民银行联合发文制止存款偏离度,防止存款"冲时点",但商业银行通过以贷转存、同业存款转为一般存款、理财滚存等吸收存款的冲动始终不减。直到 2015 年 1 月,人民银行发文调整了金融机构存贷款统计口径,新增了非存款类金融机构存款与拆放,使得存贷比的考核压力有所减轻。2015 年 6 月,国务院常务会议通过了《商业银行法修正案(草案)》,取消了存贷比不得超过 75% 的硬性规定,使得存贷比成为监测指标。此外,银行发放贷款还要受到合意贷款规模、MPA 考核的管理,其核心是信贷投放应与银行的资本水平以及经济增长的合理需要相匹配。

(3)规避监管指标限制或信贷政策管控。如,监管规定商业银行对单一企业客户或集团客户的授信集中度不超过 10% 或 15%,但对金融机构的同业授信集中度在五部委 2014 年 5 月下发的规范通知(银发〔2014〕127 号)之前并无明确限制。又如,地方政府融资平台贷款近年来一直受到"总量控制",一些此类贷款基数较低的商业银行因利益驱动,就通过将平台贷款包装成同业投资、委托贷款、信托贷款等来扩大业务。再如,宏观调控下,房地产开发贷款要受到项目资本金比例限制、贷款审批标准趋严,一些商业银行也会借助同业渠道、规避表内贷款政策的限制而绕道为这些项目提供资金。

(4)跨业经营融合或跨市场套利。随着多层次资本市场的发展,证券基金业发展限制逐步松绑,如 2012 年证券业创新大会召开,允许投资证券资管计划、银行理财、信托等金融产品;2014 年允许券商投资非上市公司股权。温丽伟和张慰(2014)[342]指出,借助银行良好的客户基础和项目储备,券商资管计划和基金的特定客户资管计划快速发展,这些机构通过与银行合作突破自身业务边界、向企业提供融资并获取通道收入,同时帮助银行降低了资本占用。

(5)资源调剂及资产负债管理的需要。由于不同的银行客观上存在着资产结构、负债结构、客户结构、产品种类、管理水平、资本实力等方面的差异,有的银行存款资金富裕但信贷项目储备不足,有的银行资金短缺但有雄厚的信贷客户基础。加之,我国缺乏有效的信贷资产流转渠道,商业银行通过将实质上的信贷业务包装成信托受益权、理财产品、各类资管计划等,并在金融同业之间流转和嵌套交易,来调节业务资源、中间业务收入、利润及资产负债规模和结构。

目前,商业银行"类信贷"融资业务主要通过三种对接模式进行:①通过"同业融资"业务进行对接,一般在买入返售、卖出回购科目下体现,基础资产有信贷资产、票据、信托受益权、券商资管计划等;②通过"同业投资"业务进行对接,一般在应收款项类投资科目下体现;③通过"理财投资非标债权资产"在资产负债表外进行对接。非标债权资产(银监会,2013[343])是指贷款、委托债权、受(收)益权等未在银行间市场、证券交易所交易的资产。随着银行资本压力的增大,愈来愈多的传统贷款通过同业或理财渠道表现出来,以降低银行资本耗用。三种模式的基本交易结构如图 5.2 所示。

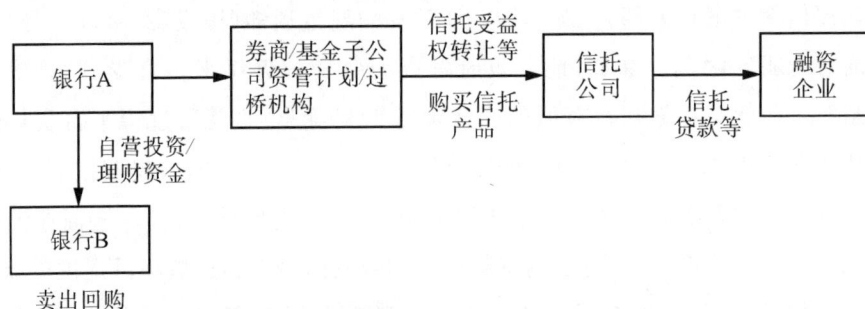

图 5.2 类信贷业务的基本交易结构

Fig.5.2 Transaction structure of quasi-credit business

从图 5.2 中可以看出,银行 A 可以用自有资金、同业资金、理财资金,通过券商或基金子公司资管计划、信托公司或其他过桥机构(通道机构)来满足企业的融资需求,而当银行 A 资金较为紧缺时,还可以通过卖出回购信托受益权、定向资管计划收益权的方式从银行 B 融入资金,自己则获取放款利率与融入资金利率的利差,当然也需要承担融资企业的信用风险;资产端通常是信托受益权、票据资产、信贷资产收益权等非标准化债权资

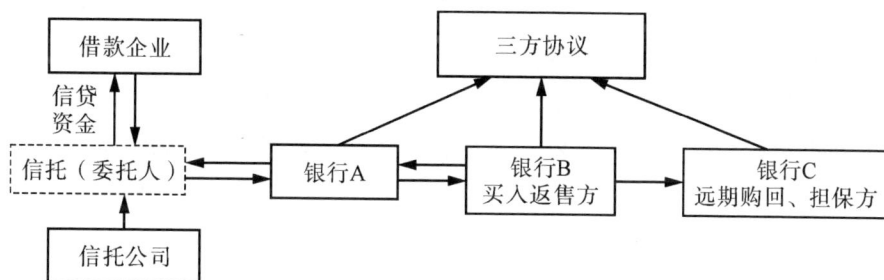

图 5.3　异化的买入返售交易结构

Fig.5.3 Variant structure of purchases of resale assets

产。需要说明的是:交易结构中出现信托公司主要是规避银行信贷限额控制,从而进一步规避银行贷款的 100% 风险资本占用;而出现券商、基金或其他过桥机构则可以规避银信合作的一些监管规定,如信托公司融资类业务余额的比例限制、银信合作理财资金的投向限制等。

以买入返售业务对接"类信贷"为例。买入返售是金融同业机构之间短期融通资金的一种交易方式,通常具有"双边"交易结构,融入资金的一方在账务上体现为"卖出回购",融出资金的另一方则在账务上体现为"买入返售"。但近年来,出现了一种"三方"交易结构,典型例子是买入返售信托受益权三方交易模式。从图 5.3 中看出,A、B、C 三方银行签订协议,银行 A 一般为过桥方,银行 B 为出资方,银行 C 为发起银行(项目方),操作流程为:银行 A 以理财资金或自有资金委托信托公司设立信托计划,以信托贷款等方式将资金提供给企业,然后银行 B 从银行 A 中买入信托受益权计划并向银行 A 融资,银行 C(一般为项目方)承诺到期前无条件回购信托受益权。如此,过桥方 A 收取过桥费,银行 B 记入"买入返售金融资产",银行 C 的承诺在表外记为"或有负债",都不占用信贷规模或受存贷比限制,作为同业资产的风险权重仅为 20%~25%,远低于贷款风险权重(100%),还有甚者,银行 C 还会利用表外监管的漏洞而不对回购承诺在表外真实记录,使得信贷资产"消失"。实际操作中会更为复杂多样,有时银行 B 也会是发起银行,银行 C 是 B 寻找的增信银行。

目前,由于会计披露、统计指标等不够完善,"类信贷"的融资规模尚不能准确掌握。体现在银行会计或统计报表上,有几个项目需要关注:一是买入返售;二是理财投资信贷资产;三是"应收款项类"投资。2013 年 16 家上市银行应收款项类投资高速增长,年末余额达到 3.53 万亿元,较上年末增长 51.94%。商业银行通过自营投资信托受益权、资产管理计划等产品,将实质上的信贷资产转为投资资产,可以变相为一些贷款受限的行业或不符合表内贷款标准的企业项目发放贷款(温丽伟和张慰,2014[342])。

银行开展"类信贷"业务有其合理性,拓宽了企业融资渠道,发展了轻资产业务,但也同时加大了期限错配、拉长了信用链条、增加了系统性风险隐患。具体表现为:①影响了监管指标的真实性。商业银行通过各类通道将表内信贷资产转移至"买入返售"科目、"应收款项类投资"科目,或表外科目,甚至使得信贷资产消失,游离出贷款监管的范畴,不利于监管部门对于商业银行真实杠杆率的监控管理。②少计风险资产及拨备。如在 2014年银监会"127 号"文发布前,"同业投资非标债权资产"无硬性计提拨备要求;"卖出回购"业务记账不合规的银行可能存在抽屉协议,即隐匿回购承诺,以卖断入账;"理财"渠道可能存在业务出表但风险未出表等问题,这些都会使商业银行实际的信用风险抵御能力降低。③经营杠杆提高和期限错配加大。如 2013 年 6 月的"钱荒"一定程度上暴露出流动性管理失衡问题。以同业业务发展迅猛的 2013 年为例,截至 2013 年末,16 家上市银行同业负债余额占比增至 14%,高于 2010 年末 2 个百分点,同业负债期限短、稳定性差,负债成本高于存款利率,且资产配置期限偏长,集聚了流动性风险。④易造成资金断链和风险的交叉传染。"类信贷"业务跨信贷、理财、资本、保险等多个市场领域,使得不同金融机构之间的风险关联度大为增强,分业经营的防火墙或风险隔离机制受到考验,一旦某个交易环节出现问题,风险就会通过金融合作渠道传递至整个金融市场,加大了金融系统性风险波动,对跨市场金融监管协调机制亦提出了挑战。⑤该类业务资金往往投向房地产等贷款标准严格、国家宏观调控的行业客户,一定程度上削弱了宏观调控政策的实际效果。⑥扭曲了社会融资结构,传统的贷款被经过嵌套包装的信托贷款、委托贷款等融资形式表现出来,但信用风险可能仍集中于银行体系。⑦对货币政策实施的影响。银行同业合作提高了资金配置效率,提升了货币创造能力,但影响了货币供给的稳定性及其监测统计的准确性,增加了货币政策传导的复杂性和执行的难度。

5.3.2 "T+D"和代理回购模式

情形之一:即期买断加远期回购(T+D)。如 B 银行购买 C 资产管理公司或券商设立的资管计划,基础资产为该银行房地产开发项目。A 银行即期受让 B 银行持有的上述资产收益权,承诺于第二年向 B 银行远期支付 32.5 亿元。上述交易过程 A 银行未做任何账务处理。A 银行的这种做法既违背了银监会关于信贷资产转让不得设定显性或隐性回购条款的规定,也不符合"127 号"文关于"实质重于形式"的会计处理原则。

情形之二:假卖断少计资本。A 银行将信贷资产收益权卖断给 E 资产管理公司,约定 E 公司取得资管收益权,需承担对 A 银行支付标的资管计划受益权转让价款的义务。但在 A 银行向 E 公司出具的《代付函》中,E 公司不享有与该资管计划的标的回收金额及期间收益,而由出资行 B 作为收益权的拥有人。E 公司在交易过程中,只承担义务不取得权利,违背交易公平性和权利义务对等原则,A 银行向 E 公司的转让行为实际为虚假卖断,实质为少计风险资产。

情形之三:票据代理转贴现。如某基金子公司先行设立特定资产管理计划并向当地证监局进行产品报备,标的包括票据资产等,交易方式包括买卖断及回购;基金子公司在银行开立托管账户,用于该特定资产管理计划下的资金清算;银行托管部接受该基金子公司资管计划的指令并负责其资金划付,划付均通过大额系统。从图 5.4 中看出,业务发起时,票据由××银行审核后买入,再卖给基金管理公司设立的资管计划,该银行通过买卖断实现价差收入;资管计划买入上述票据资产后,再委托××银行进行代理回购。会计入账通常是:××银行买断,计入"票据转贴现买断"科目;××银行卖断,计入"销账票据转贴现买断"科目;回购资金方,计入"票据买入返售"科目。产生该业务模式的最大动机是可以协助票据资产卖出行削减信贷规模(因为贴现占用信贷规模),降低资本占用。××银行往往选择农村金融机构卖出票据并签订票据代理转贴现服务协议,主要是利用农村金融机构会计管理不规范的漏洞,实际操作中部分农村金融机构不做入账处理,导致票据融资在表内外"消失"。

图 5.4　票据代理转贴现

Fig.5.4 Trading pattern of discount ticket agent

5.3.3 结构化融资

结构化融资是在银行资本约束或表内信贷规模约束等情况下,借助跨业的金融机构渠道或以"代销"名义,在银行资产负债表及附注以外为企业提供融资的一种方式,有的银行为区别于传统的承兑、保函等表外授信业务,内部将其称为"表表外"业务。

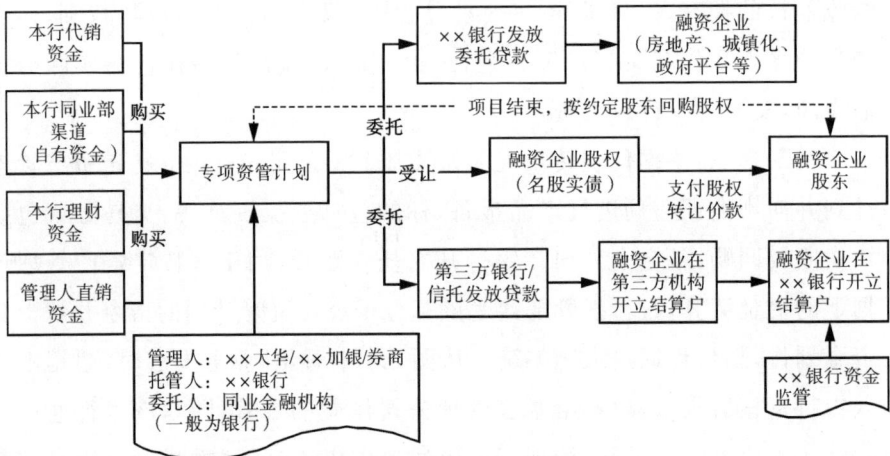

图 5.5　结构化融资模式

Fig.5.5 Structured financing models

从图 5.5 中看出,此类业务模式一般是"设立基金/券商资管计划/产业基金＋通过银行发放委托贷款"或"设立基金/券商资管计划＋名股实债＋委托贷款/信托贷款"。从资金来源看,一般可分为商业银行同业筹集资金、理财资金、投行部代销渠道资金和管理人直销资金;从资金投向上看,部分资金投向为房地产、城镇化、地方政府融资平台、定向增发、认购股权等融资需要,部分资金用于借款人偿还债务,包括归还本银行贷款、他行贷款、委托贷款、股东借款、关联方借款等。从银行担当的角色上看,商业银行主要承担客户或项目的发掘或储备、项目尽职调查、资金筹集、资金托管行或监管行、委托贷款发放行、投资后续管理等角色。该模式主要目的是减少资本占用,绕开信贷规模,绕开表内项目贷款政策限制,规避外部监管规定等。

举例:A 银行先向 B 企业发放 1.8 亿元并购贷款,为支持该企业后续资金需要,便设立了名义上"代销"资管计划的结构化融资产品。具体做法:A 银行代销某基金管理公司 C 设立的资管计划 1.2 亿元,认购某信托公司 D 单一资金信托计划,信托计划将资金用于受让 B 企业 66％股权的收益权,受让之日起第 3 年由该企业溢价回购,年溢价率 9％,溢价款按月收取,到期平价回购,信托计划按月向资管计划分配收益,到期向资管计划分配本金;该 1.2 亿元信托贷款专项用于偿还前期 B 企业并购所形成的债务(业界称之为"名股实债"),上述资金由 A 行进行监管,A 向企业收取 200 万元财务顾问费,并向 C 收取 2 000 元账户资金监管费。从资金流上看,该 1.2 亿元资金实际来源于 A 银行从同业渠道筹集的资金,名义上是代销基金公司 C 资管计划,实际上先行以"应收款项类投资"方式划款给 C 设立资管计划,1.2 亿元资金从 A 到 C、再到 D、最后到 B,大多只有 1 天到 2 天时间。

由于此类业务涉及诸多角色,如通道行、券商或基金子公司、信托公司、委贷行、资金监管行、企业等,法律关系复杂、业务链条较长、嵌套交易较多,真实交易目的较难厘清,特别是银行的角色并非纯粹"代销",融资客户、融资项目大多为银行选定,资金来源大多为银行筹集,通过借助大量通道机构,名义上银行不承担信用风险,但实际上由银行承担极高的声誉风险、操作风险及隐性保兑义务。这种业务模式存在明显的负面套利隐患,易导致商业银行放松客户准入标准,加大监督成本或管理风险:①资金投向标准不同,如房地产开发贷款的必要条件之一是"项目资本金比例或'四证'达到国家规定",但借助同业投资渠道,银行放松风险审查和项目合规性审查,易造成资金最终流向项目"四证不齐"或资本金比例不达标的房地产开发企业,影响了房地产宏观调控效应。②规避银行内部对委托贷款的管理规定。在某银行的结构性融资项目中,由于该行委托贷款需要比照自营贷款的标准如项目资本金比例等,为此该行选择了第三方银行作为委贷行,使得项目资本比例不达标的企业客户得到融资,但在第三方银行与企业客户签署委托贷款合同的同时,该行又与该企业客户签订《资金监管协议》,约定由该银行实际履行委贷行的后续管理职责。③降低抵质押要求。如某银行对于公司客户授信规定"客户主体评级未达到 AA－(含)以上的",要求提供合格抵质押品做增信措施且"合格抵质押品"中不包括股权质押。但办理结构化融资业务时,该用户对评级为 A+级的客户违规采取了"该客户母公司保证＋客户 51% 的股权质押"方式。

5.3.4 不良资产"注入理财产品"腾挪术

随着商业银行不良贷款暴露及资产质量劣变压力增大,为"化解"不良、减轻拨备覆盖率日益下降的压力、释放资本占用,一些商业银行通过将不良资产"注入"理财产品的方式隐瞒真实不良贷款率。通常做法:借助金融资产管理公司(可依法收购不良资产)、通道机构(或由银行集团和金融资产管理公司内部的子公司 A 专门合资成立不良资产处置平台公司),采取"银行转让不良资产包⇒资产管理公司⇒转让给通道机构⇒转让资产收益权给银行集团内子公司 B(银行发行理财产品投资不良资产受益权)＋委托银行清收处置不良"的交易模式实现不良资产"出表",并由银行理财资金承接,致使表内表外资产风险交叉传染。

这种模式下,银行实现了不良贷款会计账面上的出表,但暴露出一系列风险问题:①不良资产通过通道机构和嵌套交易假出表,交易不透明,监管难以跟踪。②造成了风险持续积累,银行集团仍是不良资产收益权的最终投资者,未真正实现风险的分散、转移。此外,上述交易还存在诸多不规范操作行为,如金融资产管理公司不良资产转让方与受让方(通道机构)存在非公允关联交易;不良资产处置平台公司在同日接收、出售资产包,从而实现账面余额为零;不良信贷档案在转让过程中未进行实质性移交;银行募集资金,由银行集团子公司 B 设立资管计划认购不良资产处置平台持有的不良资产收益权;投资不良资产收益权的风险由理财资金承担;未向理财产品投资人披露理财购买不良资产的信息;未将理财资金购买不良资产的情况真实录入"全国银行业理财信息登记系统"。这种模式在银行自营业务端反映为不良资产转让,并实现大比例现金收回;在理财业务端,利用无固定期限理财产品的藏匿风险特性,投资品估值始终为每百元净价100 元,账面不会发生亏损。但实际上,理财产品收益未达预期,仍由银行保证兑付。

银监会 2016 年 4 月对信贷资产收益权转让业务的交易结构不透明、会计处理和资本、拨备计提不审慎等资本套利问题,提出了监管要求,体现了审慎资本监管的理念:①不良资产收益权转让后,不良贷款仍然在表内核算,且按照原信贷资产计提资本和拨备,压缩了监管套利的空间。②不良资产收益权转让实行报备登记制度。③不得用理财资金承接银行本行的信贷资产收益权或提供回购承诺。

5.3.5　其他创新金融工具:资产证券化

周蓉(2012)[344]认为,资产证券化是以特定资产组合的现金流为支持,发行可交易证券的一种融资形式。资产证券化是最典型的金融创新产品,也是最主要的监管资本套利工具,如真实出售、破产隔离、信用增级等都具有规避资本监管的制度功能。王雅柔(2015)[345]指出,自 1970 年美国首次发行抵押支持证券以来,资产证券化得到了快速发展。从发起人看,资产证券化的优势在于:①改善资产负债管理,如精简资产、减少债务,改善负债和股东权益比率。②提高资产的流动性。③吸纳较长期及成本较低的资金,拓宽资本市场融资渠道。④分散过度承担的某行业或某类贷款风险,优化投资或贷款组合。⑤降低监管资本或释放资本。⑥释放信贷额度,拓展新的贷款空间。

2008 年金融危机爆发前,资产证券化快速发展与监管套利有关。如某投资银行购买 A 银行次级房贷①组合,卖给某特殊目的公司(SPV),这些资产组合被包装成不同等级的债券,最终向资本市场投资者出售,投资银行利用银行信贷市场和证券市场对风险的不同定价而进行合理套利,本无可厚非,但由于一方面信用评级机构低估次贷组合的系统性风险,高估"高级"债券的安全性而赋予"AAA"评级,放大了高级债券的规模、降低了安全性,另一方面低估金融创新过度的风险,如将基础资产多次转让销售证券化,即业界俗称的 CDO 二次方、三次方,产品的复杂性和不透明性及愈演愈烈的"发起——销售"模式模糊了相关机构的责任义务,从而助长了套利行为、导致次贷泛滥。

我国金融市场的资产证券化可谓"一波三折"。自 2005 年开始,国家开发银行和建设银行开创资产证券化试点,主要以银行的优质贷款为标的。2008 年次贷危机后的几年内,此融资方式被一度停滞。2013 年,为盘活存量资产,信贷资产证券化试点进一步扩大。2015 年 4 月,中国人民银行发布公告实行信贷资产证券化注册制,以鼓励引导拥有高信用等级的金融机构发行国际上比较成熟的汽车抵押贷款支持证券(Auto-ABS)、住房抵押贷款支持证券(RMBS)、消费贷款和信用卡支持证券等产品。目前,我国资产证券化市场仍处于发展初期,基本形成以人民银行和银监会监管的信贷资产证券化、证监会监管的企业资产证券化和银行间交易商协会管理的资产支持票据等资产证券化市场(王轶昕和程索奥,2015[346])。相对于美国,我国的资产证券化市场规模较小、潜力较大。

关于资产证券化的国际监管框架仍在讨论中。巴塞尔委员会 2012 年12 月发布了第一次征求意见稿(CP1),2014 年 1 月发布了第二次征求意见稿(CP2),2014 年 12 月发布了拟于 2018 年 1 月实施的《框架》,2016 年

---

① 次级房贷的借款人多是无偿债能力或偿债能力很低("NINJA"),零首付,以房租偿债,系统性风险(房市泡沫)很高。

7 月又发布了修订版,该版是基于巴塞尔委员会和国际证券委员会 2015 年出版的"STC"(simple,transparent and comparable)标准而修订的。《框架》体现了简单、透明、可比的资产证券化资本监管标准,明确了内部评级法(IRBA)、外部评级法(ERBA)和标准法(SA)等三种风险暴露的计量方法。王胜邦和朱元倩(2015)[349]认为,相对于巴塞尔 II,该框架增加了风险驱动因子,提高了风险敏感性,用修订的监管公式法(MSFA)进行校准,确保三种模型结果的一致性。然而,该框架并非完美,从资本监管的角度,关于风险暴露重复部分(overlapping)的处理方法还需研究,因为商业银行发行资产支持性商业票据(ABCP)若要对流动性便利和银行本身持有的头寸同时计提资本,将导致部分风险暴露重复计提资本。此外,该《框架》也未充分考虑资产证券化的结构差异,潜藏着监管套利的隐患。

5.4　杠杆率的引入对防止套利的作用

自 2010 年底,巴塞尔委员会开始将杠杆率纳入资本监管的补充框架。银监会于 2011 年 6 月发布杠杆率管理办法,2015 年 2 月又予以修订,正式开启了我国商业银行资本充足率监管和杠杆率监管的双重监管。修订后的《办法》根据巴塞尔委员会的杠杆率新规,规定表外项目信用转换系数不得低于 10%。

降低监管资本套利是引入杠杆率的最主要原因,因为与资本充足率指标相比,杠杆率指标不具有风险敏感性,是巴塞尔委员会颁布巴塞尔 I 之前各国资本监管较为常用的指标,但业界对杠杆率指标的实际效果评价不一。巴曙松等(2013)[350]指出,银行在满足杠杆率最低要求的情况下,可利用风险权重、转化系数等,规避资本充足监管。沈庆劼(2013)[351]认为,美国虽然实施了杠杆率,但依然导致了 2008 年的次贷危机,而加拿大被认为正是由于杠杆率的实施才避免了此次危机。冯乾和候合心(2015)[352]实证检验发现,资本充足率和杠杆率两个监管工具的并行实施,在 2009 年至

2013 年期间并未对中国 15 家上市银行形成显著的监管压力,主要原因是上述指标已基本达到最低监管要求。2017 年版巴塞尔Ⅲ对系统重要性银行的杠杆率要求增加了 50％缓冲。

杠杆率的引入是否能够有效遏制监管资本套利行为,至少需要考虑两方面的影响因素:一方面,监管部门与商业银行之间的信息不对称问题。由于受到客观因素影响,监管者对被监管者的信息掌握得不完全,缺乏彻底的监管套利甄别能力,期初可能无法识别银行的套利活动及其真实风险,因此当资本充足率要求更为严格时,商业银行可能会执行资本充足率,当杠杆率监管更为严格时,商业银行可能执行杠杆率,即进行从低风险资产向高风险资产转化而不用改变资本充足率水平的套利活动。正如靳玉英和贾松波(2016)[353]研究发现,杠杆率会导致银行的结构性风险上升。沈庆劼(2013)[354]认为,杠杆率监管的效果与监管能力相关,能力愈低,所需的杠杆率要求愈高。另一方面,涉及监管成本收益问题。杠杆率的引入增加了商业银行监管资本套利的成本,降低了监管资本套利的收益水平,但同时也存在弊端,风险水平低的银行可能需要持有比最优资本水平更多的资本,造成一定的资本浪费。

5.5　监管资本套利的影响分析

监管资本套利可被视为监管资本要求下的一种税收规避行为,是一把双刃剑,对于商业银行、监管部门、整个金融体系及宏观经济系统,既有负面作用,也有积极影响。

5.5.1　正外部性影响

(1)有利于资本监管政策传导。迪米特里斯·肖拉法(2014)[355]指出,监管套利的目标是规避法律和监管条例。因此,如果银行在未增加其经营风险和带来负外部效应的前提下,从一种资本占用较高的资本融资工具转向其他替代性融资工具,这应属于符合监管政策导向的合意套利行为。沈庆劼(2010)[330]认为,符合监管政策导向的资本套利正是监管部门通过资本充足率监管进行"窗口指导"的目标。

(2)有利于金融创新。Rochet(1992)[197]指出,监管资本与经济资本一致时,监管资本套利不会增加银行的风险水平,银行可在风险可控的情况下开展金融创新。金融创新可因监管规制而引发,表现为"监管——创新——再监管——再创新"的循环过程(Miller,1986[356];Tufano,2002[357])。随着社会融资结构发生变化,以贷款为主的单一债务型融资远远满足不了客户需求,而其他能为客户融资但不增加银行风险水平、不产生负外部性、能够资本套利的交易行为是一种有利的金融创新,Merton(1992)[358]认为这种金融创新是资源的优化配置,Tufano(2002)[357]、Silber(1983)[359]也认为这种金融创新有利于降低交易成本、信息搜寻成本和营销成本。

(3)有利于改善金融功能。1995年美国著名学者默顿与博迪提出金融功能的观点,认为金融结构是变化的,而金融功能相对稳定;Levine(1997)[360]认为金融体系的功能在于减少由交易成本、信息成本带来的市场摩擦,进而实现降低风险、促进效率等功能。巴曙松和沈长征(2013)[361]认为不存在不变的最优金融结构,金融功能需求的重心将会变化,现行金融体系投融资功能不够健全。我国是银行主导型金融结构,以贷款为主的间接融资较难有效支撑整个经济体系,目前人民币贷款的市场份额已降至70%,而非信贷融资市场快速发展,呈现出主体多元化、产品多样化的趋势,这对于完善现行金融结构与金融功能非常必要。

从5.6图可以看出,近年来非信贷融资结构发生重大变化,2016年末委托贷款占比达到12.3%,连续4年保持两位数;信托贷款在前两年井喷式发展后,占比有所降低,但仍达到4.8%;企业债券占比虽比去年下降,但仍保持在16.8%的高位;非金融企业境内股票融资占比6.9%,比两年前提高2个百分点。

(4)有利于缓解制度扭曲。监管资本制度的不合理、不公平、不完善,或监管空白、监管过度,都会在一定程度上扭曲银行的经营行为,降低金融

单位：%

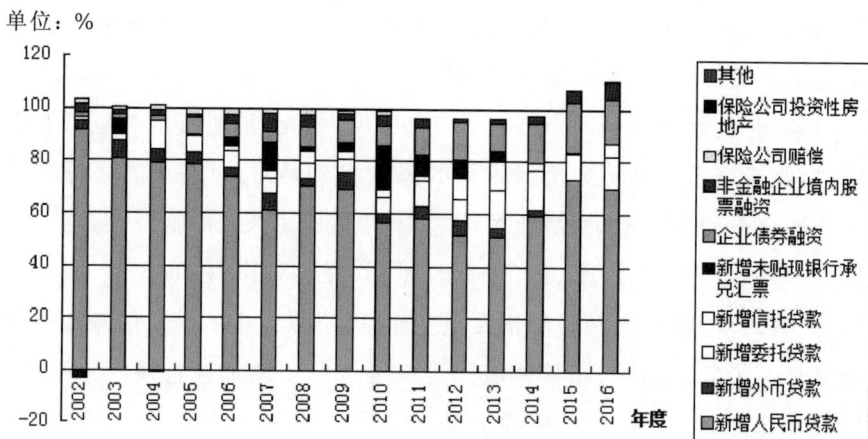

图 5.6　社会融资结构变化

Fig.5.6 Structural changes of social financing

运行效率,而监管资本套利可以看作是对资本监管政策制度的健全性、适度性、有效性的检验,监管资本套利行为集中的领域正是资本监管制度不完善之处。沈庆劼(2010)[362]认为,体现正外部性如降低交易成本、促进资源配置、拓展融资渠道等的监管资本套利活动,可以充当监管的"安全阀",有助于提高市场效率。Finnerty(1992)[363]认为,金融创新是促进金融监管水平提升的主要推动力之一。

　　(5)有利于校正监管制度。资本监管制度是一种公共政策,陈琛和张雷(2009)[364]认为政策制定与执行中存在着缺陷,这种缺陷会导致政策失灵。银行资本套利反映出来的问题有助于为资本监管政策改进提供依据。

　　以次级债为例。据 Wind 统计,截至 2009 年 7 月,我国商业银行债券(次级债、混合资本债和金融债)余额为 5 653 亿元,其中银行次级债为 4 287.5 亿元,达到了历史高点,为提高资本充足率发挥了重要作用。

　　Duffie(2008)[365]提出,信息渠道的"蝴蝶效应"和流动性渠道的"探戈效应"是金融危机传染的两个渠道。何德旭和王卉彤(2008)[366]认为,一些金融创新有利于缓解金融机构的流动性困难,但是这种创新只是对流动性的再分配而不是新创造了流动性,这些流动性渠道的网络化加大了金融风险的空间传染性。为此,为防范次级债交叉风险和银行体系的系统性风险,2009 年银监会对次级债作为资本工具进行了从严管理,规定银行投资单一银行和全部银行的次级债比例,并要求从附属资本中全额扣减本行持有的他行次级债。这一审慎规定的出台,引导商业银行清理互持的次级债和"虚增"的资本。2013 年银监会进一步强调,银行之间互持的各级资本工具包括次级债、优先股等,均应从资本中扣除。简言之,当某种资本工具的交叉互持负外部性显著时,监管部门通过强化资本质量监管,促使银行选择质量更高的资本工具,纠正不合意的资本套利行为。

5.5.2 负外部性影响

吴竞择(2003)[367]指出,金融外部性是指金融行为中的私人成本与收益向第三方溢出的外部经济效应,有正效应和负效应。我国与商业银行经营相关的监管资本套利问题也带来了一些负外部效应:

(1)增大了监管追踪的难度。谢平等(2016)[368]研究构建了信贷出表中银行与监管部门的博弈模式,认为银行和监管部门之间存在利益不一致——银行最大化自己的期望利润,监管部门权衡各种外部性;由于信息不对称的存在,银行可以实施信贷出表,将表内风险资产表外化。特别是银行信贷出表后派生出来的诸多表外多层次债权融资活动,在信用风险、流动性风险的转换管理以及风险定价、管理责任转移等方面存在着缺陷,风险的隐匿性和信息的不对称极大地增加了监管成本,干扰了监管机构对于风险传递链条的监测,影响了监管公信力。此外,充当信贷出表的通道机构如信托、证券、基金、保险等,在分业监管框架下也不断暴露出跨市场监管缺失或监管标准不一致的套利问题。

(2)影响金融市场秩序。监管资本套利一般源于规模和范围经济效应,或因法律、会计准则及监管制度的差异,导致银行之间的资本套利程度不同即不公平竞争。沈庆劼(2010)[369]认为,不同的商业银行承担的"监管税收"程度不同,监管资本的套利能力不同,某些商业银行持有套利的比较优势,如更熟悉套利技术、更具备套利条件等,这种"监管套利顾客"的存在使得套利市场逐步分层,以获取更高的套利收益。我国一些商业银行监管资本套利活跃,"类信贷""结构化融资"等套利活动发展迅速,一些中小银行业金融机构、券商、基金等作为套利活动的"通道"机构参与其中。此外,在信息不对称的金融市场中,同样会出现"柠檬市场",即导致套利者驱逐非套利者,最终非套利冲动的商业银行会因为利益驱动演变为套利者,从而扰乱整个金融秩序。

(3)扩大系统性风险水平。跨行业、跨市场的交叉性金融业务资本套利行为掩盖了经营风险,增加了风险形态转换的渠道和交叉性风险传递的途径,使得系统性金融风险隐患聚集。何德旭和王卉彤(2008)[366]认为,这些套利行为带来了杠杆效应和流动性的易变性等金融脆弱性。Reinhart & Rogoff(2008b)[370]指出,套利活动的复杂性和结构化嵌套增强了不同金融产品之间的风险捆绑效应,加之市场信息不透明,使得金融体系中的风险被放大。

(4)影响资本监管的有效性。资本充足率监管的原理是对高风险资产计提更高的资本,促使资本水平与风险水平相匹配。但通过资本套利,银行可以实现资本达标,但其资产的风险水平是否真实降低、风险承担能力是否提高,以及经营稳健性如何,监管者都无法仅从资本监管指标上予以评估。监管资本套利在一定程度上影响了资本监管的目标水平,增强了金融产品的功能异化和金融风险的隐蔽性,突破了金融机构经营范围的限制和监管指标的约束,模糊了金融机构的权责。随着证券化技术、信用衍生品以及其他金融创新的不断发展,监管资本套利的成本逐渐降低,如果不及时采取相应措施来降低监管套利的动机和条件,审慎监管的严肃性和有效性将会被削弱。

(5)一定程度上会加大社会成本。由于监管资本套利存在负外部性,因此,向企业提供融资的社会成本会大于银行信贷供给的成本,因为这里的社会成本还要包括套利链条中的各类"通道"机构的收益。如上述的"类信贷"融资业务和结构化融资业务,依靠机构"牌照价值"而非资产管理能力,嵌套交易、抽屉协议、规避资金投向限制、调节监管指标,挤占了金融资源,这些非理性的金融繁荣导致资金运行不畅,其交易结构中每出现一个过桥机构或一个"通道",就可能支付万分之五到千分之一的过桥费用,最终加长了信用链条和管理成本,抬高了企业的社会融资成本。

5.6　监管资本套利下的监管改进

针对监管资本套利带来的负面效应问题,从改进资本监管制度出发,建议采取如下政策措施:

(1)把握政策制定的科学性。陈琛和张雷(2009)[371]提出,资本监管的效果不仅取决于资本监管制度本身,还依赖于其他相关配套制度是否健全和有效,即不仅需要考虑资本监管制度在政治经济上的可行性,还要进行相关配套政策的综合成本收益分析。政府制定资本监管公共政策不可能实现帕累托最优,政策发布与实施的及时性、适当性和有效性最为关键。在资本监管政策的设计程序上,应兼顾市场主体的各方利益诉求,对"监管套利顾客"等强势集团进行约束,同时为弱势群体的政策参与创造条件。在平衡政府监管与市场的关系方面,应注重共同治理的方式,能由市场承担、市场自律或市场自我实现的必须由市场来发挥作用,同时通过"窗口指导"引导市场预期;条件具备时可让渡一些政府权力,由政府主导下的社会组织如金融同业协会参与治理,以此来分散风险、节约资源和提高效率。要实现资本监管政策的科学性、合理性、可执行性,就必须坚持一个科学、民主的公共政策过程,包括发现资本套利问题根源、制定备选方案、确定评估标准、公众参与决策、政策实施与调试、监控政策结果及修正等,以此达到政策制定与实施过程的有机统一。

(2)着力解决负外部性。曼昆(2013)[372]提出政府解决负外部性的两种思路:制定命令和控制政策(command-and-control policies),即实施直接管制,以及制定基于市场的政策(market-based policies),如征收矫正税、交易许可制、激励私人决策者自行选择解决方法,从而使外部性内部化。按照第一种思路,可以通过发布新的资本监管措施来纠正套利偏差或弥补原有制度的缺失,但这需要监管部门掌握负面资本套利的每一种情形,即需要政府拥有信息优势和政策的前瞻性,若采取事后的监管方法,如叫停业务、补提风险资本、调整合同或到期结清业务,都会显失监管公平性和政策连续性,而惯用的"新老划断"方法总是会使得风险偏好激进的银行"先到先得",这都影响了资本监管的政策目标。第二种思路则体现了市场化监管的原则,似乎更为科学,但若对负面资本套利行为征收"矫正税",也需要监管部门充分掌握套利信息、合理定价,这对监管能力提出了更高要求;若采取私人决策者之间协商解决的方式,如银行、通道机构签订协议共同杜绝负面套利行为,这又需要满足科斯定理(Coase theorem)的假设,即各个私人部门能以零成本协商资源配置问题,但现实中银行之间自行达成联盟的可能性较小,需要通过银行业协会及各类通道机构的协会组织。总之,应当综合考虑上述两种思路和方法,围绕降低负外部性的目标,着力减少资本监管制度负面套利的空间。

(3)构建激励相容的资本监管机制。激励相容的监管,关键在于金融监管中更多地引入市场化机制。为此,资本监管的激励相容至少体现以下原则:①根据银行风险管理能力的高低确定风险资本计量的方法,鼓励管理水平高的银行使用更加节约资本的高级资本计量法。②分类监管,增加监管资本的风险敏感性,鼓励资本充足、资本结构稳健的银行扩张业务和创新发展。③注重市场纪律,鼓励银行自我纠正和防控风险、自我实现资本目标。④动态监管,引导银行有效调控持续经营下的最适资本水平。⑤完善与资本监管相配套的各类监管制度,包括公司治理、风险管理和激励机制等。但需要认识到资本监管的有限性,如 Kashyap 等(2008)[373]指出,资本监管在银行风险管控方面有其内在的局限性,任何管制的监管都会创造套利的激励。鉴于此,在加强资本监管的同时,更应当关注对银行公司治理的监管,防止银行的短期行为和道德风险;同时,在引入杠杆率监管时,应采取措施降低监管的信息不完备,防止银行在执行杠杆率时过度承担风险。

(4)缩小监管制度差异。对于"类信贷"融资、结构化融资、不良资产收益权转让等与企业授信关联的业务,应摸清风险底数,厘清交易模式和资金流、资产流,系统评估对整个金融体系的宏微观审慎监管影响。对于此类业务涉及的银行、信托、证券、基金、保险等各类市场主体设定必要的经营杠杆,统一交叉产品、资管产品的监管标准,健全资本约束机制,缩小资管产品的跨业监管制度差异,从资产端和资金端及交易对手明确"穿透"(look-through)管理的原则。"类信贷"业务的发展是银行受监管指标和信贷约束后的套利选择,其本质是银行的传统信贷业务,其主要风险在于银行经营杠杆的增加和风险抵御能力的降低,因此"类信贷"业务的监管关键在于缩小信贷与非信贷之间的监管制度差异,要求银行对此类业务比照贷款进行风险管理,包括按照"穿透"原则计提资本与风险拨备等。王兆星(2015)[374]提出,对于可以量化的 SPV 风险敞口应计提拨备、资本和流动性储备。同时,采取"疏、堵"结合,稳步推进信贷资产流转平台、资产证券化等信贷出表交易平台建设,使得信贷资产包括不良资产收益权的转让透明化、标准化、规范化。

(5)改进资产证券化资本监管。超越资产证券化的法律形式和会计处理方式(刘少林,2009[375]),审慎评估银行风险转移的真实性和风险管理能力,确立系统的监管资本要求。首先,对于会计出表且风险亦出表的证券化风险暴露,可不占用资本,但对于风险仍留在银行的证券化资产,应要求计提资本和风险拨备。其次,加强对证券化过程中的各类风险全面管理,防止风险传染加大资本监管的难度。此外,加强信用评级监管和信息披露,发挥市场的约束作用。

(6)改进表外多层次债权融资活动的监管。由于信贷出表后的表外理财等多种债权融资存在期限转换(融短用长)和流动性转换问题,特别是在银行刚性兑付理财收益率的情况下,以此带来的额外流动性需求增大了银行流动性风险管理的难度,加之理财与信贷相互承接,又增加了表外风险向表内的传导,因此亟待打破理财"资产池——资金池"经营模式,对每一理财产品实行资产负债管理并监测流动性覆盖率,建立资产管理业务或理财业务的融资杠杆率,整治理财与信贷相互承接以及信贷、理财、同业、信托、券商资管等产品嵌套带来的交叉性金融风险,遏制金融市场乱象,促进表外债权融资活动的规范化、透明化与可持续发展。

（7）探索合作监管模式，合力防控系统性风险。在国务院金融稳定发展委员会的领导下，强化系统性风险监管，增强信息共享与政策协调，提升跨部门监管要求的一致性和连续性，建立更加严密有效的跨业业务监管制度体系。完善银行同业负债质量、负债稳定性的监管，引导主动负债管理工具创新。完善金融同业业务风险监测预警指标体系，从企业融资端拓宽信贷和"类信贷"的监测口径，督促金融企业同步实施全面风险管理。建立跨部门联合监控机制，加强交叉金融产品和跨业业务的监督与联合查处，防止跨业违规套利。引导规范金融创新业务特别是资管产品的会计处理和信息披露，促进资管业务健康发展。加大负面监管套利成本，加强违规套利行为惩戒，防止监管指标或政策制度最终转化为监管成本和社会成本。

5.7 本章小结

本章采用规范性与实证性相结合的研究方法，首先对监管资本套利进行了理论分析，从巴塞尔资本协议和国际经验出发，总结了监管资本套利的主要模式。然后，从中国实际出发，分析了监管资本套利的特殊性和主要渠道，并讨论了引入杠杆率对于防止监管资本套利的影响作用。在此基础上，本章从正反两方面分析了监管资本套利的影响效应。最后，从防控负外部性和系统性风险的角度，提出资本套利下的监管改进建议。

本章研究认为，若商业银行所承担的净监管负担不同就会导致监管资本套利行为，而风险资本框架的不完善、委托代理中的道德风险等将增大银行资本套利的机会或动机，特别是在我国信贷管控的特殊性、社会融资渠道的单调性、跨业监管标准的协调性不足等阶段性条件下，"类信贷"融资、结构化融资、隐匿不良资产等套利行为将极大地扭曲对资本充足率真实水平的反映、测度并逐渐影响审慎监管的有效性，且利用当前的监管工具很难对这种套利行为进行量化监管。

　　本章分析指出,资本套利的负外部性主要表现为:增大监管追踪的难度,影响金融市场秩序,提高系统性风险水平,削弱资本监管的有效性,加大社会成本。基于此,提出了防控资本套利负面效应的 7 项监管措施。

6

逆周期资本缓冲指标的
适用性检验

　　逆周期银行资本监管是强化宏观审慎监管、防控系统性金融风险的重要手段和工具。巴塞尔Ⅲ提出的逆周期缓冲资本旨在针对银行业体系信贷增长过快导致系统性风险聚集时,通过建立储备资本机制来促进银行业体系有适当的逆周期资本缓冲(countercyclical capital buffer)来抵御未来的可能损失。本章从系统性风险防控和宏观审慎监管的时间维度出发,对巴塞尔委员会提出的逆周期资本缓冲监测模型和指标在我国的适用性进行检验,并对"修正后的社会融资余额"作为挂钩变量以及引入一些辅助监测指标的可行性进行探讨。

6.1　资本监管的顺周期效应及逆周期资本缓冲机制的提出[①]

　　金融稳定理事会(FSB)认为顺周期性(procyclicality)是金融放大经济波动、反过来又会加剧金融体系不稳定性的一种相互强化的正反馈机制。

---

　　① 本章的主要内容已发表于《中南财经政法大学学报》(2016 年第 1 期),题目为《逆周期缓冲机制在中国的适用性——基于巴塞尔委员会推荐模型的检验》。

Landau(2009)[376]认为,经济周期中金融变量围绕某一趋势值的波幅愈大,顺周期性愈强。国内学者也有类似判断,如张金城和李成(2011)[377]以及董盈厚(2014)[378]认为,金融部门与实体经济的相互正向作用,以及资本监管下的贷款减值准备计提规则、公允价值计量等均具有顺周期性。因此,Turner(2011)[379]提出,为维护金融稳定,监管当局必须逆风而行,建立跨周期的宏观审慎监管机制。

张金城和李成(2011)[377]提出,资本监管的顺周期性通常指资本监管通过对商业银行的经营活动,尤其是信贷决策的影响,对宏观经济的运行产生同向的推动作用。如,经济下行时期,银行由于风险偏好下降而慎贷,使实体企业融资趋紧,实体经济的不景气又会加剧经济下行的压力;经济上升时期,银行对融资企业的违约概率、违约损失率、信用评级、债项评级等评估结果趋好,使得基于内部评级法的资本水平上升,由此带来的信贷扩张又会加速经济上升的趋势。Kashyap & Stein(2004)[380]基于美国1998 年至 2002 年违约概率数据研究发现,资本监管导致银行系统和银行个体更大的顺周期性。但 Borio(2003)[381]指出,资本监管的其他支柱如市场约束和监督检查能够缓解因资本要求带来的顺周期性。如何有效地实施逆周期监管、缓解金融体系的顺周期性,成为当前国际资本监管改革研究的重要内容之一。

在我国,资本监管的顺周期性也有所体现。如,曾刚(2009)[382]、方芳和刘鹏(2015)[383]等研究发现,资本监管下银行信贷周期性的波幅有所加大。刘灿辉等(2012)[384]利用我国 6 家上市银行 2003 年至 2010 年的面板数据研究表明,银行缓冲资本具有顺周期性。高国华(2014)[309]基于我国14 家上市银行 2003 年至 2010 年的数据,检验银行的资本充足率与 GDP变动关系发现,资本充足率变动具有一定的顺周期性,经济上升与下降时期的变动具有非对称性。2008 年全球金融危机使得资本监管的顺周期性问题备受各国监管当局关注。2009 年 12 月,巴塞尔委员会提出逆周期监管方案,包括:降低资本的顺周期性,实行动态的拨备,计提留存资本(CCB),建立逆周期资本缓冲机制。本书重点研究逆周期资本缓冲的计提问题。巴塞尔委员会 2010 年底发布的《实施逆周期资本缓冲指引》(以下简称《指引》)鼓励各国建立符合本国实际的逆周期监管框架,并不断完善逆周期资本缓冲机制[385]。

我国虽然在 2013 年 1 月起实施的《商业银行资本管理办法(试行)》第二十四条中,提出"银行应在最低资本要求和储备资本要求之上计提逆周期资本,逆周期资本要求为风险加权资产的 0~2.5%",但上述规定尚未落地实施。对于如何在我国建立动态的逆周期资本缓冲仍处于探讨中,对于巴塞尔委员会提出的逆周期资本缓冲计提方法在我国的适用性尚需检验与实践。

6.2　逆周期资本缓冲机制的相关研究进展

构建逆周期资本缓冲机制的基本原理是:在经济上行时期,银行业应增加一定比例的逆周期缓冲资本,以作为资本储备;在经济下行时期,应释放相应的资本储备,以加大银行体系对经济面的资金供给,同时抵御经济下行银行可能遭受的风险损失。

自巴塞尔委员会引入逆周期资本缓冲机制以来,国外学者加强了研究,业界进行了实践。如 Ibáñez-Hernández 等(2015)[386]和 Drehmann & Tsatsaronis 等(2014)[387]认为,广义信贷余额/国内生产总值(GDP)与其长期趋势值的偏离程度可以作为判断经济波动的一个有效指标。香港金管局(2016)[388]基于巴塞尔委员会的框架,于 2015 年初正式发布了逆周期资本缓冲计提比率,2016 年比率为 0.625%,2017 年上调至 1.25%。

随着巴塞尔Ⅲ的发布实施,国内学者开始从宏观审慎的视角进行探讨。黄宪和熊启跃(2014)[131]发现,银行风险承担水平在经济上行期(或下行期)的提高(或下降),一定程度上会导致资本缓冲的顺周期性。围绕如何构建逆周期资本缓冲机制,国内学者开展了一些实证检验,如陈雨露和马勇(2012)[389]对我国逆周期资本监管的一些挂钩变量进行了评估;李文

泓和罗猛(2011)[390]利用 1998 年至 2010 年数据检验发现,广义信贷余额/
GDP 的指标在我国可以作为判断广义信贷增速过快的监测指标;崔婕和
沈沛龙(2015)[391]研究认为,广义信贷余额/GDP 与其长期趋势的偏离度
(GAP)是预测银行业危机的有效指标。

　　从国内外研究情况看,逆周期资本缓冲机制的构建仍处于探索阶段,
实证检验亦不连续、结论不尽一致,在如何选取适合我国国情的逆周期资
本缓冲监测指标或挂钩变量、建立适于我国银行业数据基础的逆周期缓冲
资本提取机制等方面仍存在研究空白。为此,本章研究立足于:①结合我
国经济金融运行状况以及社会融资监测管理的现状,基于数据的可获得
性,尝试用"修正后的社会融资余额"作为挂钩变量。②对于广义信贷余额
和修正后的社会融资余额等两种挂钩变量在我国的适用性进行检验并进
行比较。③利用银行业和宏观经济数据,对逆周期缓冲资本的计提时点和
计提比例进行模拟分析,并结合信贷增长、宏观经济景气"一致性"指数等,
来审慎确定资本缓冲计提时点。④提出相关政策建议。

6.3　逆周期资本缓冲理论模型的构建

　　本章借鉴巴塞尔委员会上述《指引》的基本思路,研究我国逆周期资本
缓冲的计提政策,其目标是降低银行业因信贷扩张而增大的系统性风险和
可能的风险损失。确定逆周期资本缓冲的核心是选取合理的监测指标或
挂钩变量,其次是对监测指标或挂钩变量与逆周期资本缓冲之间的逻辑关
系进行描述,再明确逆周期资本缓冲的计提规则。巴塞尔委员会建议的核
心挂钩变量是"信贷余额"(广义信贷余额口径),其模型思路是:

(1)测算信贷余额/GDP。

公式为:

$$R_t = C_t / GDP_t \qquad (6.1)$$

其中,C_t 代表第 t 期的"广义信贷"余额,GDP_t 代表第 t 期的国内生产

总值。

（2）测算信贷余额/GDP 与其长期趋势值的偏离度（GAP）。

公式为：

$$GAP_t = R_t - Trend_t \tag{6.2}$$

其中，$Trend_t$ 是由 HP 滤波法得到的长期趋势值，GAP_t 为第 t 期的广义信贷余额/GDP 值与上述趋势值的偏离程度。HP 滤波法是通过选取平滑因子 λ，对变量的时间序列进行非线性平滑后导出长期趋势的一种标准方法。

（3）将偏离度（GAP_t）转换为逆周期资本缓冲。

所谓偏离度，是指广义信贷余额/GDP 与其长期趋势值之差。巴塞尔委员会设定了偏离度的上限（H，10％）和下限（L，2％）。当偏离度低于 L 时，逆周期资本缓冲值为 0；高于 H 时，缓冲值取 2.5％；处于 L 和 H 之间时，缓冲值则取 0～2.5％之间的值。上述映射关系可用分段函数来描述，如公式（6.3）所示，其中，VB_t 表示逆周期资本缓冲，VB^{max} 代表缓冲上限，L、H 分别表示偏离度的下限和上限，I 表示 L 和 H 之间的分段间距，k 表示 L 和 H 之间的分段段数，S 表示分段间距对应的资本缓冲：

$$VB_t = \begin{cases} 0 & \text{if} \quad GAP_t \leqslant L \\ 1^*S & \text{if} \quad L < GAP_t \leqslant L+I \\ 2^*S & \text{if} \quad L+I < GAP_t \leqslant L+k^*I \\ \cdots \\ k^*S & \text{if} \quad L+(k-1)^*I < GAP_t \leqslant L+k^*I \\ VB^{max} & \text{if} \quad H < GAP_t \end{cases} \tag{6.3}$$

巴塞尔委员会建议采用广义信贷余额/GDP 作为预判银行业系统性风险、确定是否计提逆周期资本的基本指标。不同于银行贷款，广义信贷包括企业的全部融资。该指标近年来已被一些国家用于监测系统性金融风险，例如，加拿大央行在《金融稳定报告》中定期分析广义信贷/GDP 的情况。

6.4　逆周期监管资本缓冲测算——基于广义信贷余额口径与社会融资余额口径

6.4.1　基于广义信贷余额口径的数据来源

参照巴塞尔委员会提出的方法,本章采集并整理了 2002 年至 2015 年一季度我国银行业和宏观经济的相关数据。

其中,我国银行业的广义信贷余额构成包括:①对企业的本外币贷款。②公司债、企业债、短期融资券等。③投向信贷资产的理财资金,即从商业银行发行的理财产品余额数据中,区分出投向信贷资产的数据,由于理财产品监管统计监测制度从 2007 年开始建立,且 2007 年前理财产品投向信贷资产的规模极小,对结果不会有实质影响,因此为简化测算,假定 2007年前上述数据为 0。④资产证券化,通过收集我国银行业信贷资产证券化的发生额,再根据产品到期情况来测算各季度余额,由于公开披露数据是从 2005 年第四季度开始,而且之前的业务规模极小,对结果不会有实质影响,因此假定此前各年的季度资产证券化余额数据均为 0。

宏观经济数据则采用国内生产总值(GDP)的季度年化数据,即当季GDP 年化数据为当季和此前三个季度 GDP 数据的移动时间窗口加总。

6.4.2　基于修正后的社会融资余额口径的数据来源

构建上述广义信贷数据过程中,需要大量手工采集和整理,特别是投向信贷资产的理财资金、资产证券化等数据的收集整理成本较高。考虑到我国已建立了社会融资总量(规模)统计监测制度,本章将比照广义信贷口径的测度方法,尝试采用"修正后的社会融资余额"作为挂钩变量进行检验。盛松成(2014)[392]提出,社会融资规模主要由本外币贷款、委托贷款、信托贷款、未贴现银行承兑汇票、企业债券、股票融资等构成。本章所指的"修正后的社会融资余额",是指剔除"未贴现的银行承兑汇票""股票融资"的社会融资余额。

"修正后的社会融资余额"指标较广义信贷指标具有一定优势:①数据

来源的公开性、权威性。中国人民银行定期收集、公布社会融资总量(增量)和余额,数据基础较为可靠、数据获取相对容易。②对我国银行体系的适用性。我国目前仍以间接融资为主,例如信用债承销是以商业银行等金融机构为主,信托贷款和委托贷款中,或者部分资金来自商业银行,或者融资企业就是银行的授信客户,因而社会融资规模统计中的"委托贷款、信托贷款、企业债券融资"等均可纳入商业银行广义信贷范畴。③数据构建的便捷性。从社会融资余额中可以直接剔除"未贴现的银行承兑汇票"和"股票融资",减少了数据整理误差。需要说明的是,本书引入修正后的社会融资余额作为挂钩变量进行检验分析,并非强调广义信贷余额和修正后的社会融资余额两种挂钩变量的孰优孰劣,而是对其检验结果进行印证分析。

6.4.3 模型测算

为测算我国银行业所需的逆周期资本缓冲,本书采用巴塞尔委员会推荐的 HP 滤波单边趋势法。该方法的关键在于平滑参数 λ 的取值,不同的 λ 值决定了不同的周期方式和平滑度。国内外一些学者在处理季度数据方面,一般选用平滑系数 1600(Hodrick & Prescott,1997[393];张连成和韩蓓,2009[394])。为此,本书采用 λ 值 1600,以保证较好的平滑效果。测算流程如下:

(1)计算广义信贷余额/GDP 的比值,或修正后的社会融资余额/GDP 的比值。

(2)HP 滤波分析。应用计量软件 EViews7 对上述数据进行分析,并生成 HP 滤波趋势值。如图 6.1 显示,基于广义信贷余额口径和基于修正后社会融资余额口径的 HP 滤波趋势没有太大差异。

(3)将广义信贷余额/GDP(或修正后的社会融资余额/GDP)的时点值与其 HP 滤波趋势值进行轧差,可得到偏离度(GAP)。从图 6.2 中可以看出,各季度末的广义信贷余额/GDP(或修正后的社会融资余额/GDP)与其长期趋势值之差。

(4)将偏离度值转换成逆周期资本缓冲。本书参照国际通行做法,设定了不同偏离度下的逆周期资本缓冲计提规则,即当偏离度小于 2% 时,

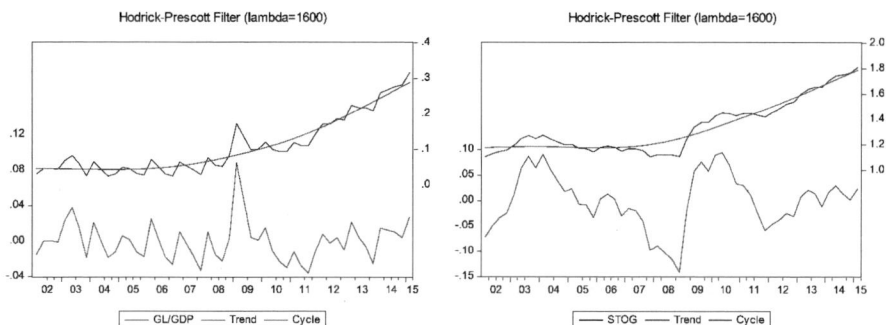

图 6.1 广义信贷余额(左)和修正后的社会融资余额(右)HP 滤波趋势

Fig.6.1 Trends of HP filter between general credit balance(left)and balance
of all-system financing aggregates(right)

无需计提;偏离度在 2%～10%区间时,每增加 1 个百分点,计提比例将增加 0.3125 个百分点;当偏离度大于 10%时,则按 2.5%计提。从表 6.1 中可知,基于广义信贷余额和修正后的社会融资余额计算所得的偏离度及其逆周期资本计提比例。

6.4.4 结果分析

从广义信贷余额的偏离度来看,我国自 2002 年以来经历过两个高峰期,逆周期资本缓冲超过 1%。第一个高峰是 2003 年前后,如 2003 年第二季度逆周期资本缓冲达到 0.625%。第二个高峰是全球金融危机爆发后的一段时期,如 2009 年一季度应计提的逆周期资本缓冲达到 2.1875%。具体如图 6.3 所示。

从社会融资余额的偏离度来看,我国自 2002 年以来也经历过两个高峰期。第一次高峰是从 2003 年第二季度到 2004 年第二季度,逆周期资本缓冲连续五个季度超过 1%,其中有两个季度达到 2.1875%。第二次高峰是从 2009 年年中到 2010 年年中,逆周期资本缓冲各季度连续超过 1%,其中 2010 年前两个季度达到 2.1875%。这与采用广义信贷余额数据测试的结论基本一致(如图 6.4 所示)。

巴塞尔委员会发布的《指引》并未提出最终确定逆周期资本缓冲需要

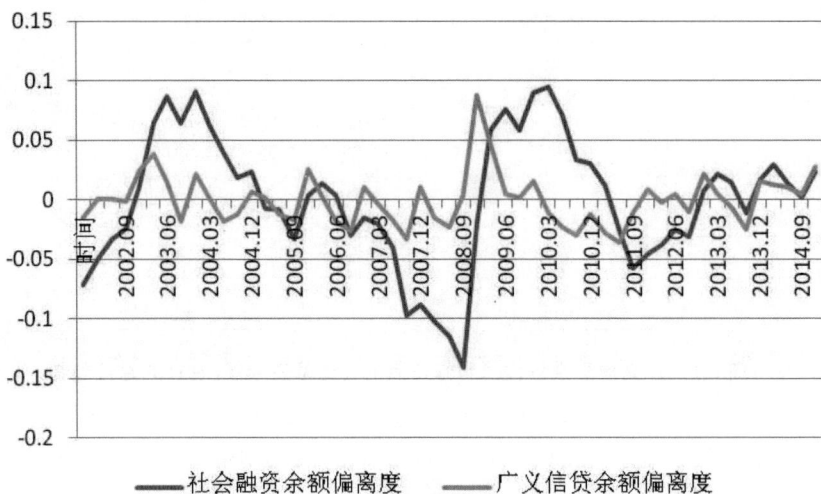

图 6.2　两种口径的偏离度比较

Fig.6.2 Comparison of degree of deviation between two terms

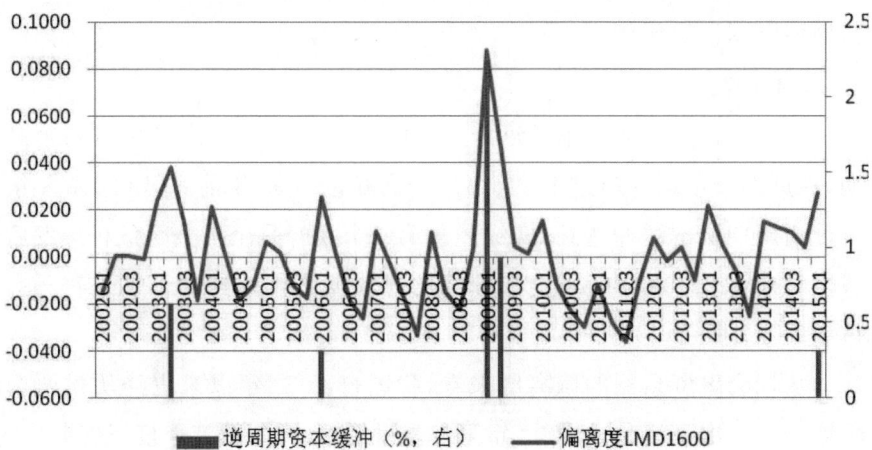

图 6.3　基于广义信贷余额的逆周期资本缓冲

Fig.6.3 Countercyclical capital buffer based on general credit balance

考虑的其他因素,但提出各国应当根据国情因地制宜。为此,本书结合信贷增速和宏观经济景气运行状况,进一步分析依照巴塞尔委员会推荐模型

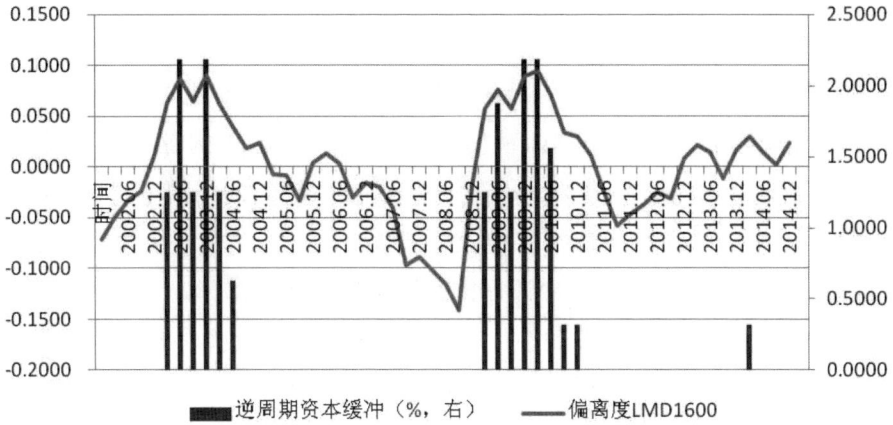

图 6.4　基于修正后的社会融资余额的逆周期资本缓冲

Fig.6.4 Countercyclical capital buffer based on modified balance

of all-system financing aggregates

测得的逆周期资本缓冲计提的合理性。从图 6.5 中看出,自 2002 年至 2015 年,我国银行业金融机构各项贷款增速变化与宏观经济景气变化趋势基本保持一致。目前,国家统计局发布的宏观经济景气"一致性指数"可以综合反映总体经济的变动情况,以及当前宏观经济的基本走向和经济运

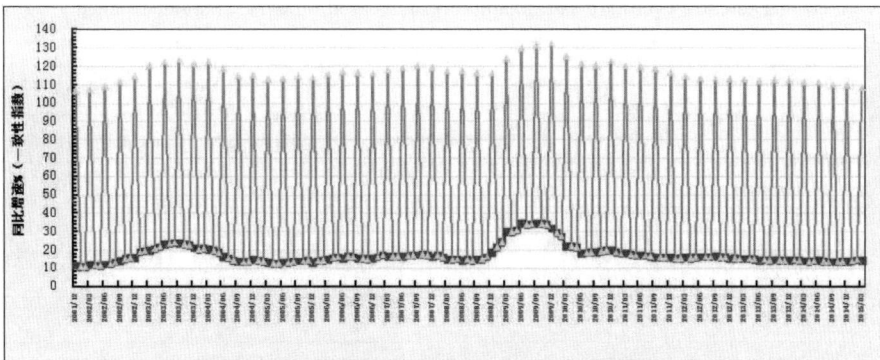

图 6.5　各项贷款增速和宏观经济景气一致性指数变化

Fig.6.5 The loan growth and the macroeconomic index change

行的周期性。本书将该指数的月度数据通过移动平均法处理,用得到的每个季度算术平均值作为季度宏观经济景气一致性指数。

第一阶段(2003年到2004年),偏离度值达到阶段性峰值0.0868。此阶段我国经济发展势头良好,从图6.5中可知,金融机构各项贷款增速自2003年至2004年上半年较快,平均速度达到21%,2003年下半年最高增速达到23%,宏观经济景气"一致性"指数在100.4左右。从测算结果看,这段时期的逆周期资本缓冲计提比例最高达到2.1875%。

第二阶段(2008年底到2010年),偏离度达到检验时期的最高值,基于广义信贷的偏离度最高达到0.088,基于修正后的社会融资余额的偏离度最高达到0.0943,逆周期资本缓冲的计提比例最高均达到2.1875%。此阶段,贷款增速创历史新高,各项贷款增速从2009年初的21.33%快速增长到2009年6月底的34.44%,直至2010年上半年仍保持超过20%的增速,此阶段的宏观经济景气"一致性"指数也保持在100左右的较高水平。

总之,上述两个阶段的信贷扩张节奏、宏观经济波动趋势与应计提逆周期资本缓冲的时点基本一致,只是在计提比例上,基于广义信贷余额和基于修正后的社会融资余额测度的结果不尽相同(如表6.1所示)。

表6.1 基于广义信贷余额和修正后的社会融资余额的逆周期资本缓冲

Table 6.1 Countercyclical capital buffer based on general credit balance and modified balance of all-system financing aggregates

时间	广义信贷余额/GDP		修正后的社会融资余额/GDP	
	偏离度	逆周期资本	偏离度	逆周期资本
2002Q1	−0.0152	0	−0.0711	0.0000
2002Q2	0.0003	0	−0.0494	0.0000
2002Q3	0.0007	0	−0.0334	0.0000
2002Q4	−0.0009	0	−0.0241	0.0000
2003Q1	0.0240	0	0.0114	0.0000
2003Q2	0.0380	0.625	0.0638	1.2500
2003Q3	0.0148	0	0.0868	2.1875
2003Q4	−0.0184	0	0.0643	1.2500

续表

时间	广义信贷余额/GDP		修正后的社会融资余额/GDP	
	偏离度	逆周期资本	偏离度	逆周期资本
2004Q1	0.0213	0	0.0909	2.1875
2004Q2	0.0009	0	0.0618	1.2500
2004Q3	−0.0185	0	0.0389	0.6250
2004Q4	−0.0123	0	0.0181	0.0000
2005Q1	0.0063	0	0.0235	0.0000
2005Q2	0.0020	0	−0.0070	0.0000
2005Q3	−0.0123	0	−0.0083	0.0000
2005Q4	−0.0176	0	−0.0329	0.0000
2006Q1	0.0254	0.3125	0.0039	0.0000
2006Q2	0.0026	0	0.0132	0.0000
2006Q3	−0.0184	0	0.0033	0.0000
2006Q4	−0.0260	0	−0.0301	0.0000
2007Q1	0.0107	0	−0.0154	0.0000
2007Q2	−0.0031	0	−0.0197	0.0000
2007Q3	−0.0172	0	−0.0402	0.0000
2007Q4	−0.0334	0	−0.0971	0.0000
2008Q1	0.0105	0	−0.0887	0.0000
2008Q2	−0.0148	0	−0.1025	0.0000
2008Q3	−0.0227	0	−0.1152	0.0000
2008Q4	0.0038	0	−0.1410	0.0000
2009Q1	0.0880	2.1875	−0.0197	0.0000
2009Q2	0.0460	0.9375	0.0577	1.2500
2009Q3	0.0044	0	0.0762	1.8750
2009Q4	0.0012	0	0.0579	1.2500
2010Q1	0.0153	0	0.0896	2.1875
2010Q2	−0.0113	0	0.0943	2.1875
2010Q3	−0.0231	0	0.0705	1.5625

续表

时间	广义信贷余额/GDP		修正后的社会融资余额/GDP	
	偏离度	逆周期资本	偏离度	逆周期资本
2010Q4	−0.0297	0	0.0335	0.3125
2011Q1	−0.0119	0	0.0301	0.3125
2011Q2	−0.0278	0	0.0115	0.0000
2011Q3	−0.0361	0	−0.0248	0.0000
2011Q4	−0.0110	0	−0.0582	0.0000
2012Q1	0.0082	0	−0.0462	0.0000
2012Q2	−0.0019	0	−0.0378	0.0000
2012Q3	0.0042	0	−0.0249	0.0000
2012Q4	−0.0099	0	−0.0306	0.0000
2013Q1	0.0218	0	0.0080	0.0000
2013Q2	0.0048	0	0.0211	0.0000
2013Q3	−0.0060	0	0.0143	0.0000
2013Q4	−0.0254	0	−0.0114	0.0000
2014Q1	0.0151	0	0.0163	0.0000
2014Q2	0.0127	0	0.0296	0.3125
2014Q3	0.0104	0	0.0141	0.0000
2014Q4	0.0042	0	0.0015	0.0000
2015Q1	0.0273	0.3125	0.0237	0.0000

6.5　基本结论

根据上述检验结果,可以得到以下初步结论:

(1)广义信贷余额可以作为我国逆周期缓冲资本监测的挂钩指标,对判断我国广义信贷过快增长、系统性风险积累程度具有良好预测性。这个结论与国内部分学者的研究结论一致。

　　（2）鉴于社会融资规模统计指标在我国货币政策调控、全社会融资活动监测方面发挥愈来愈重要的作用，"修正后的社会融资余额"作为具有数据来源优势的一项指标，目前可作为逆周期缓冲资本监测的参考指标。

　　（3）从数据检验结果来看，广义信贷余额、修正后的社会融资余额等两种挂钩变量测算的偏离度均经历两个高峰期，计提逆周期缓冲资本的高峰时点基本一致。

　　（4）广义信贷余额和修正后的社会融资余额两种挂钩变量没有孰优孰劣，其测度的逆周期资本缓冲结果需要相互印证、比较，并应结合狭义信贷增长、宏观经济景气"一致性"指数来综合审慎确定。

　　（5）逆周期资本缓冲的计提有助于增强银行业系统性风险抵御能力和降低风险损失。

　　尽管如此，逆周期资本缓冲在我国的适用性还需进一步检验。

　　（1）有待于获取更长历史时期的数据进行检验，并结合国情进一步分析。近 30 年来，我国国民经济基本保持平稳运行，尽管 2014 年以来开始下行，但仍未经历完整的经济周期，加之我国仍是银行主导的间接融资体系，随着金融深化和直接融资的发展，上述指标的分析视角将会发生一定变化。

　　（2）HP 滤波技术未充分考虑系统性风险的不确定性冲击对偏离度所产生的持续性影响，偏离度也会随着样本长度、参数平滑因子取值等的不同而呈现差异，因此逆周期资本缓冲计提的时机和程度必须结合实际、考虑更广泛的经济金融指标以审慎决策。

　　（3）对于是否建立全部商业银行统一的逆周期资本缓冲监管机制，还是根据商业银行的异质性引入差异化监管机制，尚需系统研究。

　　（4）还应配套考虑逆周期资本缓冲的释放时机及其水平问题。

6.6　其他指标的参考作用

　　正在推广实践逆周期缓冲资本的国外监管当局中，除了将"广义信贷余额/GDP 的偏离度"作为逆周期资本缓冲计提的监测指标之外,还考虑其他相关指标。如,香港金管局还综合考虑一些差距指标,如"信贷/本地生产总值""物业价格/租金价格",以及一些压力指标如"3 个月香港同业拆借利率/隔夜掉期利率""特定分类贷款比率的季度变动"等。本节着重讨论以下指标作为我国辅助监测指标的意义。

6.6.1 M2/GDP 及非信贷融资活动对 M2 的影响

M2/GDP 是反映一国金融深化、经济货币化进程的基本指标。M2/GDP 高企(如 2016 年末达到 2.08 倍)并不直接反映"货币超发",不易直接作为逆周期缓冲资本的参考指标,主要有以下几点理由:

(1)改革开放以来,我国经济快速发展,货币需求增长,加之投资驱动型、低投资回报率的增长方式,常伴随 M2/GDP 指标的上升,当然同大多数发展中国家一样,货币化指数通常会经历一个"倒 U"的过程(杨云等,2014[395])。

(2)高国民储蓄率的支撑。近两年国民总储蓄率已达 52%,M2 的主体是各类存款,且很大一部分来自政府和企业,居民储蓄更多的是在社会保障体系不完善情况下的"预防性储蓄"。

(3)金融深化程度低。我国过度依赖银行体系分配金融资源,通过高储蓄—高信贷支持经济增长,加之近年来出现的信托、同业等影子银行渠道,也拉升了货币乘数。

(4)统计口径不同。例如,美国 M2 不包括 10 万美元以上的大额存单,我国 GDP 中尚未统计自住房租金、众多的个体服务业及地下经济。

虽然不宜直接采用 M2/GDP 作为逆周期缓冲资本的监测指标,但应关注货币扩张带来的金融风险问题,特别是非信贷融资活动对 M2 的影响,若这一影响程度上升,则表明应采取逆周期资本监管行动。按照现行 M2 的统计口径,除表内贷款外,一些非信贷融资活动将影响 M2,主要表现在:①银行在一级债券市场购买公司债,被视为证券投资活动,不占用信贷额度,但却类似贷款一样产生 M2。②通过信托、理财和同业渠道进行的贷款准"证券化"造成 M2 消失。如银行贷款给企业,产生 M2 之后,银行可使用信托产品等将这些贷款或贴现票据"证券化"为理财产品；银行也可将这些贷款运作为同业代付产品。

总之，随着非信贷融资在我国社会融资活动中的活跃度上升，为全面监测和分析系统性金融风险状况，避免低估逆周期缓冲资本的计提水平，应加强对"非信贷融资对 M2 的影响"的监测，并将其作为计提逆周期缓冲资本的辅助监测指标。

6.6.2 信贷边际投资效率或企业债务对 GDP 的边际贡献率

近年来，传统企业扩大投资的动力减弱，具体表现为销售收入增速下滑明显、盈利能力减弱、企业间应收应付债务保持高位、银行贷款增长超过企业绩效增速等。据对 2800 多家上市公司综合分析，银行贷款与企业销售收入的增幅之比，由 2014 年的 0.8 上升到 2015 年末的 2 倍左右，信贷边际投资效率呈现下降趋势。

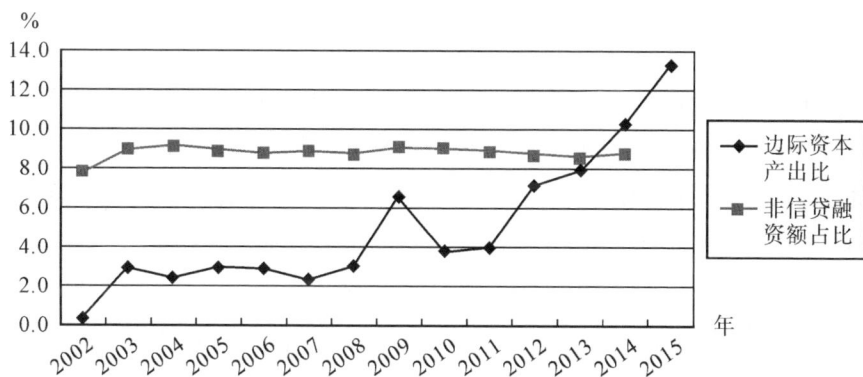

图 6.6　上市公司相关指标

Fig.6.6 Relevant indicators of listed companies

同时，企业杠杆率居高不下。在企业负债中，来自非信贷渠道的融资占比由 2012 年末的 7.8％上升到 2014 年末的 8.8％（如图 6.6 所示），而且融资成本上升、资金效益下滑。据测算，每 1 元新增企业债务带来的增量 GDP，从 2002 年的 0.7 左右下降到 2014 年的 0.22。此外，边际资本产出比（简称 ICOR）迅速上升，2008 年金融危机爆发之前的 10 年间，我国的边际资本产出比在 3～4 之间,2012 年以来已达到 7,2015 年达到 13,这意味着出现了"投资沉淀"的外延式扩张,去杠杆的压力较大。在当前经济增速放缓、企业债务①高位并行的情况下,企业债务风险对金融系统性风险的传染不可忽视。为此,反映信贷边际投资效率、企业债务对 GDP 的贡献度等方面的指标可以作为逆周期资本监管的组合监测指标。

6.7   本章小结

英国《银行家》2017 年发布了全球千家大银行排名,有 126 家中资银行上榜,17 家中资银行跻身前 100 名,工商银行以 2812 亿美元的核心资本蝉联榜首。尽管上榜的中国银行业数量增加,但全球银行业的"去杠杆化"进程还将持续,应当审慎评估中国经济转型中金融市场的发展及系统性金融风险,密切监测表内与表外、正规金融与民间金融之间的风险关联度,着力维护金融稳定。借鉴国际监管经验,开展中国银行业体系的广义信贷余额/GDP 与长期趋势的偏离度监测,将其作为系统性金融风险的基本分析指标十分必要,本章利用实证数据检验其在我国具有一定的适用性。同时,也验证了"修正后的社会融资余额/GDP"作为挂钩变量的可行性。在此基础上,结合宏观经济景气"一致性"指数、银行贷款等指标对计提时点问题进行了分析。此外,对非信贷融资活动、信贷边际效率等相关指标的参考作用进行了讨论,认为非信贷融资对 M2 的影响、边际资本产出比指标可以作为逆周期资本监管的辅助性监测指标。

---

①   需要指出的是,原《预算法》下的地方融资平台负债未纳入政府部门负债,2014 年下半年后各省政府开始清理债务。从观察金融体系的特征看,我国金融体系需要关注企业杠杆率是否高,日本则是观察政府的杠杆率,美国影响大的是私人部门的杠杆率。

7

资本监管对银行资本及风险水平影响评估

7.1　资本监管与银行风险承担行为关系的一般逻辑

7.1.1 资本监管对风险偏好的约束作用

李怡然和王刚（2012）[396]认为，构建以风险偏好为核心的全面风险管理体系，已成为 2008 年金融危机后全球银行业风险管理改进的方向。杨汉（2015）[397]给出了银行风险偏好（risk appetite）的定义，即指商业银行为实现经营目标，在承担风险的性质、种类、水平等方面的基本态度和策略。银行董事会的重要职责是确定风险偏好政策，包括战略规划、风险资产布局、风险容忍度、风险管理策略等。风险偏好的确定不仅需满足银行自身的需要，而且需满足监管的合规要求，如澳大利亚审慎监管局（APRA）对银行董事会的风险偏好政策提出了审慎要求。风险偏好受到各利益相关方如监管当局、股东、客户等的影响和约束，在识别和分析利益相关方对银行期望的基础上，通过对银行收益和风险的分析以及压力测试，明确银行的目标函数（如每股收益、股东权益回报率、风险调整资本回报率、经济增加值等）和风险容忍度（如内部的目标资本充足率），然后再据此设置各类重大风险的风险偏好（如关键风险指标、不良资产率等）。

后金融危机时代,国际银行业风险偏好框架(RAF)建设体现以下特点:①增进 RAF 与战略决策的互动性,停办不能有效管理的风险业务。②确立风险偏好声明,包括预期业务的风险关注边界。③压力测试和情景分析在促进风险偏好计量方面具有实用性,但是银行在全面风险数据设施与风险计量过程中仍面临重大挑战。④完善风险偏好治理,明晰董事会、管理层、首席风险官、管理部门、经营机构等相关方的职责。⑤设立一套激励方案,推进风险偏好框架的实施。

我国商业银行风险偏好框架建设也日趋完善,主要体现为以下方面:①将风险偏好纳入战略规划和经营目标,并通过优化风险限额设置,前瞻性地识别业务发展的不确定性,提升决策水平。②强化风险偏好治理,明确风险承担责任制,提高董事会治理水平。积极培育良好控制环境,营造全员参与风险偏好治理的良好氛围。③制定相应配套措施,如风险偏好管理的良好流程、激励约束机制、充足完备的定量化数据支持系统等,提升风险偏好框架和风险管理战略的执行力。④不断调整和优化风险偏好指标。风险偏好指标体系通常包括资本类指标、收益类指标、风险类指标及零容忍度类指标,反映银行主要利益相关人的期望,并覆盖银行经营中面临的主要风险。资本类指标一般包括长期信用评级、资本充足率、核心资本充足率和杠杆率指标,反映银行希望维持偿付能力、持续经营能力的偏好水平;收益类指标一般包括加权平均净资产收益率、贷款风险调整后的资本回报率和加权风险资产收益率,反映对于收益波动、经风险调整后收益的偏好水平;零容忍度类指标主要反映外部监管要求和银行内部禁止性规定;特定风险类指标主要涉及各类型风险,反映对不同风险可以接受的水平或程度,如反映信用风险的不良贷款率、预期损失率、单一集团客户授信集中度等,反映市场风险的银行账户利率敏感性缺口比率、市场风险 VAR 占资本净额比例、市场风险压力损失占资本净额比例等,反映操作风险的操作风险损失率、案件风险率等,反映流动性风险的净稳定资金比例、流动性覆盖率等。为将风险偏好政策传导至各类具体风险管理中,银行还将建立包括国别限额、行业限额和客户限额的多维度风险限额管理体系,但当前商业银行风险偏好传导至风险限额的机制尚不完善。

　　风险偏好的确定是银行开展风险管理活动的起点,是银行制定资本规划的基础。在资本监管制度约束下,商业银行的风险偏好政策就有了制定依据,风险偏好指标和偏好水平就有了底线。以我国一家商业银行 2016 年资本约束下的风险偏好定量指标为例,资本充足率的目标值为大于 11.5%,预警值为小于 12%;一级资本充足率的目标值为大于 6%,预警值为小于 6.5%;贷款风险调整后资本回报率的目标值为大于 12%,预警值为小于 12.5%;信用风险加权资产占比的目标值为小于 93%,预警值为大于 92.5%;市场风险 VAR 占资本净额的比例为小于 1%,预警值为大于 0.8%;市场风险压力损失占资本净额比例的目标值为小于 5%,预警值为大于 4%;操作风险损失率的目标值为小于 0.15%,预警值为大于 0.13%。商业银行将定期评估资本约束下的风险偏好的管理策略和控制措施,对于触发预警值或超过偏好水平的情况,及时采取对策,同时定期评价影响风险偏好设定因素的变化及其影响的程度,并做出必要调整。

7.1.2　特许权价值、银行资本与银行风险承担

　　国内外学者对于商业银行的特许权价值(franchise value)具有不同解释,但总体认为银行牌照类似于特别许可证,银行经营受到金融管制和专营权保护并依此获取利润。银行特许经营权带来的超额收益包括:①监管当局的监管维护了竞争秩序,在一定程度上提供了垄断机会,加之对存款的隐性担保,使得银行获取与"市场相关"的超额收益。②银行因个体经营风险偏好与经营杠杆的不同、风险管理效率的不同等自身差异,带来的与"银行相关"的收益。随着金融监管如准入门槛、经营范围限制等政策放松,一些与"市场相关"的超额收益在不同商业银行之间开始趋同,而一些与"银行自身"经营管理水平相关的特许价值变得尤为关键。

　　自 2003 年银监会成立以来,我国对于所有商业银行的最低资本充足要求基本保持一致,2013 年起实施的新规也仅对系统重要性银行的要求略高(11.5%)。但由于不同银行的资本水平、资本结构、风控水平及资产结构的差异性,使得不同银行在统一资本监管制度的约束下,呈现出不同

的风险偏好及风险承担水平。风险承担水平的度量指标有信用风险指标、市场风险指标和操作风险指标等。

7.2　资本充足性监管下银行资本水平和风险水平的实证检验①

7.2.1　资本充足率监管强度的制度演变

杨新兰（2015）[398]认为，我国银行资本监管制度的变迁顺应了国际监管趋势，呈现出约束力不断增强的特征。尽管早在 1995 年我国《商业银行法》就对资本充足率提出了要求，但 2003 年以前基本处于资本"软约束"阶段，2003 年末四大国有商业银行平均资本充足率仅为 6.57％，而平均不良贷款率高达 14.92％。2004 年借鉴巴塞尔协议，我国监管当局初步建立了资本充足率监管框架，但截至 2006 年末银行业平均资本充足率未达到8％的要求。资本监管制度因危机和技术进步而变革，2008 年全球金融危机后各国监管当局增强了资本监管力度，我国同年 9 月亦发布了《第一批新资本协议实施监管指引》；2009 年加大窗口指导，要求中小银行资本充足率达到 10％，国有大型商业银行达到 11％。2009 年主要商业银行首次全部达到 8％的最低资本监管要求，资本监管在促进银行业健康发展和金融安全方面发挥了重要作用。自 2009 年起，我国正式成为巴塞尔委员会的成员国，银行资本监管逐步进入"硬约束"阶段，资本监管标准趋严；2011年 4 月底在遵循国际监管惯例的基础上，发布更严的监管标准，并设置了过渡期；2013 年 1 月从资本水平和资本质量方面全面提高了监管标准，开创了资本监管的新纪元。

资本监管的核心在于及时准确地揭示和计量风险，并保持资本水平与风险水平的一致性。Van Hoose（2007）[399]提出的资本缓冲理论认为，为

---

① 本节及以下的大多数内容已发表于《国际金融研究》（2015 年第 7 期），题目为《资本监管下银行资本与风险调整的实证研究》。

避免损害特许价值,银行通常会保持比监管要求更高的资本水平;银行资本与风险的关系在短期和长期表现得不同。关于资本监管对银行资本与风险水平的影响,以及资本监管能否有效地降低银行个体乃至金融体系的风险水平,实证结论尚未统一。本书认为,持续检验分析 2004 年我国实施资本监管特别是 2009 年监管"硬约束"以来,资本监管对我国银行资本水平和风险水平的影响程度及其影响因素,对于持续提高资本监管有效性具有重要意义。

7.2.2 实证分析视角的选择

国外一系列研究集中于资本监管与银行风险偏好、资本监管下的银行资产配置策略等方面,该领域研究出现了不同观点。一种观点认为,资本监管会促进资本调整。Shrieves & Dahl(1992)[198]基于对美国银行业的实证发现,监管压力会促进资本和风险调整,资本水平低于监管要求的银行提高资本更快。也有观点认为,资本监管会激励银行的风险偏好,如Rochet(1992)[197]、Besanko & Kanatas(1996)[199]均认为,资本监管将导致银行资产组合质量的下降。还有一种观点认为,资本监管会促进银行风险水平的降低,如 Jacques & Nigro(1997)[209]、Laeven & Levine(2009)[210]的研究。

资本监管对于不同的银行产生不同的风险行为影响。Stolz 等(2004)[400]的实证表明,资本缓冲低的银行会及时补充资本并降低风险,缓冲高的银行则可能扩大风险。Lin Shuling 等(2013)[401]研究发现,低资本水平的银行比资本水平高的银行能够更快地调整其风险承担行为。

国内学者对资本监管的研究结论也不相同。吴栋和周建平(2006)[229]基于我国 1998 年至 2004 年银行数据,研究发现资本监管能够降低银行风险,但对提高银行资本的效果不显著。吴俊等(2008)[402]对我国 12 家银行实证研究发现,最低资本监管要求能够提高资本水平,但对资产风险变动无显著影响。张宗益和刘胤(2012)[403]认为,提高资本充足率可以降低银行风险承担水平。曹艳华(2009)[404]认为,当资本水平低于最低要求 8%时,监管惩罚压力会降低股份制银行的资产风险。成洁(2014)[242]认为,监管力度不足影响了资本监管的风险调整效果。钟永红(2014)[405]对核心资本充足率实证研究发现,银行资本补充的内源渠道有限,资本缓冲水平高的银行继续增加资本的意愿变弱。从我国研究情况来看,资本监管能在多大程度上提升银行资本水平和资产风险管理水平,需要考虑资本监管约束的强度以及通过银行经营来实践。

由此,本书立足于:①综合 Shrieves & Dahl(1992)[198]及其后继者 Jacques & Nigro(1997)[209]、吴栋和周建平(2006)[229]等的模型框架,充分考虑到我国商业银行资本监管制度的分层推进、分类实施的特点,即考虑到不同阶段下的资本监管压力的重大变化,以及对于系统重要性银行(或大型银行)和非系统重要性银行(或中小型银行)的不同资本充足率要求,从而对监管压力变量的构建进行创新,使之更能贴近我国商业银行资本监管实践,并以此为解释变量对不同时期、不同资本充足程度的商业银行面临资本监管压力下的资本与风险调整行为进行实证分析。②数据取自上市银行按照监管口径要求测度的实际指标,增强了结论的可靠性。③在上述模型之外,引入杠杆率等进行补充回归分析,从而为相关结论提供一定佐证。

7.2.3 模型与变量选择

7.2.3.1 基本模型

Shrieves & Dahl(1992)[198]构建了商业银行资本与风险调整行为的联立方程模型,并在各国得到较广泛应用。借鉴其思路,本书将能观察到的银行资本与风险水平的变化分为银行可自主调整部分与外生因素所导致的变化(Jacques & Nigro,1997[209])。这样,j 银行在 t 期的资本变化与风险变化可表示为:

$$\Delta CAR_{i,t} = \Delta^d CAR_{i,t} + E_{i,t} \tag{7.1}$$

$$\Delta RISK_{i,t} = \Delta^d RISK_{i,t} + S_{i,t} \tag{7.2}$$

其中,$\Delta CAR_{i,t}$ 与 $\Delta RISK_{i,t}$ 分别为 j 银行在 t 期所能观察到的资本变化与风险变化,$\Delta^d CAR_{i,t}$ 与 $\Delta^d RISK_{i,t}$ 分别为银行资本与风险的自主调整,$E_{i,t}$ 与 $S_{i,t}$ 为随机扰动项。

本模型提出以下理论假设:

假设一:为防止因违反监管规定所带来的成本或损失,如监管处罚、特许价值和商誉的损失等,银行会避免资本充足率低于监管当局所要求的水平。因此,资本水平低于或接近最低监管要求的银行将有增加资本、降低风险的动机。同时,假定随着监管压力的增强,这种动机会更增强。

假设二:假设在依法合规的前提下,银行以自身利益最大化为首要目标。因此资本充足的银行会有降低资本、扩大风险业务从而增加盈利的激励。

假设三:本章研究将主要关注银行通过内部管理增加或减少资本和风险,由此假设银行外部融资环境和分红情况不变。我国资本市场运行的特殊性,使得这点假设在本章研究中尤为重要。本章研究将不涉及资本市场的表现对银行融资增加资本的难易程度的影响。

假设四:银行不能同时调整资本水平与风险水平,因为信息不充分、筹资成本高、制度惯性等都可能使调整无法及时完成(Marcus,1983[406])。银行资本和风险的调整变化是与银行目标资本水平(目标风险水平)、银行在 $t-1$ 时期的实际资本水平(实际风险水平)的差额成比例。根据局部调整模型,可以将资本随机调整 $\Delta^d \mathrm{CAR}_{j,t}$ 和风险随机调整 $\Delta^d \mathrm{RISK}_{j,t}$ 分别表示为如下形式:

$$\Delta^d \mathrm{CAR}_{j,t} = \alpha(\mathrm{CAR}^*_{j,t} - \mathrm{CAR}_{j,t-1}) \tag{7.3}$$

$$\Delta^d \mathrm{RISK}_{j,t} = \beta(\mathrm{RISK}^*_{j,t} - \mathrm{RISK}_{j,t-1}) \tag{7.4}$$

其中,$\mathrm{CAR}^*_{j,t}$ 与 $\mathrm{RISK}^*_{j,t}$ 分别为 j 银行在 t 期的目标资本水平与目标风险水平,系数 α、β 表示银行的调整成本。将(7.3)与(7.4)式分别代入(7.1)与(7.2)式,则银行的资本变化与风险变化可表示为:

$$\Delta \mathrm{CAR}_{j,t} = \alpha(\mathrm{CAR}^*_{j,t} - \mathrm{CAR}_{j,t-1}) + E_{j,t} \tag{7.5}$$

$$\Delta \mathrm{RISK}_{j,t} = \beta(\mathrm{RISK}^*_{j,t} - \mathrm{RISK}_{j,t-1}) + S_{j,t} \tag{7.6}$$

资本方程式(7.5)表明,j 银行 t 期所能观察到的资本水平变化,可分解为 t 期目标资本水平与其前一期资本水平的差额和 t 期的随机扰动项两部分。风险方程式(7.6)表明银行风险水平的变化结构也可分为类似的两部分。

7.2.3.2 变量选择、定义及研究假定

根据如上模型,以银行资本变动和银行风险变动分别作为被解释变量,解释变量为影响目标资本水平和目标风险水平的主要因素。各变量在不同文献中的定义有所不同,本书对主要变量描述如下:

(1)资本变动

国内外学者通常选用简化的资本比例,如资本与总资产的比例、资本与风险加权资产的比例等来描述资本水平。本书为增强实证分析的科学性和实证结果的应用价值,采用我国监管口径的资本充足率来衡量银行资本水平,用资本充足率的一阶差分 ΔCAR 表示资本变动。资本充足率是指资本净额与加权风险资产的比例,其计算口径与我国监管当局各时期的审慎监管要求一致。

(2)风险变动

考虑到不良贷款率反映银行风险水平具有一定滞后性,本书则采用风险加权资产与总资产的比率作为银行风险指标,反映银行资产组合的风险配置情况及资产整体的风险暴露程度,用银行风险的一阶差分 $\Delta RISK$ 表示风险变动。假定不同的资产风险权重能够准确反映不同资产的经济风险。

(3)监管压力

从公式(7.5)和公式(7.6)可知,虽然银行的目标资本水平与目标风险水平不可观测,但会受到一些观测变量如监管压力的影响。本书借鉴 Jacques & Nigro(1997)的研究思路,用实际资本充足率与最低监管资本要求之差来衡量银行受到监管压力的大小,预期银行资本低于或高于最低资本监管要求时,监管压力对银行行为的影响不同;同时引入两个虚拟变量 CARLOW 和 CARHIGH 来衡量最低资本充足率监管指标要求对银行行为(特别是银行实际资本充足率和风险水平)的影响,即当实际资本充足率(CAR)小于监管最低资本充足率(MINCAR),如 8%、10%、11%、10.5%、

11.5％时,CARLOW＝1/CAR－1/MINCAR ,否则 CARLOW＝0;当实际资本充足率高于最低监管要求时,CARHIGH＝1/ MINCAR－1/CAR,否则 CARHIGH＝0。需要说明的是,8％是《商业银行法》中法定的最低资本充足率要求,而 10％、11％、10.5％和 11.5％是监管当局的审慎监管指标。与张宗益等(2008)[407]的研究假设相同,即银行可通过增加资本和减少风险资产两种途径提高资本充足率,则 CARLOW 对资本变动应表现出正的影响,而对风险变动应表现出负的影响。而当资本充足率超过了监管要求,银行可能减少资本或增加风险资产。

考虑到我国监管当局资本监管政策发布与实施的重要转折时期及最低资本充足率要求:2004 年首次建立框架,要求 2007 年 1 月 1 日达标;2011 年 4 月首次发布中国版巴塞尔资本协议。本书根据不同时期、不同类型商业银行的不同资本监管压力,构建两个虚拟变量(如表 7.1 所示)。

表 7.1　监管压力变量定义

Table 7.1 The definition of regulatory pressure variable

银行	2004—2006.12	2007.6—2010.12		2011.6—2016.12	
	所有银行	大型银行(中工建交)	其他中小型银行	大型银行(中工建交)	其他中小型银行
CARLOW	MAX(1/CAR－1/0.08,0)	MAX(1/CAR－1/0.11,0)	MAX(1/CAR－1/0.10,0)	MAX(1/CAR－1/0.115,0)	MAX(1/CAR－1/0.105,0)
CARHIGH	MAX(1/0.08－1/CAR,0)	MAX(1/0.11－1/CAR,0)	MAX(1/0.10－1/CAR,0)	MAX(/0.115－1/CAR,0)	MAX(/0.105－1/CAR,0)

(4)资本与风险的滞后项

本书采取每半年为一期,银行根据上一期资本(或风险)在本期对资本(或风险)进行调整,上期资本较低(或风险较高)的银行会增加本期资本(或降低本期资产风险),因此 $CAR_{j,t-1}$ 系数(或 $RISK_{j,t-1}$ 系数)预期为负。

(5)其他控制变量

影响银行目标资本水平与目标风险水平的其他变量还有以下几个方面:

①银行规模

张宗益等（2014）[408]基于特许价值理论，认为银行规模的扩大会提升盈利机会，降低资本成本，使银行倾向于增加资本以抵御风险。部分学者如 Titman 和 Wessels（1988）[409]认为，规模较大的银行倾向于保持较低的资本水平。鉴于银行规模与其融资能力、资产风险分散能力相关，本书假定银行规模可能会影响资本和风险水平。采用银行总资产的自然对数代表银行规模（LNSIZE），来考察银行规模对资本和风险变化的规模效应。

②盈利水平

银行补充资本的一般来源有盈余积累和外部融资两种。银行盈利能力的大小直接决定了留存收益积累的能力，进而对银行资本的目标水平有正向影响。本书以滞后一期的平均资产收益率（$ROA_{j,t-1}$）代表银行盈利水平，作为资本方程的解释变量。

③资产质量

资产质量不仅反映了银行风险调整的结果，也会影响其调整风险行为。不良贷款是导致我国商业银行资产风险的重要因素，不良贷款率可作为资产质量的典型变量。本书预期不良贷款率与资产风险成正向关系。以滞后一期的不良贷款率（$NON_{j,t-1}$）代表银行资产质量，作为风险方程的解释变量。

④流动性

巴塞尔委员会提出用流动性覆盖率和净稳定资金比例来衡量一家银行的流动性水平，但目前我国商业银行测度上述数据还有难度，数据还不准确。本书使用流动性监管的基本指标——流动性资产与流动性负债的比率来衡量流动性，以滞后一期的流动性（$LIQUIDITY_{j,t-1}$）作为风险方程的解释变量。

⑤贷款集中度

本书使用监管口径的单一客户授信集中度比例来衡量贷款集中度，以滞后一期的贷款集中度（$CONCENTRATE_{j,t-1}$）作为风险方程的解释变量。

综上所述,影响目标资本水平的解释变量主要有:监管压力、风险的变化、盈利水平、规模、流动性、贷款集中度。影响目标风险水平的解释变量主要有:监管压力、资本的变化、规模、资产质量、流动性、贷款集中度。将上述解释变量分别代入资本方程(7.5)和风险方程(7.6),可得到如下联立估计方程组:

$$\Delta CAR_{j,t} = \alpha_0 + \alpha_1 \Delta RISK_{j,t} + \alpha_2 LNSIZE_{j,t-1} + \alpha_3 ROA_{j,t-1} + \alpha_4 CONCENTRATE_{j,t-1}$$
$$+ \alpha_5 LIQUIDITY_{j,t-1} + \alpha_6 CAR_{j,t-1} + \alpha_7 CARH_{j,t-1} + \alpha_8 CARL_{j,t-1} + U_{j,t}$$

$$(7.7)$$

$$\Delta RISK_{j,t} = \beta_1 + \beta_1 \Delta CAR_{j,t} + \beta_2 LNSIZE_{j,t-1} + \beta_3 NON_{j,t-1} + \beta_4 CONCENTRATE_{j,t-1}$$
$$+ \beta_5 LIQUIDITY_{j,t-1} + \beta_6 RISK_{j,t-1} + \beta_7 CARH_{j,t-1} + \beta_8 CARL_{j,t-1} + V_{j,t}$$

$$(7.8)$$

7.2.4 实证结果与分析

7.2.4.1 样本选择与数据来源

基于数据的可得性和信息披露数据的完整性,本书选取 16 家上市银行包括工商银行、建设银行、中国银行、农业银行、交通银行、宁波银行、浦东发展银行、华夏银行、民生银行、招商银行、南京银行、兴业银行、北京银行、中信银行、平安银行(2010 年前为深圳发展银行)、光大银行等作为研究样本,样本银行的资产规模已占较高市场份额,具有较好的代表性。

本书选择 2004 年第二季度至 2016 年第四季度为研究区间,并以全球金融危机发生后我国监管当局实施新资本协议并大幅提高资本监管要求、加大资本惩罚力度为界,将样本数据划分为两个阶段,即将 2004 年第二季度至 2009 年第四季度设为提高资本充足率规定前的研究期间,将 2010 年第二季度至 2016 年第四季度设为全面强化资本充足率监管的研究期间。本书数据来自 Wind 数据库、各上市银行半年报和年报、招股说明书及监管年报,并经由本人测算整理而成。

7.2.4.2 估计方法

通常联立方程模型估计的方法主要有两阶段最小二乘法(2SLS)和三阶段最小二乘法(3SLS)。2SLS 方法主要解决模型的内生性问题,3SLS

方法可对联立方程中的所有参数同时进行估计,考虑了模型系统中不同结构方程的随机误差项之间的相关性,比 2SLS 更为有效,因而本书沿用 Shrieves & Dahl(1992)、Jacques & Nigro(1997)的计量方法,采用 3SLS 方法对上述联立方程进行估计,使用的计量分析软件是 Stata12.0。在模型估计中,$CAR_{j,t}$ 与 $RISK_{j,t}$ 为内生变量,$CAR_{j,t-1}$、$RISK_{j,t-1}$、$LNSIZE_{j,t-1}$、$ROA_{j,t-1}$、$CONCENTRATE_{j,t-1}$、$LIQUIDITY_{j,t-1}$、$NON_{j,t-1}$、$CARH_{j,t-1}$ 以及 $CARL_{j,t-1}$ 为外生变量。

7.2.4.3 主要研究变量的描述性统计

主要研究变量的描述性统计结果如图 7.1、表 7.2、表 7.3、表 7.4 所示。从表中可以看出,衡量上市银行监管压力变量 $CARH_{j,t-1}$ 和 $CARL_{j,t-1}$ 的变化幅度在全时期和分时期(2004 年 6 月至 2009 年 12 月)较大。其原因是:光大银行在 2005 年 12 月以及 2006 年 12 月呈现负的资本充足率,分别为-1.47%和-0.39%,这导致了 $CARH_{j,t-1}$ 值、标准差和平均值偏大;其次,平安银行在 2004 年 12 月至 2007 年 6 月的资本充足率偏低(2%～

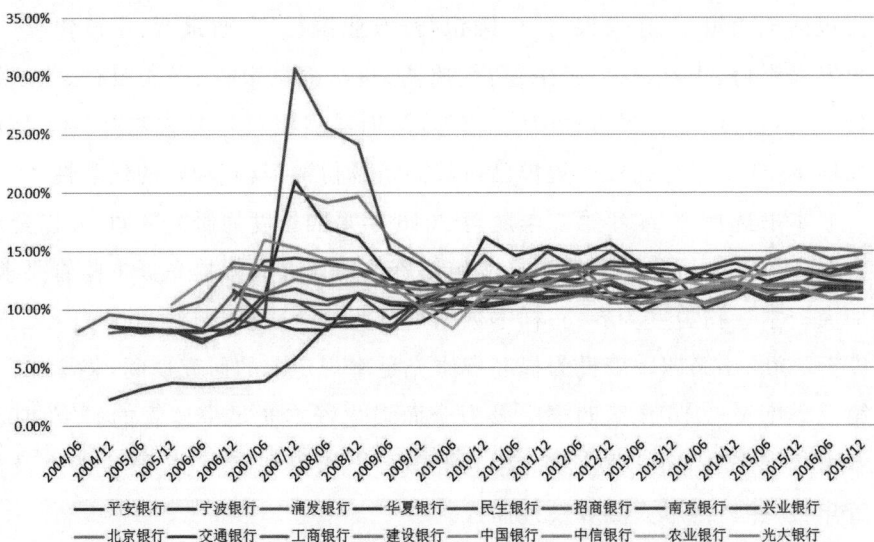

图 7.1　上市银行全时期资本充足率变化图

Fig.7.1 Changes of CAR of sixteen public listed banks from June 2004 to December 2016

3.88%),导致了 $CARH_{j,t-1}$ 值、标准差和平均值稍微偏大。

在全时期,滞后一期的资本充足率 $CAR_{j,t-1}$ 平均值约 9.94%,最小值为 -1.47%,最大值为 30.67%。2004 年《资本充足率管理办法》要求 2007 年 1 月 1 日前所有银行资本达标,平安银行是 16 家银行中唯一未达标的银行。

全时期滞后一期的风险加权资产占比的平均值为 0.5943,分布于 0.41940 与 0.72965 之间,无太大差异。除 $CARH_{j,t-1}$ 和 $CARL_{j,t-1}$ 外,其他变量亦无明显的异常值。

表 7.2　主要研究变量的描述性统计(全时期 2004.6—2016.12)

Table 7.2 The main research variables of descriptive statistics from June 2004 to December 2016

变量	样本数量	平均值	标准差	最小值	最大值
$\Delta CAR_{j,t}$	333	0.0012595	0.0183288	-0.0892	0.2146
$\Delta RISK_{j,t}$	320	0.0026092	0.0360557	-0.1076	0.1536
$CAR_{j,t-1}$	352	0.0994349	0.0482975	-0.0147	0.3067
$RISK_{j,t-1}$	339	0.5942682	0.0642196	0.4193994	0.7296547
$CARH_{j,t-1}$	350	2.989474	20.57329	0	268.9103
$CARL_{j,t-1}$	352	0.477791	2.584048	0	30.97826

表 7.3　主要研究变量的描述性统计(分时期 2004.6—2009.12)

Table 7.3 The main research variables of descriptive statistics from June 2004 to December 2009

变量	样本数量	平均值	标准差	最小值	最大值
$\Delta CAR_{j,t}$	109	0.0016495	0.0288098	-0.0892	0.2146
$\Delta RISK_{j,t}$	98	0.0001083	0.034086	-0.0958761	0.0841841
$CAR_{j,t-1}$	128	0.1085695	0.0433954	-0.0147	0.3067
$RISK_{j,t-1}$	116	0.5633132	0.0655404	0.4193994	0.7283113
$CARH_{j,t-1}$	128	6.406043	33.81656	0	268.9103
$CARL_{j,t-1}$	128	1.230269	4.1769	0	30.97826

表 7.4 主要研究变量的描述性统计（分时期 2010.06—2016.12）

Table 7.4 The main research variables of descriptive statisticsfrom June 2010 to December 2016

变量	样本数量	平均值	标准差	最小值	最大值
$\Delta CAR_{j,t}$	224	0.0010696	0.0099029	−0.0285	0.0539
$\Delta RISK_{j,t}$	222	0.0037133	0.0369126	−0.1076	0.1536
$CAR_{j,t-1}$	224	0.0942152	0.0502377	−0.0141	0.162
$RISK_{j,t-1}$	223	0.6103704	0.0573831	0.4728332	0.7296547
$CARH_{j,t-1}$	222	1.019561	0.7673502	0	3.796526
$CARL_{j,t-1}$	224	0.0478035	0.2517903	0	2.942785

7.2.4.4 回归结果分析

运用 Stata12.0 软件对上述联立方程进行估计，回归结果如表 7.5 和表 7.6 所示。

表 7.5 全时期回归结果

Table 7.5 Full time regression results

变　量	2004 年 6 月—2016 年 12 月			
	$\Delta CAR_{j,t}$		$\Delta RISK_{j,t}$	
	系数	P 值	系数	P 值
C	0.012885	0.639	0.0824286	0.127
$\Delta RISK_{j,t}$	0.0839331	0.334	——	——
$\Delta CAR_{j,t}$	——	——	0.0526071	0.891
$CARH_{j,t-1}$	−0.002206	0.028**	0.0020165	0.412
$CARL_{j,t-1}$	0.0032686	0.086*	0.0006874	0.869
$LNSIZE_{j,t-1}$	0.0001117	0.898	0.0019018	0.271
$ROA_{j,t-1}$	−0.0134263	0.000***	——	——
$NON_{j,t-1}$	——	——	−0.0083486	0.005***
$CONCENTRATE_{j,t-1}$	0.2103185	0.001***	−0.0506142	0.741
$LIQUIDITY_{j,t-1}$	−0.0014462	0.895	−0.0024364	0.908
$CAR_{j,t-1}$	−0.0852297	0.000***	——	——
$RISK_{j,t-1}$	——	——	−0.2044684	0.000***
R^2	0.1222		0.1202	
Obs	304		304	

　　2008 年金融危机爆发,美国政府采取了一系列措施加大对本国银行业的监管力度。2009 年为应对金融危机对我国银行业带来的不利影响,预防银行业的系统性风险,银监会加大了银行监管力度,银行面临的资本监管压力明显增大。从上市银行全时期资本充足率变化图(如图 7.1 所示)可以看出,自 2009 年 12 月开始,上市银行资本充足率上升幅度较为明显,从 2010 年底开始趋于稳定。由此,本章以 2009 年底为分水岭,分为 2004 年至 2009 年、2010 年至 2016 年两大阶段进行比较研究,探讨金融危机后,银监会实行更加严厉的资本监管制度对于我国商业银行的资本和风险调整行为的影响。

表 7.6　分时期回归结果

Table 7.6 Regression results in different periods

变　量	2004.6—2009.12				2010.6—2016.12			
	$\Delta CAR_{j,t}$		$\Delta RISK_{j,t}$		$\Delta CAR_{j,t}$		$\Delta RISK_{j,t}$	
	系数	P 值	系数	P 值	系数	P 值	系数	P 值
C	0.0483055	0.641	0.1795603	0.095 *	0.0237333	0.218	0.0187898	0.814
$\Delta RISK_{j,t}$	0.2734507	0.432	——		0.076609	0.177	——	
$\Delta CAR_{j,t}$	——		−0.1359687	0.675	——		1.313008	0.246
$CARH_{j,t-1}$	0.0001861	0.938	0.0002982	0.913	−0.0028809	0.004 ***	0.0069146	0.157
$CARL_{j,t-1}$	0.0015327	0.717	−0.0023245	0.609	0.0074677	0.009 ***	−0.0014242	0.922
$LNSIZE_{j,t-1}$	−0.0006034	0.851	−0.0025073	0.487	−0.0003515	0.580	0.0039195	0.122
$ROA_{j,t-1}$	−0.0180098	0.135	——		−0.0053337	0.017 **	——	
$NON_{j,t-1}$	——		−0.001455	0.729	——		−0.0169031	0.010 ***
$CONCENTRATE_{j,t-1}$	0.4951762	0.015 **	−0.1695168	0.567	0.0069346	0.884	0.0448367	0.801
$LIQUIDITY_{j,t-1}$	−0.0161843	0.665	0.0044337	0.915	−0.0040519	0.596	−0.0012887	0.964
$CAR_{j,t-1}$	−0.2818317	0.018 **	——		−0.0369441	0.009 ***	——	
$RISK_{j,t-1}$	——		−0.1754308	0.003 ***	——		−0.197035	0.000 ***
R^2	0.1597		0.1742		−0.0100		−0.0746	
Obs	83		83		221		221	

　　注:***、**、*分别表示回归系数在 1%、5%、10%的水平下显著。P 值大于 10%,无显著相关关系;P 值大于 5%、小于或等于 10%,较为显著;P 值大于 1%、小于或等于 5%,显著;P 值小于或等于 1%,非常显著

　　从表 7.6 回归结果中可知,2004 年 6 月至 2009 年 12 月期间,回归结果中各解释变量绝大多数不显著,说明该时期的资本监管尚未成为影响我

国商业银行调整资产风险水平的主要因素。造成商业银行资本与风险变动的主要原因,可能与发展中间业务、增加贷款利差收入外的其他盈利来源、发债及上市融资等努力有关。相对于 2004 年 6 月至 2009 年 12 月期间的模型[①],2010 年 6 月至 2016 年 12 月期间模型的解释变量为显著的数量明显增多,且显著性高于前者,证实了监管力度增强能够有效改善银行的资本水平和风险水平。

结合全时期模型的检验结果,本书接下来重点分析监管加强后的分时期(2010 年 6 月至 2016 年 12 月)资本变动与风险变动的相关问题。

(1)资本变动与风险变动的关系

无论是整个研究期间(全时期,如表 7.5 所示)还是两个分时期(如表 7.6 所示),在资本变动和风险变动方程中,资本变动与风险变动均无显著的相关关系,这表明银行并不会主动降低风险资产比例来提高资本充足率,也不会主动扩充资本来降低风险资产比例。

(2)监管压力对资本变动与风险变动的影响

2004 年 6 月至 2009 年 12 月期间的检验结果显示:监管压力下,资本不足的银行提高资本充足率水平或者降低风险资产占比的作用不明显,资本充足的银行降低资本充足率或者扩大风险资产占比的作用也不明显。但是在 2010 年 6 月至 2016 年 12 月期间的资本变动方程中,$CARL_{j,t-1}$ 和 $CARH_{j,t-1}$ 对资本变动的相关性发生了明显变化——系数分别为 0.0074677,-0.0028809,P 值分别为 0.009、0.004,两者分别在 1% 和 1% 的水平上显著。这表明:2010 年起上期资本水平低于监管要求的银行,由于面临较大的监管压力,会在本期显著地提高资本充足率;而上期资本水平高于监管要求的银行,因其监管压力较小,会在本期较为显著地允许资本充足率的下降。需要说明的是,全时期的回归模型呈现了与 2010 年 6 月

---

① 2010 年 6 月至 2016 年 12 月期间的模型 R^2 为负。这是因为回归模型在使用 3SLS 方法时会模拟出一些工具变量,以找出最合适的回归模,然而实际的变量值决定了 R^2,这就与使用虚拟值得出来的残差不相匹配,会导致方差总和反而小于残差平方和,为此出现 R^2 为负的情形,属于正常情况。详细解释参见 Stata 官网"reg3-Three-stage estimation for systems of simultaneous equations",http://www.stata.com/manuals13/rreg3.pdf

至 2016 年 12 月期间回归模型同样的检验结果,但是显著性并没有后者明显,这也印证了以 2009 年底为界的研究方法的准确性和必要性。因为仅仅依靠全时期的回归模型,无法精确地展现 2009 年后由于监管压力增强带来的银行资本与风险水平的改变。其次,无论在全时期还是在两个分时期的风险变动方程中,$CARL_{j,t-1}$ 和 $CARH_{j,t-1}$ 对风险变动的相关性并不显著,这说明监管压力的增强并没有有效促使银行降低风险资产比例,也说明了银行主要通过增加资本而非优化资产结构来提升资本充足率。

(3)银行资产规模与资本变动、风险变动的关系

无论在全时期还是在两个分时期的模拟结果中,上期银行资产规模 $LNSIZE_{j,t-1}$ 与资本变动、风险变动都没有显著相关关系。这说明特许价值理论并不能准确刻画中国银行业的实际情况,银行资产规模对资本变动或风险变动影响不显著;或者说影响大小、显著与否与 2009 年出台的资本充足率监管措施无明显关系。

(4)盈利水平与资本变动的关系

全时期的回归模型显示:上期的银行盈利水平 $ROA_{j,t-1}$ 与本期的资本变动呈现 1% 的显著关系,系数为 -0.0134263,P 值为 0.000。分时期的回归模型显示:2004 年 6 月至 2009 年 12 月期间的上期银行盈利水平与本期资本变动并无显著的相关关系;然而 2010 年 6 月至 2016 年 12 月期间的上期银行盈利水平与本期资本变动呈现 5% 的显著关系,系数为 -0.0053337,P 值为 0.017。一般来讲,盈利水平的提高,一方面会扩大银行资本的内部来源,增加银行资本,提高资本充足率;然而另一方面,此阶段资本水平达到最低监管要求的大多数上市银行有着较高的盈利水平和较稳定的外部资本来源,从而银行会预期短期内所面临的风险较小,因此会有动力降低资本充足率——检验结果符合后一种解释。也就是说,在利润最大化的目标下,对于资本水平已经达到最低监管要求的商业银行,其盈利水平的提高反而会使银行有动机降低资本充足率。

(5)不良贷款与风险变动的关系

全时期回归模型和 2010 年 6 月至 2016 年 12 月的回归模型显示:上

期银行不良贷款率 $NON_{j,t-1}$ 与本期的资产风险变动呈现非常显著的负相关关系。全时期的系数是 -0.0083486，P 值是 0.005，在 1% 的水平上显著；2010 年 6 月至 2016 年 12 月期间的系数是 -0.0169031，P 值是 0.010，同样在 1% 的水平上显著。与此相反的是，2004 年 6 月至 2009 年 12 月期间的模型并不显著。这说明 2009 年之后的强监管产生了明显效果，即上期不良贷款率高的银行会降低本期资产的风险水平，即下调贷款的风险偏好。

(6)流动性与资本变动、风险变动的关系

在全时期和两个分时期的模型当中，上期流动性与本期的资本变动或风险变动均未呈现出显著性。这说明监管措施并没有影响到这两对关系，流动性风险偏好与资本充足水平的相互影响不明显。因此，巴塞尔委员会于 2010 年 4 月发布了《流动性风险测量的国际框架、标准和监测》，这一新的流动性风险监管标准引入了流动性覆盖率(LCR)和净稳定资金比例(NSFR)两个流动性风险计量指标，以防止那些资本充足率很高、但过分依赖债务工具(如雷曼兄弟)的金融机构出现流动性问题，甚至发生支付危机。

(7)贷款集中度与资本变动、风险变动的关系

全时期回归模型和 2004 年 6 月至 2009 年 12 月期间的回归模型显示：上期贷款集中度 $CONCENTRATE_{j,t-1}$ 与本期的资本变动呈现非常显著的正相关关系。全时期的系数是 0.2103185，P 值是 0.001，在 1% 的水平上显著；2004 年 6 月至 2009 年 12 月期间的系数是 0.4951762，P 值是 0.015，在 5% 的水平上显著。这表明，总体上看，贷款越集中，资本增加就越明显——即需要增加资本，以防范贷款集中所带来的风险。然而在 2009 年后，这两者没有显著的相关关系，系数为 0.0069346，P 值分别是 0.884。这表明 2009 年之后，随着监管力度的加强，银行采取了更严格的审查融资客户防范风险的方式，而不是单纯通过增加资本来降低风险。此外，全时期和前后两个分时期的模型均显示，上期贷款集中度与本期风险变动没有明显的相关关系，系数分别为 -0.0506142、-0.1695168 和

0.0448367,P 值分别是 0.741、0.567 和 0.801。这是因为贷款集中于大客户,一方面会加大某一大客户破产或违约所带来的风险,另一方面也有助于减少贷款过于分散所带来的信息成本和逆向选择的风险。因此,正负两方面的影响最终导致的结果是:贷款集中度与风险变动没有显著的相关关系。

(8)资本滞后项与资本变动的关系

全时期回归模型和 2010 年 6 月至 2016 年 12 月的回归模型显示:资本滞后项 $CAR_{j,t-1}$ 与本期的资产变动呈现非常显著的负相关关系。全时期的系数是 -0.0852297,P 值是 0.000,在 1% 的水平上显著;2010 年 6 月至 2016 年 12 月期间的系数是 -0.0369441,P 值是 0.009,同样在 1% 的水平上显著。虽然 2004 年 6 月至 2009 年 12 月期间的模型也呈现了 5% 的显著性水平,其系数是 -0.2818317,P 值为 0.018,但显著性水平要低于全时期和后一段分时期。这说明 2009 年之后的监管力度加大,产生了积极的效果——上期资本充足率低的银行会在本期显著地提高资本充足率,而上期资本充足率高的银行会在本期显著地降低资本充足率。

(9)风险滞后项与风险变动的关系

全时期回归模型和两个分时期的回归模型显示:风险滞后项 $RISK_{j,t-1}$ 与本期的风险变动呈现非常显著的负相关关系。全时期的系数是 -0.2044684,P 值是 0.000,在 1% 的水平上显著;2004 年 6 月至 2009 年 12 月期间和 2010 年 6 月至 2016 年 12 月期间的系数分别是 -0.1754308、-0.197035,P 值是 0.003、0.000,同样在 1% 的水平上显著。这说明上期风险水平高的银行会在本期显著地降低风险资产占比,而上期风险水平低的银行会在本期显著地提高风险资产比例,即在这一项指标上,银行调整的主动性比较强。

综上所述,2009 年后,即从 2010 年起,我国对商业银行资本监管力度加大且产生了非常显著的效果。这尤其体现在:首先,上期资本水平低于监管要求的银行,由于面临较大的监管压力,会在本期显著地提高资本充足率,而上期资本水平高于监管要求的银行,因其监管压力较小,会在本期较为显著地下调资本充足率;其次,银行会通过降低本期资产的风险水平来应对上期不良贷款率的上升,以应对监管力度的增强;再次,银行会采取更严格的审查客户的方式,而不是单纯通过增加资本的方式来减小贷款集中带来的风险;最后,上期资本充足率降低的银行会在本期显著地提高其资本充足率,上期风险水平高的银行会在本期显著地降低风险资产占比。简言之,2009 年后银行资本水平和风险水平的诸多改善得益于资本监管力度的增强和监管水平的提高。

但是,我们也可以发现,从 2004 年至 2016 年,资本监管对于银行风险行为的约束作用尚未达到预期目标,监管压力的增强并未有效促使银行降低风险资产比例,一方面,银行主要通过增加资本而非优化资产结构来提升资本充足率,另一方面,银行主要依赖不良贷款率这一事后测度指标来调整风险资产的配置,缺乏对风险的事前预防。因此,监管当局要更加精准地发力,提升银行预防风险的主动性。

7.2.4.5 平稳性检验

由于使用的是存在滞后变量的动态面板模型,有必要对所估计参数的稳健性进行检验,也就是对面板数据的残差进行单位根检验来判断动态面板模型是否平稳。本书在横截面单元同质性和异质性的两个假定下,分别选用 LLC 检验和 IPS 检验,得出单位根检验结果。从检验结果(如表 7.7所示)看,在 1% 显著性水平下拒绝存在单位根的原假设,说明残差是平稳的,动态面板数据是平稳的,三阶段最小二乘法估计是有效的。

表 7.7　动态面板模型的稳健性检验结果

Table 7.7 Robustness test results of dynamic panel model

检验方法	LLC 检验		IPS 检验	
	检验结果	P 值	检验结果	P 值
$\Delta CAR_{j,t}$ 残差序列	−14.069	0.0000	−9.6962	0.0000
$\Delta RISK_{j,t}$ 残差序列	−6.4321	0.0000	−14.3416	0.0000

7.3　补充检验

为进一步佐证上述模型的相关结论,本书还尝试进行了一些补充回归检验,发现以下有益结果。

(1)杠杆率对模型的适用性检验

2015 年初,我国监管当局规定银行的并表和未并表的杠杆率均不得低于 4%,并将杠杆率作为资本充足率监管的有益补充。本书将衡量资本变动的被解释变量改由杠杆率替代,选取上市银行作为研究样本,并选取 2010 年至 2016 年的季度数据为研究期间,虽然总体回归拟合优度较好,但资本变动及风险变动方程中被解释变量系数均不显著,表明杠杆率不适用于该经典模型。

(2)引入外部融资变量后的结果

本书选取上市银行作为研究样本,选择 2004 年至 2016 年为研究期间,假定该时间段内银行若有上市、发债行为,对应的外部融资(external)值取 1,反之取 0。回归结果显示:外部融资这一解释变量的系数在 5% 水平下显著,外部融资与资本的变动存在显著的正相关关系,表明资本充足水平的大幅提高主要是通过政府注资和资本市场 IPO、发债等外部融资渠道。考虑到该模型中,监管压力系数符号与预期不符且不显著,故而在本文中未采用该模型。

7.4　本章小结

提升资本监管有效性是全球金融风险演变下国际银行业监管发展的必然要求,也是促进我国商业银行向集约化发展、降低金融体系风险的重要举措。本书基于 16 家上市商业银行的面板数据,根据监管实践设定符合实际的监管压力变量,对我国上市银行在不同时期、不同监管资本压力下的资本水平变动与风险水平变动之间的动态关系进行了实证研究。结果发现,在 2004 年至 2009 年期间资本监管的实施促使资本不足的银行大幅度提高资本充足率水平的作用尚不明显。2009 年底特别是 2010 年以来,随着资本监管"硬约束"以及配套的激励惩罚措施的落实,我国对 16 家上市银行的资本监管力度加大,产生了显著效果,这尤其体现在:①在其他条件不变的前提下,2009 年后上期资本水平低于监管要求的银行,由于面临较大的监管压力,会在本期显著地提高资本充足率,而上期资本水平高于监管要求的银行,因其监管压力较小,会在本期较为显著地下调资本充足率。②银行会通过降低本期资产的风险水平来应对上期不良贷款率的上升,以应对监管力度的增强。③银行会采取更严格的审查客户的方式,而不是单纯通过增加资本的方式来降低贷款集中带来的风险。④上期资本充足率降低的银行会在本期显著地提高其资本充足率,上期风险水平高的银行会在本期显著地降低风险资产占比。简而言之,2009 年后银行资本水平和风险水平的诸多改善得益于资本监管力度的加强和监管水平的提高。但是,资本监管对于银行风险行为的约束作用尚未达到预期目标,监管压力的增强并未有效促使银行降低风险资产比例,一方面,银行主要通过增加资本而非优化资产结构来提升资本充足率,另一方面,银行主要依赖不良贷款率这一事后测度指标来调整风险资产的配置,缺乏对风险的事前预防。此外,还得到一些结论,如银行资产规模对资本变动或风险变动影响不显著;流动性风险偏好与资本充足水平的相互影响不明显;利润最大化的目标下,对于资本水平已经达到最低监管要求的商业银行,其盈利水平的提高反而会使银行降低资本充足率;银行资本水平的提高仍依赖于外部融资;杠杆率不适用于该模型。

8

资本监管约束下的
银行最适资本充足率

　　本章主要研究商业银行在避免不满足监管最低资本要求导致特许经营价值损失以及考虑再融资成本的情况下,其最适资本充足率的选择策略。本章引入了资本筹集时间成本,即时间上的滞后性使得银行资本充足率不足风险的加大而导致的成本;银行盈利水平不同的波动率很大程度解释了不同银行之间资本充足率的差异性;另外,整个资本市场不完善性导致不同银行面临资本市场资本募集条件的差异。

8.1　问题的提出

　　假设商业银行的经营目标是实现股东利益最大化,银行需要同时考虑提高盈利和降低风险。银行往往通过维持一定的缓冲资本来抵御潜在风险(如图 8.1 所示)。所谓缓冲资本(capital buffer),是指商业银行实际资本充足率与监管当局的最低资本要求之间的差值,或指商业银行的可用资本与资本需求之间的差值,两种资本的波动愈大,最佳缓冲资本规模也随之变大;通过增加缓冲资本可以降低可用资本低于资本需求的概率,预防监管资本不足导致特许经营价值的降低,以确保足够的资本支撑业务增长。巴塞尔资本协议(第三版)除提高一级资本充足率下限外,还提出各银行需增设"资本防护缓冲资金"。邓学衷(2011)[30]认为,商业银行的资本充足性管理包含了资本适度的含义,维持过高的资本缓冲会增加冗余资本而影响股东回报率和银行盈利能力,并直接降低银行进行分红的能力,或给市场发送经营缺陷的信号,最终间接影响了股东长期或短期利益。显然,优化缓冲资本水平是商业银行提升资本管理水平的关键。那么,资本监管下,商业银行应维持多高的缓冲资本即资本充足率水平?银行资本充足率是否存在一个最适水平,一方面能够避免因资本不足导致降低监管评级等不利的监管行动,另一方面避免因持有过多资本而影响净资产回报率。

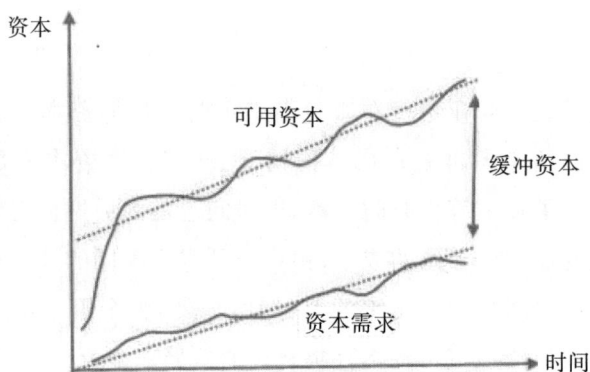

图 8.1　缓冲资本图示

Fig.8.1 Buffer capital

　　本书运用存货管理中广泛运用的(s,S)策略,将银行资本视为存货,并考虑资本募集中的募集成本和时间延迟因素,结合我国 46 家商业银行的相关财务数据,计算在该策略下各商业银行的最优缓冲资本,并与各商业银行的实际资本充足水平相比较,来探讨不同类型银行之间资本充足水平不同的原因,以及模型对不同类型银行的实际资本水平的解释力度。

　　银行资本结构本质上是由风险管理的要求所决定的。用来缓冲风险的银行资本需要得到有效的管理,从而使得银行在不利市场环境下,也能够满足监管机构对于最低资本充足率的要求。在现实情况中,为不违反最低资本充足率的监管要求,银行资本水平往往不仅仅维持在最低资本充足率,而是较高于这一水平。同时,各家银行高于最低资本充足率要求的缓冲资本比例也不相同。对于银行来说,缓冲资本过少,将会增加违反最低资本充足率要求的风险,而缓冲资本过多又将限制银行利用已有资本进行借贷投资获取利润的能力,也会影响银行股东的分红收益。由此产生一个值得思考的问题,即在既定的最低资本充足率的监管要求下,银行应该维持多高的资本充足率? 或者说是否存在一个最优或最适的缓冲资本或资本充足率? (s,S) 策略下模型给出的最优或最适资本水平又能否解释不同银行的资本充足率不同的问题呢?

现有的诸多理论研究对银行资本充足率有着不同的看法,但大多数研究把银行资本水平仅仅当作外生变量,重点研究资产风险配置和对冲及其风险决策行为,这些研究未能合理解释银行实际资本水平的选择。在银行资本策略选择中,资产风险、再融资市场限制及资本违规处罚均是银行需要考虑的重要因素。为此,本书在综合考虑这些因素的情况下,运用存货管理中的 (s,S) 策略,即当银行资本下降到 s(即最优资本募集阈值 u_1)时开始募集资本,募集额度为 $(S-s)$(S 为最优资本分红阈值或最优资本水平 u_2),建立一个简单的优化模型计算理论上最优的资本充足率,并与现实中各银行资本充足率实际水平相比较。模型假设银行以股东长期利润最大化为首要目标,进一步比较对不同类型银行如国有大型商业银行、股份制商业银行和地方中小银行的解释力度。

本章分为四部分:第一部分探讨国内外相关研究进展;第二部分在考虑资本募集成本和延迟期的情况下,建立描述资本充足率水平的理论模型;第三部分根据我国 46 家银行的相关财务数据计算模型相关参数并代入模型,分析比较模型计算的理论资本充足率最优水平和银行实际资本充足率;第四部分为结论及下一步讨论。

8.2 研究角度

一些研究从理论上验证最优银行资本充足率是否存在以及如何确定。包括 Myers & Rajan(1998)[410]、Diamond & Rajan(2000)[411],以及 Allen 等(2011)[412]。如,Allen 等认为,银行有动机通过保持较高资本水平来显示银行的抗风险能力和稳健性。另一些研究则通过实证分析为银行最优资本充足率的存在提供了支持,包括 Marcus(1983)[413]、Flannery & Rangan(2008)[414],以及 Schaeck & Cihak(2012)[415]。如,Schaeck 和 Cihak 通过欧洲 10 个国家银行的相关数据检验,表明银行业竞争程度的增加,会促使资本充足率增加;在股东权力较大的国家,其银行资本水平也会较高。另外,关于实践中如何确定银行最优资本充足率的问题,近几年有一些研究也涉及,包括 Allen 等(2015)[416]、Sundaresan(2015)[417]和 Subramanian(2012)[418]。Subramanian 运用动态模型测算银行倒闭的风险,重点分析了监管当局救助陷于危机银行的动机。Sundaresan 通过建立动态模型分析银行融资决策、存款保险制度以及相关监管法规的影响。Allen 等建立了关于银行破产成本的静态模型,说明银行会通过持有资本来降低可预期的破产成本和短期吸收存款的成本。

另外,Admati 等(2010)[419]认为,只有当存在一定程度的市场摩擦和严厉的政府监管,导致发行股票募集资本成本过高时,银行才会通过限制贷款来维持资本充足率。在一个正常的市场中,银行较少会通过减少贷款来维持资本充足率。因此,本书假设银行资本配置策略仅限于资本募集和资本分红,而不考虑缩减投资、减少贷款和吸收存款等应急措施。Gorton 等(2012)[420]则认为银行大部分资产为非流动性资产且募集新的资本需要成本,因此银行往往需要持有一定的风险缓冲资本以应对可能的短期损失,该研究为风险缓冲资本的存在提供了理论依据。

在已有的研究基础上,包括 Froot & Stein(1998)[421]、Furfine(2001)[422]、

Estrella(2004)$^{[423]}$、Peura & Keppo(2006)$^{[424]}$,本书尝试运用(s,S)策略下的数理模型去探讨我国银行资本充足率水平配置的合理性,从而验证在考虑资本募集成本和时间延迟的情况下,(s,S)配置策略给出的最优资本水平对我国不同类型银行的实际资本水平的解释力度,并比较分析理论最优值和实际值之间的差异、不同类型银行之间资本充足率水平的差异。

8.3 模型构建

本书模型构建主要基于以下假设:银行以股东利益最大化为目标;资本配置策略仅考虑资本募集和资本分红方式;银行管理层和股东可以通过分红和募集资本来控制银行资本水平,而募集资本存在滞后期;银行遵循法定的最低资本监管标准;若最低资本充足率未达标,则银行进入破产程序;银行收益服从正态分布。

8.3.1 基础理论模型

在这里,考虑风险加权后的银行资产 R,其增长率为 r,增长模型为:

$$R_t = R_0 e^{rt} \tag{8.1}$$

其中,R_0 为初始风险加权后的银行资产。增长率 r 假设与无风险利率保持一致。由此,银行盈利 Y_t 满足:

$$dY_t = \mu R_t dt + \sigma R_t dW_t \tag{8.2}$$

其中,$W(t)$ 是风险中性测度下的标准维纳过程(standard Wiener process under Q),μ 为风险加权资产预期利润率,σ 为风险加权资产利润率的波动率且有 $\sigma > 0$。

银行管理层和股东可以通过分红和募集资本来控制银行资本水平。银行分红可以被立即执行,然而银行募集资本存在一个滞后期 Δ 和与募集额度成比例的募集费率 K。基于此,资本配置策略 π 便由策略集合 $(L^{\pi}, \{t_i^{\pi}, s_i^{\pi}\})$ 构成,其中 L^{π} 是在资本配置策略 π 下的累计分红额度。t_i^{π}

为资本募集时间序列,$s_i^{\hat{\pi}}$ 第 i 次资本募集额度,且有条件:

$$t_{i+1}^{\hat{\pi}} - t_i^{\hat{\pi}} \geqslant \Delta, i \geqslant 0 \qquad (8.3)$$

$$\mathrm{d}L\hat{\pi} = 0, t \in [t_i^{\hat{\pi}}, t_i^{\hat{\pi}} + \Delta], i \geqslant 1 \qquad (8.4)$$

假设条件(8.3)表示,在前一次资本募集过程完成后,银行才会再募集资本。假设条件(8.4)表示,在准备募集资本到资本募集完成这段时间,银行不会进行分红。得到银行资本储备量 $X_t^{\hat{\pi}}$ 动态模型:

$$\begin{aligned}
\hat{X}_t^{\hat{\pi}} &= \hat{X}_0 + \int_0^t r\hat{X}_{u-}^{\hat{\pi}} \mathrm{d}u + \int_0^t \mathrm{d}Y_u - L_t^{\hat{\pi}} + \sum_i s_i^{\hat{\pi}} I_{\{t_i^{\hat{\pi}} + \Delta \leqslant t\}} \\
&= \hat{X}_0 + \int_0^t r\hat{X}_{u-}^{\hat{\pi}} \mathrm{d}u + \int_0^t \mu R_u \mathrm{d}u + \int_0^t \sigma R_u \mathrm{d}W_u - L_t^{\hat{\pi}} + \sum_i s_i^{\hat{\pi}} I_{\{t_i^{\hat{\pi}} + \Delta \leqslant t\}}
\end{aligned} \qquad (8.5)$$

其中,r 是无风险利率且有 $r > 0$。

监管机构要求的最低资本充足率为 γ。假设当银行不满足最低资本充足率要求时,银行进入破产清算程序。因此,银行正常经营至清算时期,

$$\hat{\tau}_{\hat{\pi}} = \inf\{t : X_t^{\hat{\pi}}\} \leqslant \gamma R_t \qquad (8.6)$$

对于银行股东而言,在资本配置策略 $\hat{\pi}$ 下,给定初始资本 $\hat{X}_0$,银行价值为未来扣除资本募集额度后的剩余分红的现值总和。

$$\hat{V}_{\hat{\pi}}(\hat{X}_0) = E_{\hat{X}_0}\left[\int_0^{\hat{\tau}_{\hat{\pi}}} e^{-(r+\rho)t} \mathrm{d}L_t^{\hat{\pi}} - \sum_i e^{-(r+\rho)(t_i^{\hat{\pi}}+\Delta)}(s_i^{\hat{\pi}} + KR t_i^{\hat{\pi}} + \Delta)\right] I\{t_i^{\hat{\pi}} + \Delta \leqslant \hat{\tau}_{\hat{\pi}}\} \qquad (8.7)$$

其中,ρ 是资本市场摩擦系数,可以衡量资本市场的不完善性和风险补偿。K 表示募集资本的费用率。因此,银行最优资本充足率问题等于银行股东价值最优化的问题。

$$\hat{V}(x) = \sup_{\hat{\pi} \in \Pi} \hat{V}_{\hat{\pi}}(x) \qquad (8.8)$$

8.3.2 标准化的银行资本充足率模型

本书主要研究对象是资本充足率,而不是资本绝对额本身。因此,将资本充足率引入基础理论模型中,建立资本充足率模型。在 t 时间,资本

充足率 X_t 定义如下所示。

命题 1：给定策略 $\hat{\pi} \in \Pi$，银行资本充足率满足：

$$X_t = \frac{\hat{X}_t}{R_t} \tag{8.9}$$

$$X_t^\pi = X_0 + ut + \sigma W_t - L_t^\pi + \sum_i s_i^\pi I_{\{t_i^\pi + \Delta \leqslant t\}} \tag{8.10}$$

违反资本充足率规定的时间定义为：

$$\tau_\pi = \inf\{t : X_t^\pi \leqslant 8\%\} \tag{8.11}$$

给定资本配置策略 π 下，定义股东价值为：

$$V_\pi(X_0) = E_{x0}\left[\int_0^t e^{-\rho t}\, dL_t^\pi - \sum_i e^{-\rho(t_i^\pi + \Delta)}(s_i^\pi + K)I_{\{t_i^\pi + \Delta \leqslant \tau_\pi\}}\right] \tag{8.12}$$

因此股东价值方程为：

$$V(x) = \sup V_\pi(x) \tag{8.13}$$

方程（8.8）可以表示为：

$$\hat{V}(\hat{X}_0) = R_0 V\left(\frac{\hat{X}_0}{R_0}\right) \tag{8.14}$$

假设策略 π^* 下，方程（8.13）将实现最优。与此同时，可以用策略 π^* 描述方程（8.8）实现最优的情况下的策略 $\hat{\pi}^*$：

$$L_t^{\hat{\pi}^*} = \int_0^t R_u\, dL_u^{\pi^*} \tag{8.15}$$

$$t_i^{\hat{\pi}^*} = t_i^{\pi^*}, i \leqslant 1 \tag{8.16}$$

$$S_i^{\hat{\pi}^*} = R_{t_i^{\hat{\pi}^*} + \Delta} S_i^{\pi^*}, i \geqslant 1 \tag{8.17}$$

方程（8.14）表示资本比率控制问题的目标函数。方程（8.12）为银行加权风险资产的百分比值。通过（8.14）建立起最初的资本配置问题和资本充足率最优水平问题的联系，资本绝对数额超过风险资产的 8%，也就是资本充足率水平到达监管最低要求。

8.3.3 最优解特征

可以通过一组不等式方程描述价值方程(8.13)的特征。定义：

$$Mf(x) = E_x \left[e^{-\rho \Delta} \sup_s \left[f(X_\Delta + s) - s - K \right] I_{\{\tau_0 > \Delta\}} \right] \tag{8.18}$$

这里 X_Δ 是 X 在 Δ 时刻的值，$dX_t = \mu dt + \sigma dW_t$，$t_0$ 为银行流动性不足进入清算程序的时间，即缓冲资本充足率 $x = 0$ 时。M 表示银行 t 时刻立即募集资本时股东的价值模型。另外，还定义：

$$Af(x) = \frac{1}{2}\sigma^2 f''(x) + \mu f'(x) \tag{8.19}$$

表示 t 趋近无穷小时，函数 f 值的变化。因此，在无穷小的时间内，假设不存在资本配置行为。接下来在标准模型(Hojgaard & Taksar,1999；Fleming & Soner,1993)基础上，建立以下的最优特征方程。

命题 2：假设价值方程(8.13)满足伊藤公式(Ito's formula)。对于所有的 $x \geq 0$，有下列不等式：

$$V(0) = 0 \tag{8.20}$$

$$V(x) \geq MV(x) \tag{8.21}$$

$$(A - \rho)V(x) \leq 0 \tag{8.22}$$

$$V'(x) \geq 1 \tag{8.23}$$

$$[V(x) - MV(x)](A - \rho)V(x)[V'(x) - 1] = 0 \tag{8.24}$$

等式方程(8.20)表示，当缓冲资本率为 0 时，股东价值亦为 0。不等式(8.21)中，根据定义 $V(x)$ 表示最优策略下的股东价值，因此立即募集资本情况下的股东价值将不超过前者；当立即募集资本为最优策略时，不等式(8.21)取等号。不等式(8.22)表明，在某一定时间，银行最优资本策略可能为既不分红也不募集资本；当银行不采取行动便是最优策略时，不等式取等号。不等式(8.23)表示，在时间 t 银行最优分红策略可能是进行分红也可能是不分红；若银行最优策略是分红时，不等式取等号。公式(8.24)表示任何情况下，都存在至少一个不等式将取等号，即对于所有的 x，不管是进行分红或不采取任何资本配置措施，还是募集资本，都遵循最优的资本配置策略。

8.3.4 模型解决方案

针对方程(8.20)、(8.21)、(8.22)、(8.23)和(8.24),假设模型解决方案的一般形式为:①对于 $x \in (0, u_1)$,最优策略为立即募集资本;②对于 $x \in (u_1, u_2)$,最优策略为既不募集资本也不分红;③对于 $x \in (u_2, \infty)$,最优策略为进行分红。可以估计,$u_1 < u_2$,u_2 为有限实数;当市场极度不完善时,u_1 可能为 0。

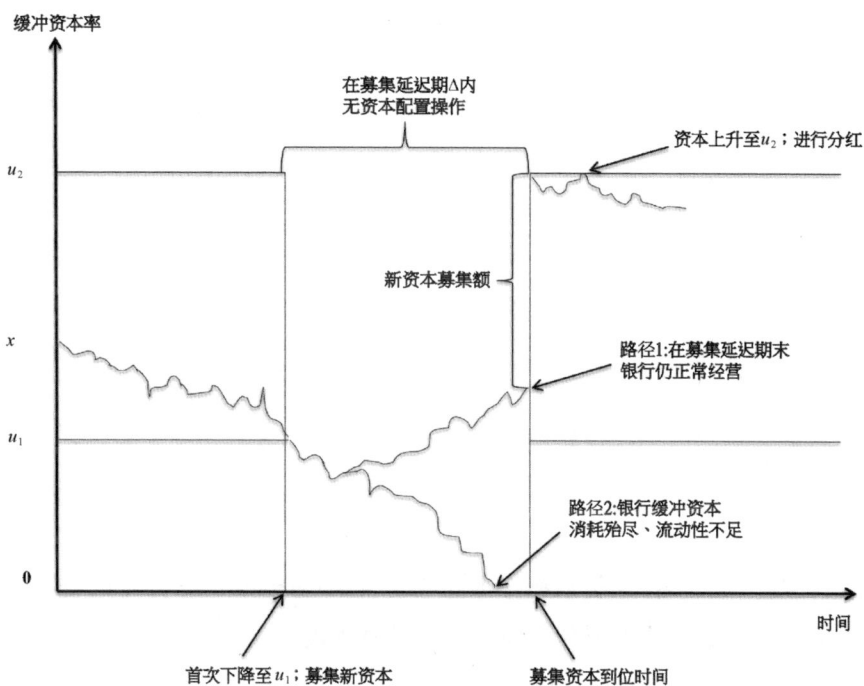

图 8.2　模型结构示图

Fig.8.2 Model structure

图 8.2[①]描述了解决方案的一般形式。根据最初的推论,进一步得到

---

① x 表示缓冲资本当前水平;u_1 表示资本募集阈值;u_2 表示分红阈值;Δ 是从决定募集资本到资本实际募集到位之间的延迟时间(年);所有参数均为风险加权资产的百分比。

方程,使得当 $x \leqslant u_1$ 时,不等式方程(8.21)取等号;当 $u_1 < x < u_2$ 时,不等式方程(8.22)取等号;当 $x \geqslant u_2$ 时,不等式方程(8.23)取等号;并且满足方程(8.20)和(8.24)。该方程同时在阈值 u_1 上一阶导连续,在阈值 u_2 上二阶导连续。

定义下列方程:

$$M(x,u_2)=\mathrm{e}^{-\rho\Delta}\left\{(x+\mu\Delta+\mu/\rho-K-u_2)\Phi\left(\frac{x+\mu\Delta}{\sigma\sqrt{\Delta}}\right)+\sigma\sqrt{\Delta}\phi\left(\frac{x+\mu\Delta}{\sigma\sqrt{\Delta}}\right)-\right.$$
$$\left.\mathrm{e}^{-\frac{2\mu x}{\sigma^2}}\left[(-x+\mu\Delta+\mu/\rho-K-u_2)\Phi\left(\frac{-x+\mu\Delta}{\sigma\sqrt{\Delta}}\right)+\sigma\sqrt{\Delta}\phi\left(\frac{-x+\mu\Delta}{\sigma\sqrt{\Delta}}\right)\right]\right\}$$

$$(8.25)$$

$$f_1(x,u_2)=a_1\mathrm{e}^{-d_{1+}(u_2-x)}+a_2\mathrm{e}^{-d_{1-}(u_2-x)} \tag{8.26}$$

其中:

$$a_1=\frac{d_{1-}}{d_{1+}d_{1-}-d_{1+}^2}>0 \tag{8.27}$$

$$a_2=\frac{d_{1+}}{d_{1+}d_{1-}-d_{1-}^2}>0 \tag{8.28}$$

$$d_{1\pm}=\frac{1}{\sigma^2}\left[-\mu\pm\sqrt{\mu^2+2\rho\sigma^2}\right] \tag{8.29}$$

$$f_2(x,u_2)=\frac{\mu}{\rho}+(x-u_2) \tag{8.30}$$

方程(8.25)中,Φ 是累积标准正态分布,φ 是标准正态分布的密度。下面结果给出了价值方程(8.13)的一系列表达式。

命题 3:设 $\left.\dfrac{\partial M(x,u_0)}{\partial x}\right|_{x=0}>\left.\dfrac{\partial f_1(x,u_0)}{\partial x}\right|_{x=0}$,其中 M 和 f_1 由方程(8.25)和(8.26)给定,

$$u_0=\frac{2}{d_{1+}-d_{1-}}\log\left(-\frac{d_{1-}}{d_{1+}}\right) \tag{8.31}$$

这里存在解决方案 (u_1,u_2) 使得下列等式方程成立,

$$M(u_1,u_2)=f_1(u_1,u_2) \tag{8.32}$$

$$\left.\frac{M(x;u_2)}{x}\right|_{x=u_1} = \left.\frac{f_1(x;u_2)}{x}\right|_{x=u_1} \tag{8.33}$$

并满足 $0<u_1<u_2<u_0$,对于所有的 $0\leqslant x\leqslant u_2$ 都有 $M(x,u_2)\leqslant f_1(x,u_2)$。为了使得 (u_1,u_2) 满足 (8.32)、(8.33),价值方程 (8.13) 便为:

$$V(x)=\begin{cases}M(x,u_2) & 0\leqslant x\leqslant u_1 \\ f_1(x,u_2) & u_1<x<u_2 \\ f_2(x,u_2) & u_2\leqslant x\end{cases} \tag{8.34}$$

其中 M,f_1,f_2 分别由 (8.25)、(8.26) 和 (8.30) 给出。

价值方程 (8.34) 表明,方程 M 处于立即募集资本为最优的区域,方程 f_1 处于观望区,方程 f_2 则位于进行分红即最优策略区。图 8.2 描述了这种一般情况下的解决方案。方程 f_1 的曲线和直线方程 f_2 相交点 u_2,便是最佳分红阈值。方程 f_1 的曲线和方程 M 的曲线相交点 u_1,就是最佳资本募集阈值。

8.4 模型校准和实证检验

本节目的是检测模型对现实的解释力度,包括银行资本水平及其变化。加权风险资产收益率和该收益率的波动率取自各家银行财务数据,其他参数视为所有银行相同。

8.4.1 校准模型参数
银行净收入计算为:

$$\mathrm{NI}_t = \mathrm{ROA}_t \cdot R_{t-1} + r_t X_{t-1} R_{t-1} \tag{8.35}$$

其中 ROA_t 为风险加权资产在 $(t-1,t)$ 期间的回报率,r_t 为此期间的无风险回报率。R 和 X 分别为银行风险加权资产和资本充足率。ROA_t 可以表示为:

$$\mathrm{ROA}_t = \frac{NI_t}{R_{t-1}} - r_t X_{t-1} \tag{8.36}$$

模型参数 μ 和 σ 可以表示为：

$$\mu = E[\mathrm{ROA}_t] \tag{8.37}$$

$$\sigma^2 = \mathrm{VAR}[\mathrm{ROA}_t] \tag{8.38}$$

另外，缓冲资本 x 为：

$$x_t = X_t - Y_t \tag{8.39}$$

其中 Y_t 为各时期监管所要求达到的资本充足率标准（如表 8.1 所示）。

表 8.1 最低资本充足率监管标准
Table 8.1 Regulatory minimum capital ratio

时期(年)	系统重要性银行 （工、中、农）	非系统重要性银行 （其他银行）
2004—2012	8%	8%
2013	9.5%	8.5%
2014	9.9%	8.9%
2015	10.3%	9.3%
2016	10.7%	9.7%
2017	11.1%	10.1%
2018	11.5%	10.5%

资料来源：根据银监会相关法规整理[1]

从 Bankscope 数据库得到 175 家银行 2005 年至 2014 年的相关财务数据。通过剔除政策性银行、外资银行、加权风险资产收益率数据少于 4 个年度的银行和平均加权风险资产收益率小于零的银行，最终筛选出 46

---

[1] 2004 年 3 月施行《商业银行资本充足率管理办法》，规定资本充足率不低于 8%。2012 年 1 月实施《新监管标准的指导意见》。2013 年 1 月实施《商业银行资本管理办法（试行）》，要求在 2019 年 1 月 1 日之前，上述两类机构的资本充足率不得低于 11.5% 和 10.5%。2012 年 11 月发布过渡期安排通知，明确 2013 年至 2018 年间各年年末需要达到的标准。

家中资银行数据①。表 8.2 描述了 46 家银行 2005 年至 2014 年的数据,其中 r 和 vol 分别为每家银行算术平均加权风险资产收益率 ROA 以及该收益率的波动率,平均缓冲资本率为这 11 年来每家银行各年缓冲资本率的算术平均值,∗∗∗ 表示在 1% 的置信水平下显著。

表 8.2　平均风险资产收益率和平均缓冲资本率

Table 8.2 Average return on risk weighted assets and average buffer ratio

	平均缓冲资本率 （μ）	平均风险资产收益率 （r）	风险资产收益波动率 （vol）
统计描述(%):			
最小值	1.99	0.90	0.13
25%	3.07	1.32	0.30
中位数	4.13	1.60	0.44
平均数	4.13	1.72	0.54
75%	4.74	2.05	0.67
最大值	8.44	3.41	1.70
标准差	1.30	0.59	0.35
相关系数:			
μ	1	0.233∗∗∗ (0.000)	0.173∗∗∗ (0.000)
r		1	0.394∗∗∗ (0.000)
vol			1

---

①　这 46 家中资银行分别是工商银行、农业银行、中国银行、建设银行、交通银行、招商银行、兴业银行、浦发银行、中信银行、民生银行、华夏银行、广发银行、北京银行、光大银行、浙商银行、渤海银行、重庆农商行、南京银行、厦门国际、广州银行、包商银行、大连银行、吉林银行、锦州银行、郑州银行、青岛银行、温州银行、南海农商行、威海城商行、福建海峡银行、宁夏银行、台州银行、洛阳银行、华商银行、宁波鄞州农合行、广西北部湾银行、营口银行、鞍山银行、阜新银行、绍兴银行、金华银行、东营银行、江苏张家港农商银行、齐商银行、攀枝花城商行、德阳银行。

　　这 46 家银行平均缓冲资本率为 4.13％,平均风险资产收益率和波动率分别为 1.72％ 和 0.54％,且这三者之间的相关系数均在 1％ 的显著性水平下显著正相关。在图 8.3(u 为平均缓冲资本率,r 和 vol 分别为平均加权风险资产收益率和波动率)中,三个模型的系数也均在 1％ 的显著性水平下显著,表明:①收益波动性越大的银行,即收益风险越高的银行,其利润率一般也越高。假设所有银行其他条件保持一致的情况下,收益波动性较其他银行高 1％ 的银行,其收益率一般会高 0.657％。②银行收益的波动性越大,银行面临的风险也越大,就越需要增加缓冲资本来抵御收益的不确定性带来的风险。收益的波动性较其他银行高 1％ 的银行,其缓冲资本往往会多 0.634％。③银行盈利能力越强,其缓冲资本往往会越多。这也符合以上结论,即资产收益率越高的银行,往往风险越高,因此需要更多的缓冲资本。一般来说,风险资产收益率较平均水平高 1％ 的银行,其缓

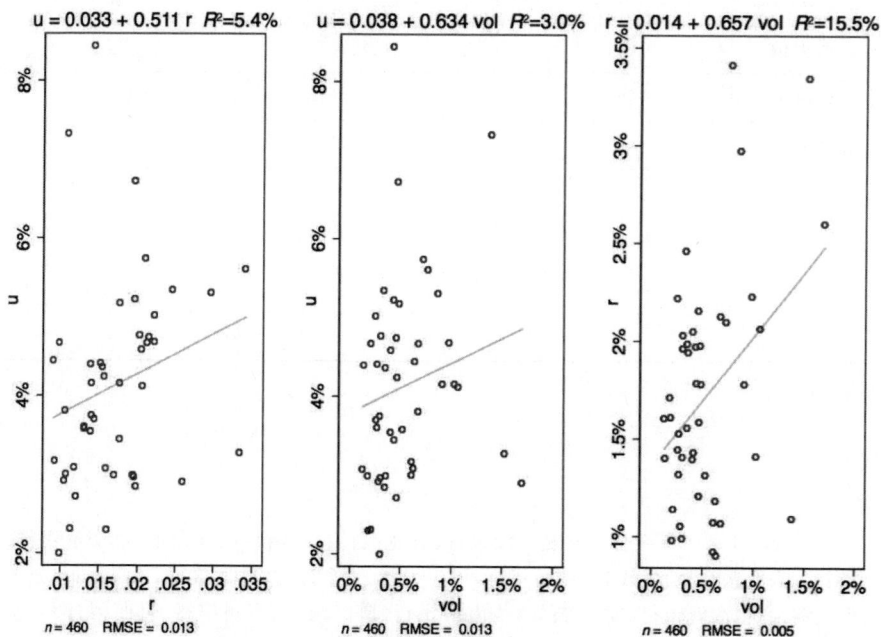

图 8.3　缓冲资本率、风险资产收益率及波动率

Fig.8.3 Buffer ratio,return on risk weighted assets and return volatility

冲资本水平往往会高 0.511％。资本市场摩擦系数 ρ 为理想的资本市场的平均回报率与无风险利率之差。这里用稳定增长、市盈率最高的银行的每股收益与每股市场价格之比作为理想的资本市场的平均回报率,通常取值 4％,即假设满足长期稳定增长且资本结构最优的银行,正常情况下市盈率最大值为 25。而 2005 年至 2014 年间,平均无风险利率为 3.325％(来自锐思金融研究数据库 RESSET)。因此,这里取资本市场摩擦系数为 0.675％。资本募集成本系数 K 假设为 1％,募集延迟期取 0.5,即延迟半年。

8.4.2 模型实证检验

结合推导模型和固定的模型参数,以每家银行的加权风险资产收益率和该收益率的波动率为模型输入变量,可以得到模型输出值,即资本募集阈值 u_1 和资本分红阈值 u_2。u_2 可以作为模型估计的最优缓冲资本率,从而通过与各家银行实际的缓冲资本进行对比来检验模型的解释力度。图 8.4 中方形、三角形及虚线标记分别代表 5 家国有大型商业银行、10 家股

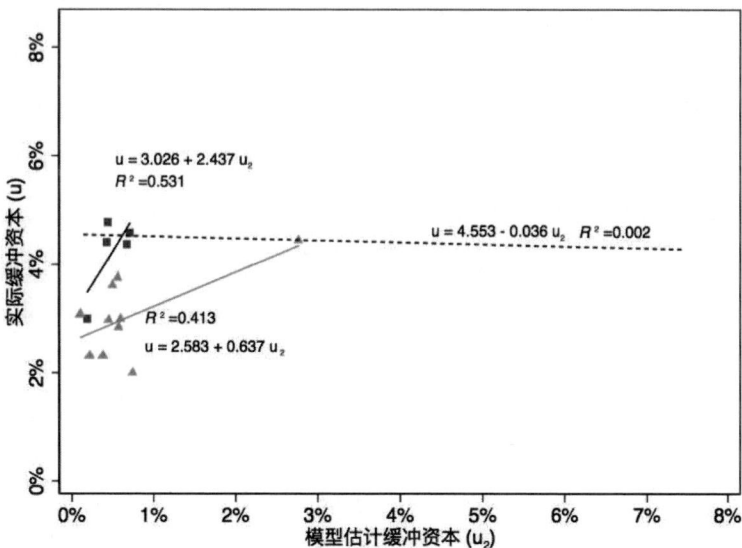

图 8.4　实际缓冲资本与模型估计值对比

Fig.8.4 Comparison between actual buffer ratio and estimated buffer ratio

份制银行以及 31 家地方中小银行(包括 26 家城商行和 5 家农商行)。横轴表示模型估计出的各家银行理论最优缓冲资本 u_2,竖轴表示各家银行实际缓冲资本 u。

可以看出,模型估计值 u_2 对于国有大型商业银行和股份制银行的实际缓冲资本 u 模拟较好,分别解释了实际缓冲资本变化的 53.1% 和 41.3%。然而,模型无法解释地方中小银行的资本配置策略,解释度接近于零(0.2%)。另外,模型估计值普遍低于实际值,模型低估了国有大型商业银行(股份制银行)的平均资本缓冲率近 3.03%(2.58%)。2013 年实施新的监管标准之前,监管最低资本充足率一直为 8%,国内银行近十年平均资本充足率普遍远高于这一标准。所有的 46 家银行中,近十年平均资本充足率最低的银行接近 10%(9.99%),比 8% 的监管标准高 2%。为计量简便,模型假设银行遵循不低于 8%(2013 年之前)的监管标准。实际中,来自监管当局的监管压力如资本违规惩罚力度加大、巴塞尔新资本协议提出的附加资本、第二支柱监管要求等,对银行持有资本的水平影响较大。如图 8.5 所示(实线表示银行平均资本充足率的变化,虚线表示银行平均缓冲资本率),2005 年至 2006 年银行资本充足率平均为 10.5%,即缓冲水平为 2.5%;2007 年引入巴塞尔新协议以来,2008 年至 2010 年资本充足率逐步提升并稳定在 12.5% 左右。2013 年,银监会严格了资本构成和风险加权资产计量,据袁吉伟(2011)[425]测算,将影响国有银行资本充足率 0.3 个百分点,年末银行业平均资本充足率有所下降。但总体上,从 2005 年到 2014 年资本充足水平保持上升,在 8% 的监管最低标准不变的情况下,相应的缓冲资本从 2.5% 增加至 4.5% 左右。也就是说,即使在最低资本监管标准保持不变的情况下,银行缓冲资本水平也会受到监管强度增大的影响。来自监管机构的监管压力(如监管惩罚、资本附加、第二支柱监管等)对资本充足率和缓冲资本的影响有待进一步研究。这里如果估计监管机构的监管压力对名义资本充足率最低标准的影响为 2%~3%,即实际资本充足率最低标准在 2007 年之后为 10%~11%,那么模型估计值将能较好地模拟实际缓冲资本充足率的变化和银行资本配置的选择。假设最低资本充足率监管标准一定的情况下,模型仅考虑银行盈利能力(ROA)、盈利的不确定性(ROA 波动率)、资本募集成本和募集延迟期的影响,而不考虑这些难以估算的因素。

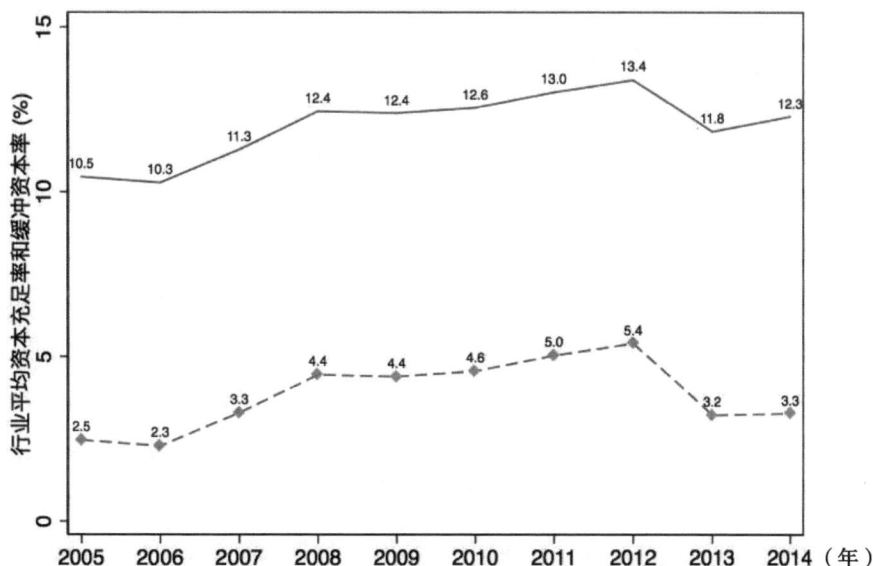

图 8.5　2005—2014 年 46 家银行平均资本充足率和缓冲资本率

Fig.8.5 Average capital ratio and buffer ratio of 46 banks in 2005 to 2014

接下来,分析影响模型估计缓冲资本的两个主要因素:银行盈利能力即预期加权风险资产收益率(ROA)和盈利能力的不稳定性即收益率的波动率。模型中,假设银行预期收益服从正态分布,一方面意味着当银行收益波动一定的情况下,预期收益率越高,银行发生亏损的可能性就越低,模型以股东利益最大化为目标函数,预计此时银行会适当减少缓冲资本并增加分红;另一方面,意味着当银行预期收益率不变的情况下,收益的波动性越大,表明银行收益不确定性及风险就越高。为应对高风险,避免更大概率地发生违反最低监管资本标准的情况,银行从股东长期利益最大化出发会倾向提高缓冲资本。然而银行收益和收益的不稳定性之间存在一定的正相关关系,即收益越高往往伴随着越高的风险即收益的不稳定性。

在图 8.6(a)、8.6(b)(r 表示平均风险资产收益率,vol 表示该收益率的波动率,竖轴 u_2 表示模型计算出的缓冲资本,深黑线表示国有大型商业银行的回归线、浅黑线表示股份制银行的回归线,虚线表示地方中小银行的回归线)中,将每个银行的风险资产收益率和该收益率的波动率代入上述理论模型,得到相应的缓冲资本估计值即最佳资本分红阈值。可以看出,收益的波动性对模型估计值起到决定性作用,对于不同类型的银行解释度分别达到了 94%(国有大型商业银行)、88%(股份制银行)和 89.5%(地方中小银行)。对于大多数银行,收益波动率较其他银行高 1% 的银行,其缓冲资本将会高 4.5%~5%。换言之,银行收益波动率每增加 1%,既定参数条件下银行应提高 4.5%~5% 的缓冲资本以应对高风险。另外,如图 8.6(a)所示,风险资产收益率对模型输出影响不大(国有大型商业银行 R^2 =3.6%,地方中小银行 R^2 =1.8),且对于国有大型商业银行和地方中小银行,风险资产收益率和模型估计缓冲资本之间也无显著的相关关系。值得注意的是,股份制银行 R^2 值为 27.5%,远高于其他银行,且呈显著负相关关系(10% 的显著性水平下),较为符合模型预期,即在波动率一定的情况下,收益率越低就越需要储备更多资本;反之,收益率越高,其最佳缓冲资本就越低。这表明股份制银行通常有更强的动机降低缓冲资本进行股东分红,而国有大型商业银行和地方中小银行降低缓冲资本的动机并不明显。一个可能的解释是,股份制银行的非政府部门股东控股比例相对较高,分红获利的动机更强。为此,股份制银行更为符合模型目标函数的假定,即以股东利益最大化为目标。进一步比较国有大型商业银行和地方中小银行发现,收益率提高 1% 时,地方中小银行会提高 0.36% 的资本储备,而国有大型商业银行仅提高 0.16%,尽管这两个系数并不显著。

最后,区分不同类型的银行,分析其盈利能力和盈利能力的不稳定性对于实际缓冲资本的影响。在图 8.6(c)(竖轴 u 表示银行实际缓冲资本)中,实际资本充足率数据显示,对于国有大型商业银行和地方中小银行,其缓冲资本往往与盈利能力呈正相关(回归系数分别为 0.960 和 0.368),即盈利能力的提升将提高银行的缓冲资本水平;股份制银行则较符合模型预

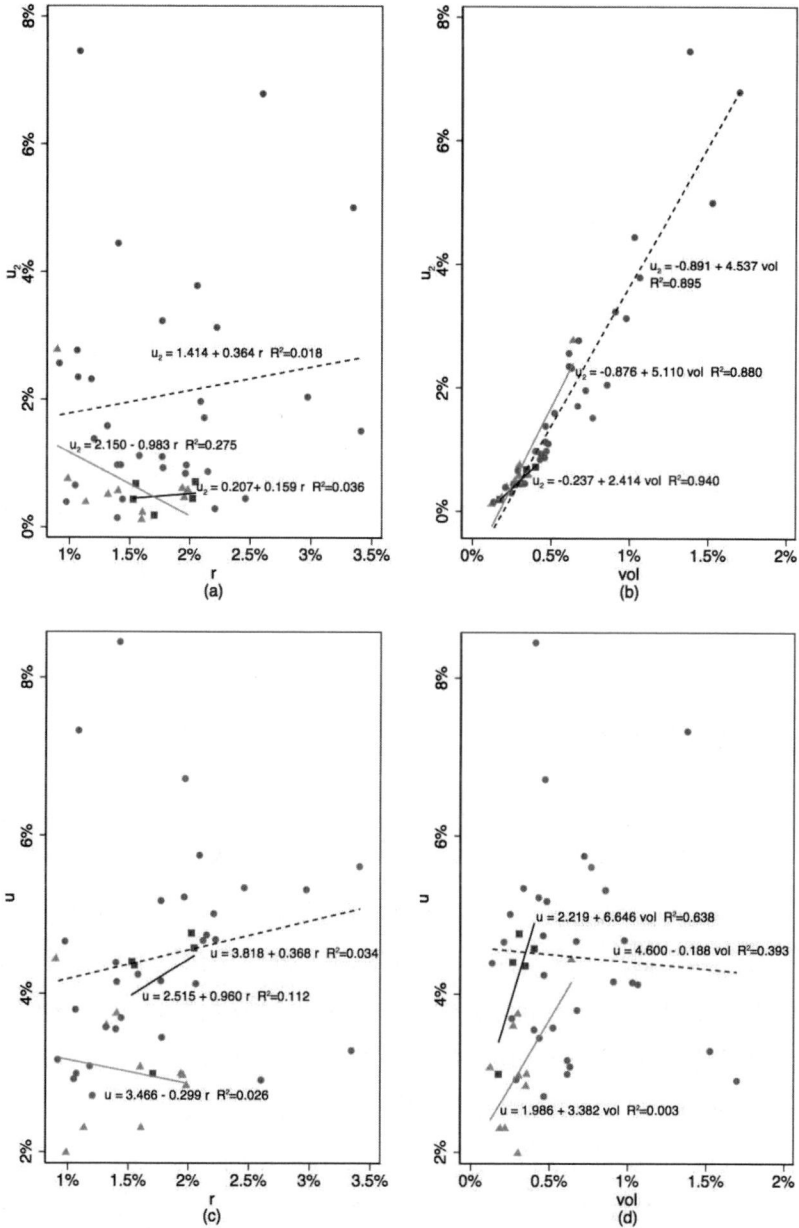

图 8.6　模型估计值和实际缓冲资本与风险资产收益率及其波动率

Fig.8.6 Regressions between estimated ratio(actual ratio)and return(return volatility)

期(回归系数为−0.299),即随着盈利能力的提升将降低缓冲资本水平。但在图 8.6(c)中,这些线性相关关系在 10% 的置信水平下并不显著。图 8.6(c)与图 8.6(a)的结果较为相似。在图 8.6(d)(竖轴 u 表示银行实际缓冲资本)中,国有大型商业银行和股份制银行较符合模型假设,回归系数均为正,分别为 6.646 和 3.382,并且分别在 10% 和 5% 的置信水平下显著。然而对于地方中小银行,其收益的波动率和缓冲资本水平呈负相关关系,尽管这一相关关系在 10% 置信水平下并不显著。即收益波动越大的地方中小银行,面临的潜在风险越高,却不一定会储备更多的缓冲资本以应对高风险,反而其缓冲资本可能更低。总体上看,地方中小银行资本储备水平不够合理,其资本管理相对于国有大型商业银行和股份制银行还不稳健成熟。由此,比较图 8.6(b)和图 8.6(d),基于模型假设计算得出的波动率和缓冲资本之间的关系与实际情况相差较大,这解释了为什么模型估计值对地方中小银行的实际缓冲资本解释度较低(0.2%)。

8.5　本章小结

本章利用存货管理中的 (s, S) 策略,通过对比模型预测值与实际资本水平,来研究我国商业银行资本缓冲水平是否适当,发现并解释不同类型银行的资本充足水平的差异,为监管部门实施差异化资本监管提供依据。本章用稳定增长且资本结构最优的银行的每股收益与每股市场价格之比作为理想的资本市场的平均回报率,并以该回报率作为未来分红现金流的折现率;通过设定最优分红阈值及最优资本充足率水平的上界,以提高模型赋值效率,并使得模型最优值处于一个合理区间。

本章研究发现,模型的最佳资本分红阈值可以较好地模拟国有大型商业银行和股份制银行的实际缓冲资本率,对实际缓冲资本水平变化的解释度分别达到 53.1% 和 41.3%。综合对于模型估计值和实际值影响较大的风险资产收益率和其波动率来看,模型对于股份制银行的资本配置行为模拟最佳,即不考虑其他条件的情况下,银行收益越高,就越有动机降低缓冲资本以达到最合理的资本水平。可能的一个解释是,股份制银行市场化程度较高,非政府部门持股股东比例相对较大,这些股东有更大的权利和动机要求银行的经营行为包括资本配置行为满足股东利益,从而更符合模型的最主要假设和目标函数,即银行以股东长期利益最大化为目标。模型对于地方中小银行缓冲资本水平变化的解释力度较差,原因可以从收益率及其波动率与银行缓冲资本之间的关系中发现,若将地方中小银行当作一个整体来看,其资本配置行为不符合预期,资本储备水平不尽合理,风险管理水平与国有大型商业银行和股份制银行仍有差距。

当然,模型也存在不足,实际缓冲资本率普遍高于模型估计值 2%～3%。这可能有内生因素模型的问题,也可能有多种外生因素。从外生因素来看,首先是国有大型商业银行和地方中小银行的缓冲资本水平可能过高。假设以市场化程度最高的股份制银行的资本配置水平为参考标准,国有大型商业银行和地方中小银行的缓冲资本率普遍高于股份制银行(近十年三者平均缓冲资本率分别为 4.22%、4.48% 和 3.02%);其次,仅从监管法规限定的最低资本充足率标准 8%(2013 年前)来看,未能充分敏感地反映银行面临的所有实际监管压力和其他要求,比如第二支柱监管所带来的资本需求。即使是收益非常稳健的银行,其盈利波动性接近于 0,但其缓冲资本充足率也普遍高于 2%,有的甚至达到 4% 以上。另外,即使是近十年平均资本充足率水平最低的银行也接近 10%。也就是说,若假设监管压力和要求导致的额外所需缓冲资本率为 2% 左右,那么模型就可以很好地模拟银行实际资本配置行为。从模型自身的问题来看,首先是模型的假设问题,模型假设了银行收益服从正态分布,但通过对大量银行收益率数据的模拟,发现银行收益更加符合负偏态分布;其次,一些可能对缓冲资本和银行资本配置产生较大影响的变量未考虑在模型中,如银行规模、坏账率、贷款占比、资产减值准备等等。因此,模型有待进一步完善,来自监管压力(如监管惩罚、第二支柱监管、附加资本等)对缓冲资本的影响有待进一步研究。

9

研究结论与展望

本章首先归纳本书采用的主要研究方法及主要结论,其次基于相关结论的政策含义对完善我国商业银行资本监管提出一些政策建议,最后指出本书的局限性与进一步研究的方向。

9.1　研究结论

(1)动态适度的资本监管应当关注银行风险水平的变化并把握好"风险调整"标准

在现有的研究文献中,对于资本监管的理论分析,或是隐含在为何监管的理论框架中,或是体现在非预期损失的抵补理论探讨中。本书从如何监管的角度,有所创新地提出银行资本监管的"风险调整"标准,并进行了理论分析。提出监管当局应随时关注银行愿意承担的风险水平的变化,实施动态适度的资本监管策略和监管规则。而银行愿意承担的风险水平的变化,是银行与其利益相关者之间的博弈以及受经济周期共同影响所决定的。银行与储蓄者之间的博弈是确定风险水平的基础,文中描述了二者之间的博弈均衡,并创新提出银行风险水平的有效区域的概念。在银行与借款人之间的博弈中,担保物价值具有风险缓释或风险调整效应,这有助于说明特定产业的发展对资产泡沫从而对银行风险的影响。银行与银行之间的竞争加大,会提升银行整体的风险水平。本书还分析了政府信用对银行与储蓄者之间博弈的影响,这实际上体现了银行与政府之间的博弈。最后,分析了经济周期对银行风险水平的影响,讨论了经济周期不同阶段的资本监管策略或监管规则。从而初步建立了一个基于风险视角的动态资本监管的一般理论分析范式。

(2)资本监管变革应伴随着金融风险变化而演进

本书从分析金融风险形势及银行风险特征变化入手,探讨我国商业银行资本监管变革所遵循的一般逻辑。研究认为,资本监管将从单一机构的微观审慎监管转向单一机构和系统性风险兼顾的宏微观审慎监管并重;资本计量技术将更加重视资本的质量和体现风险敏感性,并强调要与银行规模、复杂度等相适应,同时防止资本套利;资本监管的模式将从政府主导的"规则导向"转向激励相容,鼓励作为市场主体的商业银行在监管底线内的自主管理;资本监管的覆盖范围也将从传统的风险监管扩展到银行集团的并表监管,更加关注风险关联性和跨业交叉风险的"风险并表"和"资本并表";而对于系统重要性银行的资本监管强度和资本要求将不断上升,包括总损失吸收能力的要求和恢复处置计划等;作为第二支柱下的内部资本充足评估程序(ICAAP)将成为银行资本管理与监管的重要内容。

(3)监管资本套利在我国具有特殊性,其负外部性和系统性风险亟待关注

本书研究认为,若商业银行所承担的净监管负担不同就会导致监管资本套利行为,即银行通过形式上的合法性,在不改变账面风险水平下提高资本充足率,或不降低资本充足率的情况下扩大风险水平、使得利益最大化。而风险资本框架的不完善、委托代理中的道德风险等都增大了套利机会,特别是在我国信贷管控的特殊性、社会融资渠道的单调性、跨业监管标准不够有机衔接等阶段性条件下,"类信贷"、结构化融资、不良资产隐匿等套利行为将极大扭曲对资本充足率真实水平的测量并逐渐影响审慎监管的有效性,且利用当前的监管工具很难对这种套利进行量化监管。本书分析提出,监管资本标准若不能反映银行承担的真实经济风险,将会被各种资本套利逐

渐扭曲。资本套利具有"双刃剑",其正外部性主要体现为:利于金融创新、改善金融功能、缓解制度偏差等;负外部性主要体现为:增大监管追踪的难度,影响金融市场秩序,提高系统性风险水平,削弱资本监管的有效性,加大社会成本等,必须从把握政策制定的科学性、缩小制度差异、构建激励相容机制、加强表外债权融资监管、强化跨业合力监管等方面改进资本监管。

(4)巴塞尔委员会推荐的逆周期资本缓冲指标在我国具有一定适用性,但需结合其他参考指标来审慎确定计提政策

逆周期资本监管是宏观审慎监管、防控系统性风险的核心内容。本书从宏观审慎监管的时间维度出发,基于巴塞尔委员会提出的逆周期资本缓冲监测指标和测度模型,运用我国银行业相关数据对其在我国的适用性进行了检验。得到以下初步结论:①广义信贷余额/GDP 的指标作为我国逆周期资本缓冲监测工具具有一定的适用性和可行性,对判断我国银行业广义信贷增长过快、系统性风险积累程度具有良好预测性。②鉴于社会融资规模统计指标在我国发挥愈来愈重要的作用,"修正后的社会融资余额"作为具有数据来源优势的一项指标,可作为逆周期资本缓冲监测的参考变量。③从对 2002 年至 2015 年一季度数据检验结果来看,广义信贷余额、修正后的社会融资余额等两种挂钩变量测度的偏离度均经历两个高峰期,计提逆周期缓冲资本的高峰时点基本一致。④广义信贷余额和修正后的社会融资余额两种挂钩变量没有孰优孰劣,其测度的逆周期资本缓冲结果需要相互印证、比较,并应结合狭义信贷增长、宏观经济景气"一致性"指数来审慎确定。⑤逆周期资本缓冲的计提有助于增强银行业风险抵御能力和降低系统性风险损失。同时本书指出,巴塞尔委员会推荐的逆周期资本缓冲模型、指标在我国的适用性还需进一步检验。

(5)随着 2009 年后监管强度的增大,资本监管对银行资本与风险水平的影响效应明显上升

关于资本监管制度约束下对商业银行资本与风险调整行为的影响,以及资本监管能否有效地降低银行个体乃至整个银行业体系的风险水平,一直为理论界与业界所关注,但实证未有统一结论。本书基于 16 家上市商

业银行的最新数据,借鉴经典模型的基本思路,结合监管实际创新构建了监管压力变量,对上市银行在不同时期、不同监管资本压力下的资本水平变动与风险水平变动之间的动态关系进行了实证研究。研究发现,2009年后特别是 2010 年以来,随着资本监管"硬约束"以及配套的激励惩罚措施的落实,资本监管产生了显著效果,主要体现在:首先,在其他条件不变的前提下,上期资本水平低于监管要求的银行,由于面临较大的监管压力,会在本期显著地增加资本充足率,而上期资本水平高于监管要求的银行,因其监管压力较小,会在本期较为显著地下调资本充足率;其次,银行会通过降低本期资产的风险水平来应对上期不良贷款率的上升,以应对监管力度的增强;再次,银行会采取更严格的审查融资客户以防风险的方式,而不是单纯通过增加资本来降低贷款集中度风险;最后,上期资本充足率降低的银行会在本期显著地提高其资本充足率,上期风险水平高的银行会在本期显著地降低其风险资产占比。简而言之,2009 年后银行资本水平和风险水平的诸多改善得益于资本监管力度的增强和监管水平的提高。但是,资本监管对于银行风险行为的约束作用尚未达到预期目标,监管压力的增强并未有效促进银行降低风险资产,一方面,银行主要通过增加资本而非优化资产结构来提升资本充足率,另一方面,银行主要依赖不良贷款率这一事后测度指标来调整风险资产的配置,缺乏对风险的事前预防。此外,研究发现,银行资产规模对资本变动或风险变动影响不显著,流动性风险偏好与资本充足水平的相互影响不明显;利润最大化的目标下,对于资本水平已达到最低监管要求的银行,其盈利水平的提高会使银行降低资本充足率。

(6)资本监管约束下,银行存在一个最适的资本缓冲水平

商业银行为维护其特许经营价值,需要维持一定的资本缓冲。然而维持过高的资本缓冲又会影响银行盈利能力,最终影响了股东利益。那么银行应维持多高的缓冲资本即资本充足率水平?本书基于我国 46 家银行的相关财务数据,运用存货管理中广泛运用的 (s,S) 策略,将银行资本视为存货,讨论资本监管约束下,并考虑资本募集成本和时间延迟的因素,计算在该策略下各银行的最优资本缓冲水平,经与实际资本缓冲水平比较,来探讨不同

类型银行之间资本充足率水平不一的原因,以及模型对不同类型银行的实际资本充足率水平的解释力度。研究发现:①模型对股份制银行的资本水平配置行为模拟最佳。②地方中小银行整体的资本缓冲水平不尽合理。

9.2　政策建议

本书研究的目的之一是为我国银行资本监管顶层设计提供依据,基于上述研究结论提出如下政策建议。

(1)强化"风险调整"的动态资本监管理念

资本充足率不是愈高愈好,资本监管亦不是愈强愈好。本书第 3 章专门分析了银行与储蓄者、银行与借款人、银行与银行、银行与政府之间的博弈,以及宏观经济周期对银行风险承担水平的影响。动态有效的银行资本监管应密切监测银行的风险偏好、风险承担行为及愿意承担的风险水平变化,而这种风险不仅限于银行单体的风险、静态的风险,而应更加关注系统性金融风险,当超出银行的风险承受能力或加剧道德风险或可能增加系统性风险水平时,应当增强资本监管的强度,反之应当适度放松资本监管。

(2)完善银行、监管、市场"三方"共同治理的资本监管机制

本书第 3 章探讨了市场、监管对银行资本的约束,发现资本监管是缓解市场失灵、政府失灵的重要手段。有效的资本监管除了最低资本充足率监管外,应当同时大力推进其他两大支柱建设,包括银行内部资本充足评估和市场纪律约束。一方面,应监督指导商业银行对信用风险、交易账户市场风险、银行账户利率风险、操作风险、集中度风险、国别风险、声誉风险、战略风险等各类实质性风险开展内部资本充足评估,结合全面压力测试,审慎确定"目标资本充足水平"及监管资本附加,全面推进第二支柱监管,促使监管资本要求融入银行经营管理中,逐步实现激励相容的资本监管;另一方面,细化资本监管的惩戒压力措施并严格执行、充分披露,进一步发挥市场约束作用。

（3）金融风险演变下的资本监管制度需要持续改进

资本监管制度通常被视为"公共产品"，不可能达到帕累托最优，对资本监管制度的研究也无法单纯从制度变迁的"需求—供给"分析范式中得到最优解。"风险导向"的资本监管的根本目的是促进银行业提高全面风险管理能力和管理质量、保护存款人利益和防控系统性风险，为此有效的资本监管制度供给应紧密结合金融市场变化及风险演变，及时、全面地捕捉金融风险，科学计量各类风险资本并充分反映、测度风险因子之间的相关性，着力提高资本管理水平，同时激发、释放市场主体的活力并维护市场公平效率，而这些在我国现阶段都将是持续改进的。

（4）缓解资本套利带来的负面效应需要多策并举

本书专门探讨了资本套利的一般模式和我国的特殊性，分析了一些套利渠道，指出套利效应有正有负，当前亟待关注、缓解和控制负面的套利行为。但信息不对称的情况下，监管机构如何识别"套利顾客"是个首要难题。为此建议，首先，强化跨部门甚至跨境的联合监测，密切关注套利动机、渠道、演变模式及制度差异等影响因素；其次，从功能监管出发，实行跨部门统一监管，缩小监管制度差异，减少套利空间，同时防止非套利者在利益驱动下追逐套利者；再次，针对监管规制滞后性和监管资源的不足，赋予监管机构一定的自由裁量权或剩余控制权，使得负面套利行为及早得到干预并及时得以纠正，防止负效应扩大而影响金融稳定。

（5）科学稳步地实施逆周期资本缓冲监管

逆周期资本缓冲监管是项复杂的系统工程。一方面，应尽快健全全社会的广义信贷监测指标体系，完善修正后的社会融资余额监测制度，将"类信用"产品如信用证、"明股实债"、用于企业融资的资管计划、理财投资信贷资产等均纳入"社会融资余额"和"广义信贷"监测，减小统计迷雾（thick statistical fog），夯实逆周期缓冲资本监测的数据基础。另一方面，在确定逆周期资本缓冲计提数量和计提时点时，应结合宏观经济景气"一致性"指数等运行状况，评估系统性金融风险的演变及其影响，不断丰富逆周期资本缓冲计提、释放的监测指标体系。此外，应认识到逆周期资本缓冲机制可以对防范系统性金融风险起到一定作用,但不是系统性金融风险监测的唯一指标,不易直接作为宏观经济波动的政策调节工具。

(6)加强实证研究,推动资本监管在实践中不断优化

本书第 7 章、第 8 章对微观经济主体——商业银行的实证研究,为优化资本监管制度提供了政策方向。首先,改善银行资本结构。我国商业银行资本来源的困境在于对外部融资的强依赖且缺乏可持续性,监管当局应着力督促银行加强内源性资本积累、保持资本质量,并拓宽外源性资本创新工具。其次,采取差异化的资本监管。"一刀切"的资本监管底线带来了风险不敏感、激励不足等弊端。不同监管压力、不同类型的银行在不同时期的资本水平及风险调整的行为有所不同,只有采取差异化的资本监管指标,才能有效地引导银行及时合理地调整资本水平和风险偏好,促进其保持资本、收益与风险之间的平衡,有效调控持续经营下的最适资本缓冲水平。

9.3　研究的局限性和研究展望

9.3.1 研究的局限性

资本监管是银行业审慎监管的核心,对该问题的实质研究无论从理论层面还是具体实践,仍处于发展和演进阶段。巴塞尔委员会建立起来的一套资本协议代表了国际资本监管趋势,但随着金融环境与风险形势的变化及银行业风险管理理论的发展,巴塞尔委员会也在不断修订资本协议,如2017 年版"巴塞尔Ⅲ"(要求 2022 年开始逐步实施),各国的资本监管制度一直处于改进中。由于研究能力和条件有限,本书对资本监管的研究还存在一定局限性。

(1)本书所提出的资本监管框架,是基于巴塞尔委员会资本协议的背景和我国的资本监管实践,而这些背景和实践尚在演进中。

(2)资本监管是一个跨领域的系统工程,涉及宏观环境与政策、基础设施的完备性、其他监管制度和手段的协同性等,本书未能将这些因素与资

本监管制度作为一个有机整体进行系统思考。

（3）资本监管的宏微观一体化监管尚无成熟体系,本书仅从重要性、实用性出发,针对当前的若干难点问题和重要现实问题进行一些探讨。

（4）本书进行的一些实证检验,如资本监管对资本及银行风险承担行为的影响,由于数据可获得性等方面的局限性,仅进行了一些上市银行的检验;对于逆周期缓冲资本计提监测指标的适用性检验,未涉及资本释放方面;对于资本套利的研究,由于数据获取困难而未能开展定量研究。

9.3.2 研究展望

本书试图在资本监管的理论分析框架及宏微观监管工具方面进行一些探索,与此选题相关仍有不少值得继续研究的问题。

（1）如何建立激励相容的资本监管长效机制。包括:对于超过监管资本底线要求的银行如何实施风险更加敏感、更加有效的资本监管;如何实施差异化、动态的资本监管;如何平衡好银行内部资本充足评估与监管资本的关系。

（2）如何构建宏微观一体化、全风险视角的资本监管工具箱,使得资本监管的风险覆盖面从目前的信用风险、市场风险和操作风险三大领域,扩大到银行账户利率风险、国别风险等所有实质性风险领域;如何将资本充足率、杠杆率、广义信贷余额/GDP 偏离度等各项宏微观审慎监管工具有机结合起来。

（3）开展资本套利的定量研究。随着交叉金融产品的发展,以及跨业、跨市场交易活动和交叉风险的复杂度上升,资本套利的模式、渠道将更为复杂、隐蔽,从而加剧系统性金融风险。为此,加强跨监管部门的定量测算与研究,推动跨部门监管制度、监管标准的协同一致,定量识别并防控资本套利的负面效应,具有重要的现实意义。

（4）如何建立逆周期缓冲资本的释放机制。下一步可以结合大量的历史数据、经验数据,分析检验引发顺周期性、带来系统性风险的各种因素,捕捉资本缓冲对经济周期的敏感性,根据中国银行业实际,研究建立与逆周期缓冲资本计提相配套的释放机制。

参考文献

[1]中国银行业监督管理委员会.商业银行资本充足率管理办法[Z]. 2004-02-23.

[2]中国银行业监督管理委员会.商业银行资本管理办法(试行)[Z]. 2012-06-07.

[3]王胜邦.资本约束与信贷扩张:兼论资本充足率监管的宏观经济效应[M].北京:中国金融出版社,2008:1—50.

[4]邓智毅,宋永明.国有商业银行公司治理改革研究[J].河南金融管理干部学院学报,2005(3):4—9.

[5]尚静.银行资本监管的理论基础[J].现代管理科学,2004(10):84—85.

[6]杨新兰.资本监管下银行资本与风险调整的实证研究[J].国际金融研究,2015(7):67—74.

[7]叶莉,胡雪娇,陈立文.中小企业政策性融资担保的实践效应——基于上市中小企业及银行的实证研究[J].金融论坛,2016(6):48—61.

[8]中国银监会课题组,王兆星,韩明智,王胜邦.商业银行资本监管制度改革(一):修补新资本协议漏洞,扩大覆盖风险范围[J].中国金融,2010(1):84—86.

[9]王胜邦.全球金融危机背景下对实施新资本协议的再思考[J].银行

家,2009(12):15—17.

[10]陈颖,李楠,陈敏.从资本监管制度演进看巴塞尔第三版资本协议[J].新金融,2011(5):8—14.

[11]中国银监会课题组,王兆星,韩明智,王胜邦.商业银行资本监管制度改革(二):提高资本工具质量,增强银行损失吸收能力[J].中国金融,2010(2):68—70.

[12]许文,徐明圣.商业银行风险管理:理论与实践[M].北京:经济管理出版社,2009:1—14.

[13]陈琦.试论审计风险的管理[J].财会月刊,2007(3):63—64.

[14]谢潮昂.商业银行内部控制与风险管理应用研究[D].广州:暨南大学,2011.

[15]中国银行业监督管理委员会.商业银行市场风险管理指引[Z].2004-12-29.

[16]中国银行业监督管理委员会.商业银行操作风险管理指引[Z].2007-05-14.

[17]谢宁.全面风险管理框架下的现代银行财务模式研究[D].成都:西南财经大学,2010.

[18]中国银行业监督管理委员会.商业银行流动性风险管理办法(试行)[Z].2015-09-02.

[19]姚静娟.商业银行潜在流动性风险因素的分析及对策[J].现代经济信息,2013(20):238.

[20]李文泓,徐洁勤.完善流动性风险治理——商业银行流动性风险管理办法(试行)解读[J].中国金融,2014(5):37—40.

[21]中国银行业监督管理委员会.银行业金融机构国别风险管理指引[Z].2010-06-08.

[22]陆岷峰,张兰.商业银行国别风险危机管理策略研究[J].青海金融,2010(12):4—7.

[23]中国银行业监督管理委员会.商业银行声誉风险管理指引[Z].

2009-08-25.

[24]米运生.中国系统性银行风险的生成机理与表现形式[J].信阳师范学院学报(哲学社会科学版),2003(4):50－52.

[25]范小云,曹元涛,胡博.银行系统性风险测度最新研究比较[J].金融博览,2006(3):32－33.

[26]许文,徐明圣.商业银行风险管理:理论与实践[M].北京:经济管理出版社,2009:15－16.

[27]马骋.智利矿业商务旅游策划与管理[D].昆明:昆明理工大学,2009.

[28]郑天民.农村信用社信用风险管理机制构建研究[J].商业文化,2011(5):82－83.

[29]杨红强,聂影.中国木材加工产业安全的生产要素评价[J].世界林业研究,2011(1):64－68.

[30]邓学衷.商业银行资本结构:理论、实践和预警[M].北京:中国金融出版社,2011:27－73.

[31]王军.基于 EVA 价值管理的商业银行贷款定价问题研究[D].成都:电子科技大学,2005.

[32]刘春志.商业银行经济资本:理论解释与中国实践[M].北京:中国社会科学出版社,2011:46－51.

[33]高军,孙彦钊.经济资本、监管资本与账面资本的比较研究[J].华北金融,2009(3):6－9.

[34]黄九亮.账面资本、监管资本与经济资本[J].农村金融研究,2006(3):18－19.

[35]何笑伟.商业银行资产业务组合与风险控制研究[J].现代经济信息管理,2012(21):191.

[36]王军.基于 EVA 价值管理的商业银行贷款定价问题研究[D].成都:电子科技大学,2005.

[37]姜慧娜.基于 RAROC 的商业银行经济资本配置方法研究[D].大

连：大连理工大学,2006.

[38]周光宇.我国中小商业银行资本监管研究[D].重庆：重庆大学,
2014.

[39]Diamond D W，Dybvig P H.Bank runs，deposit insurance and liq-
uidity[J].The journal of political economy，1983：401—419.

[40]Dewatripont M，Tirole J.A theory of debt and equity：Diversity
of securities and manager-shareholder congruence[J].The Quarterly Jour-
nal of Economics，1994：1027—1054.

[41]Morrison A D，White L.The role of capital adequacy require-
ments in sound banking systems[R].Barcelona Meetings，2001.

[42]朱明星.当代资本监管理论及其新进展[J].桂海论丛,2005(8)：21
—23.

[43]许健.银行监管国际惯例[M].北京：中国金融出版社,1994：2—
45.

[44]李雯友.商业银行资本金制度[M].北京：科学出版社,2004：32—
47.

[45]史纪良.银行监管比较研究[M].北京：中国金融出版社,2005：12
—55.

[46]孟艳.我国银行监管的有效性问题研究[M].北京：经济科学出版
社,2006：9—56.

[47]李怀珍.有效银行监管方式研究与实践[M].北京：中国金融出版
社,2007：11—67.

[48]刘宇飞.国际金融监管的新发展[M].北京：经济科学出版社,
1999：10—36.

[49]梁宝柱.金融监管论[M].成都：西南财经大学出版社,1999：8—
54.

[50]周道许.现代金融监管体制研究[M].北京：中国金融出版社,
2000：7—65.

[51]温信祥.银行资本监管研究——银行行为、货币政策与金融稳定[M].北京:中国金融出版社,2009:24—57.

[52]刘夏,蒲勇健.银行资本监管研究[M].北京:经济管理出版社,2009:1—20.

[53]杨家才.知命监管[M].北京:中国金融出版社,2010:37—44.

[54]王胜邦.商业银行资本监管:理论、制度和技术[M].北京:中国金融出版社,2016:3—30.

[55]Donahoo K K, Shaffer S.Capital Requirements and the Securitization Decision[J].Quarterly Review of Economics and Business, 1991,31(4):12—23.

[56]Jones D.Emerging problems with the Basel Capital Accord:Regulatory capital arbitrage and related issues[J].Journal of Banking & Finance, 2000,24(1):35—58.

[57]Hellmann T F, Murdock K C, Stiglitz J E.Liberalization, Moral Hazard in Banking, and Prudential Regulation:Are Capital Requirements Enough? [J].American Economic Review, 2000:2—23.

[58]Jacobson T, Lindé J, Roszbach K.Internal ratings systems, implied credit risk and the consistency of banks' risk classification policies[J].Journal of Banking & Finance, 2006,30(7):1899—1926.

[59]Drago D, Navone M.Regulatory Capital Arbitrage Opportunities under the standardized approach in the new Basel Capital Accord[R].Australasian Banking and Finance Conference, 2008.

[60]Jones D.Emerging problems with the Basel Capital Accord:Regulatory capital arbitrage and related issues[J].Journal of Banking & Finance, 2000,24(2):25—60.

[61]Rochet J C.Capital requirements and the behaviour of commercial banks[J].European Economic Review, 1992,36(5):1137—1170.

[62]Allen L, DeLong G, Saunders A.Issues in the credit risk model-

ing of retail markets[J].Journal of Banking & Finance，2004，28(4)：727 —752.

[63]Kupiec P H，O'Brien J M.A pre-commitment approach to capital requirements for market risk[R].BIS Working Papers，1995.

[64]Marshall D A，Prescott E S.State-contingent bank regulation with unobserved actions and unobserved characteristics[J].Journal of Economic Dynamics and Control，2006，30(11)：2015—2049.

[65]Estrella A，Park S，Peristiani S.Capital ratios as predictors of bank failure[J].Economic Policy Review，2000，6(2)：2—8.

[66]Bichsel R，Blum J.Capital Regulation of Banks：Where Do We Stand and Where Are We Going[R].Swiss National Bank，Quarterly Bulletin，2005，4：42—51.

[67]Blum J M.Why 'Basel Ⅱ'may need a leverage ratio restriction [J].Journal of Banking & Finance，2008，32(8)：1699—1707.

[68]Hildebrand P M.Is Basel II Enough：The Benefits of a Leverage Ratio[R].BIS Working Papers，2008.

[69]Kevin Dowd.The failure of capital adequacy regulation—Verdict on the Crash Causes and Policy Implications[J].The Institute of Economic Affairs，2009：73—80.

[70]Kashyap A K，Rajan R，Stein J C.Rethinking capital regulation [R].BIS Working Papers，2008.

[71]Frenkel M，Rudolf M.The implications of introducing an additional regulatory constraint on banks' business activities in the form of a leverage ratio[R].Association of German Banks，2010.

[72]徐宝林，刘百花.监管资本套利动因及对银行的影响分析——兼论对我国银行业资本监管和管理的启示[J].中国金融，2006(5)：43—44.

[73]肖琦.商业银行监管资本套利与资本有效配置[J].新金融，2006 (4)：35—38.

[74]宋永明.监管资本套利和国际金融危机——对 2007—2009 年国际金融危机成因的分析[J].金融研究,2009(12):81−90.

[75]沈庆劼.监管资本套利的动因与经济效应研究——兼论对我国新资本协议实施的启示[J].财经论丛,2010(6):29−35.

[76]沈庆劼.商业银行监管资本套利的动因、模式与影响研究[J].经济管理,2010(11):1−6.

[77]沈庆劼,叶蜀君,吴超.金融集团监管资本套利研究[J].财经问题研究,2016(01):42−48.

[78]沈庆劼.新巴塞尔协议是否还会存在监管资本套利[J].上海经济研究,2010(05):13−22.

[79]翟光宇,陈剑.资本充足率高代表资本充足吗——基于中国上市银行 2007—2011 年季度数据分析[J].国际金融研究,2011(10):65−72.

[80]胡晓敏.商业银行监管资本套利研究[D].上海:华东师范大学,2012.

[81]韩博,霍强.货币政策、银行风险承担与资本监管套利[J].经济问题探索,2016(3):185−190.

[82]陆晓明.银行业资本充足标准的反思[J].中国金融,2009(24):22−23.

[83]巴曙松,邢毓静,朱元倩.金融危机中的巴塞尔新资本协议:挑战与改进[M].北京:中国金融出版社,2010:47−64.

[84]中国银监会课题组,王兆星,韩明智,王胜邦.商业银行资本监管制度改革(三):建立杠杆率监管标准弥补资本充足率的不足[J].中国金融,2010(3):68−70.

[85]党均章.杠杆率监管对商业银行影响几何[J].银行家,2011(8):18−20.

[86]陈梦雯,郭宇冈,Dorbaire P.巴塞尔协议Ⅲ中的杠杆率指标对银行风险的影响及其在中国的适用性分析[J].江西社会科学,2011(9):251−256.

[87]黄海波,汪翀,汪晶.杠杆率新规对商业银行行为的影响研究[J].国际金融研究,2012(7):68—74.

[88]Hancock D，Wilcox J A.Bank capital and portfolio composition [R].Bank Structure and Competition，1993.

[89]Peek J，Rosengren E.Bank regulation and the credit crunch[J]. Journal of Banking & Finance，1995,19(3):679—692.

[90]Ito T，Sasaki Y N.Impacts of the Basle capital standard on Japanese banks' behavior[J].Journal of the Japanese and International Economies，2002,16(3):372—397.

[91]Basurto M S，Lowe P W.Internal ratings，the business cycle and capital requirements:some evidence from an emerging market economy [EB/OL].https://http://www.docin.com/p—1380940606.html，2015-12-5.

[92]Furfine C.Bank portfolio allocation:The impact of capital requirements，regulatory monitoring and economic conditions[J].Journal of Financial Services Research，2001,20(1):33—56.

[93]Chiuri M C，Ferri G，Majnoni G.The macroeconomic impact of bank capital requirements in emerging economies:past evidence to assess the future[J].Journal of Banking & Finance，2002,26(5):881—904.

[94]Ayuso J，Pérez D，Saurina J.Are capital buffers pro-cyclical?: Evidence from Spanish panel data[J].Journal of Financial Intermediation，2004,13(2):249—264.

[95]Bikker J，Metzemakers P.Is bank capital procyclical? A cross-country analysis[R].BIS Working Paper，2004.

[96]Borio C.Towards a macroprudential framework for financial supervision and regulation? [J].CESifo Economic Studies，2003,49(2):181—215.

[97]Quintyn M，Taylor M W.Should financial sector regulators be

independent[R].Economic Issues，International Monetary Fund，March 8，2004(32).

[98]Hoggarth G，Logan A，Zicchino L.Macro stress tests of UK banks[R].BIS Working Papers，2005(22):392—408.

[99]Repullo R，Suarez J.The procyclical effects of Basel II[R].BIS Working Papers，2008.

[100]Borio C，Furfine C，Lowe P.Procyclicality of the financial system and financial stability:issues and policy options[J].BIS Working Papers，2001(1):1—57.

[101]Andersen H.Procyclical implications of Basel II:can the cyclicality of capital requirements be contained? [J].Journal of Financial Stability，2011,7(3):138—154.

[102]Albertazzi U，Marchetti D J.Credit supply，flight to quality and evergreening:an analysis of bank-firm relationships after Lehman[R]. Bank of Italy(Working Paper)，2010.

[103]Catarineu-Rabell E，Jackson P，Tsomocos D P.Procyclicality and the new Basel Accord-banks' choice of loan rating system[J].Economic Theory，2005,26(3):537—557.

[104]Jordan J，Peek J，Rosengren E.Credit Risk Modeling and the Cyclicality of Capital[R].Federal Reserve Bank Report，2003.

[105]Tanaka M.How do bank capital and capital adequacy regulation affect the monetary transmission mechanism? [R].BIS Working Papers，2002.

[106]Ayuso J，Pérez D，Saurina J.Are capital buffers pro-cyclical?: Evidence from Spanish panel data[J].Journal of Financial Intermediation，2004,13(2):249—264.

[107]Jacques K，Nigro P.Risk-based capital,portfolio risk and bank capital:A simultaneous equations approach[J].Journal of Economics and

business，1997,49(6):533—547.

[108]Chami M R，Cosimano M T F.Monetary policy with a touch of Basel[M].International Monetary Fund，2001.

[109]Segoviano Basurto M，Lowe P W.Internal ratings,the business cycle and capital requirements:some evidence from an emerging market economy[R].SSRN Electronic，2002.

[110]Greenspan A.Cyclicality and banking regulation[R].The Conference on Bank Structure and Competition，Federal Reserve Bank of Chicago，2002.

[111]Drumond.Banking Capital Requirement:Business Cycle Fluctuations andBasel Accords:A Synthesis[J].Journal of Economic Surveys，2009(23):798—830.

[112]Gerlach S，Gruenwald P.Procyclieality of financial systems in Asia[M].Palgrave Macmillan，2006:229—231.

[113]FSB.Report of the Financial Stability Forum on Addressing Procyclicality in the Financial System[R].Working Paper，2009.

[114]Mora N，Logan A.Shocks to bank capital:evidence from UK banks at home and away[J].Applied Economics，2012,44(9):1103—1119.

[115]Coffinet J，Coudert V，Pop A，et al.Two-way interplays between capital buffers，credit and output:evidence from French banks[R].BIS Working Papers，2011.

[116]Jiménez G，Ongena S，Peydró J L，et al.Macroprudential policy，countercyclical bank capital buffers and credit supply:Evidence from the Spanish dynamic provisioning experiments[R].National Bank of Belgium Working Paper，2012(231).

[117]叶良艺.商业银行资本充足性管制的紧缩效应探析[J].金融论坛,2002(9):13—16.

[118]黄宪,马理.资本充足率监管下银行信贷风险偏好与选择分析[J].金融研究,2005(7):95－103.

[119]杨新兰.论银行监管的相机抉择[J].金融研究,2004(9):108－118.

[120]刘斌.资本充足率对信贷、经济及货币政策传导的影响[J].金融研究,2005(8):10－22.

[121]唐旭.不良资产、税收与银行准入的开放[J].经济研究,2005(7):28－34.

[122]孙天琦,杨岚.有关银行贷款损失准备制度的调查报告[J].金融研究,2005(6):116－130.

[123]温信祥.银行资本监管研究——银行行为、货币政策与金融稳定[M].北京:中国金融出版社,2009:2－68.

[124]赵锡军,王胜邦.资本约束对商业银行信贷扩张的影响:中国实证分析(1995－2003)[J].财贸经济,2007(7):3－11.

[125]王胜邦.资本约束与信贷扩张[M].北京:中国金融出版社,2008:13－56.

[126]孙天琦,张观华.关于银行资本、经济周期和货币政策的文献综述[J].新疆金融,2008(2):6－15.

[127]王胜邦,陈颖.新资本协议内部评级法对宏观经济运行的影响:亲经济周期效应研究[J].金融研究,2008(5):48－64.

[128]李文泓,罗猛.关于我国商业银行资本充足率顺周期性的实证研究[J].金融研究,2010(2):147－157.

[129]张金城,李成.银行信贷、资本监管双重顺周期性与逆周期金融监管[J].金融论坛,2011(2):15－22.

[130]冯科,刘静平,何理.中国商业银行顺周期行为及逆周期资本监管研究——基于宏观审慎的视角[J].经济与管理研究,2012(10):91－106.

[131]黄宪,熊启跃.资本监管作为逆周期调节工具的经济学解释——基于资本缓冲的视角[J].金融评论,2014(1):54－73,124－125.

[132]柯孔林,冯宗宪,陈伟平.银行资本缓冲的逆周期行为分析——来自中国上市银行的经验证据[J].经济理论与经济管理,2012(3):70—79.

[133]党宇峰,梁琪,陈文哲.我国上市银行资本缓冲周期性及其影响因素研究[J].国际金融研究,2012(11):74—85.

[134]蒋海,罗贵君,朱滔.中国上市银行资本缓冲的逆周期性研究[J].金融研究,2012(9):34—47.

[135]邹传伟.对 Basel Ⅲ 逆周期资本缓冲效果的实证分析[J].金融研究,2013(5):60—72.

[136]杨俊,邵汉华,廖尝君.银行竞争环境下资本缓冲行为的实证研究[J].经济科学,2015(2):82—93.

[137]许坤,汪航.逆周期资本缓冲、监管压力与宏观审慎管理有效性[J].投资研究,2016(6):45—55

[138]Kaufman G G.Research in Financial Services:Banking, Financial Markets and Systemic Risk[J].JAI Press Inc.,1995(7):47—52.

[139]Kaufman G G,Scott K E.What is systemic risk and do bank regulators retard or contribute to it[J].The Independent Review,2003:371—391.

[140]Billio M,Getmansky M,Lo A W,et al.Econometric measures of systemic risk in the finance and insurance sectors[R].National Bureau of Economic Research,2010.

[141]翟金林.银行系统性风险研究[D].天津:南开大学,2001.

[142]董满章.中国银行业系统性风险防范研究[D].南京:南京农业大学,2005.

[143]包全永.银行系统性风险及其防范与控制研究[M].北京:中国财政经济出版社,2006:2—34.

[144]张晓朴.系统性金融风险研究:演进、成因与监管[J].国际金融研究,2010(7):58—67.

[145]Chakravorti S.Analysis of systemic risk in the payments system

[R].Federal Reserve Bank of Dallas，1996.

[146]Acharya V V.A theory of systemic risk and design of prudential bank regulation[J].Journal of Financial Stability，2009,5(3):224－255.

[147]Danielsson J，Zigrand J P.Equilibrium asset pricing with systemic risk[J].Economic Theory，2008,35(2):293－319.

[148]Korinek A.Systemic risk-taking:amplification effects,externalities and regulatory responses[R].BIS Working papers，2011.

[149]Vartto S.Systmic Risk and Bank Size[R].Henley Business School，Reading University，2014.

[150]Dicks D L，Fulghieri P.Uncertainty Aversion and Systemic Risk[R].Social Science Electronic Publishing，2015.

[151]汤凌霄.跨国银行系统性风险监管研究[D].厦门:厦门大学，2003.

[152]包全永.银行系统性风险的传染模型研究[J].金融研究，2005(8):72－84.

[153]温博慧，柳欣.金融系统性风险产生的原因与传导机制——基于资产价格波动的研究评述[J].中南财经政法大学学报,2009(6):76－81.

[154]罗猛,陈颖,王胜邦.系统性风险及其监管:国际经验及启示[J].新金融,2009(11):44－50.

[155]欧阳谦.次贷危机与系统性风险——对金融市场网络效应的分析[J].中国金融,2010(5):34－36.

[156]宋彤.杠杆化与系统性风险的监管反思[J].新金融,2010(5):17－22.

[157]王兆星.影子银行及其治理的再思考[J].中国金融,2015(7):11－15.

[158]Aleksiejuk A，Hołyst J A.A simple model of bank bankruptcies[J].Physica A:Statistical Mechanics and its Applications，2001,299(1):198－204.

[159]King M R.The cost of equity for global banks:a CAPM perspective from 1990 to 2009[J].BIS Quarterly Review,2009:59—73.

[160]Adams Z,Füss R,Gropp R.Spillover Effects among Financial Institutions:A State-Dependent Sensitivity Value-at-Risk Approach[J]. Journal of Financial and Quantitative Analysis,2014,49(3):575—598.

[161]王书斌,王雅俊.银行系统性风险传染机制的研究与实证——基于资产价格波动视角[J].金融与经济,2010(7):6—9.

[162]苏玉峰.系统性金融风险和宏观审慎监管策略[J].人民论坛,2016(5):80—82.

[163]Shin H S.Reflections on Northern Rock:the bank run that heralded the global financial crisis[J].The Journal of Economic Perspectives,2009,23(1):101—119.

[164]Borio C.Monetary and financial stability:so close and yet so far [J].National Institute Economic Review,2005,192(4):1145—1150.

[165]Bernanke B.Financial reform to address systemic risk[R]. Speech at the Council on Foreign Relations,2009.

[166]IMF-BIS-FSB.Macroprudential Policy Tools and Frameworks [R].Update to G20 Finance Ministers and Central Bank Governors,2011.

[167]Allen F,Gale D.Financial contagion[J].Journal of Political Economy,2000,108(1):1—33.

[168]Freixas X,Parigi B M,Rochet J C.Systemic risk,interbank relations and liquidity provision by the central bank[J].Journal of Money, Credit and Banking,2000:611—638.

[169]Wasserman S,Faust K.Social network analysis:methods and applications[R].Cambridge University Press,1994.

[170]Mark N,Barabási A L,Duncan W J.The Structure and Dynamics of Networks[R].Princeton University Press,2011.

[171]Von Peter G.International banking centres:a network perspec-

tive[R].BIS Quarterly Review Working Paper，2007.

[172]Mistrulli P.Interbank lending patterns and financial contagion [R].Bancad'Italia Working Papers，2005.

[173]Degryse H，Nguyen G.Interbank exposures：An empirical examination of contagion risk in the Belgian banking system[J].International Journal of Central Banking，2007,3(2)：123－171.

[174]Acharya V V，Pedersen L H，Philippon T，et al.Measuring systemic risk[R].BIS Working Papers，2010.

[175]Saurina J，Trucharte C.An assessment of Basel II procyclicality in mortgage portfolios[J].Journal of Financial Services Research，2007,32 (1－2)：81－101.

[176]Board F S.Report to G20 Finance Ministers and Governors— Guidance to Assess the Systemic Importance of Financial Institutions， Markets and Instruments：Initial Considerations(October)[R].BIS Working papers，2009.

[177]Reform International Financial Regulatory Framework：A Few Remarks[R].People's Bank of China，2009.

[178]钟震.宏观审慎监管相关研究综述[J].经济理论与经济管理，2012(7)：49－55.

[179]BCBS.Basel Ⅲ：A Global Regulatory Framework for More Resilient Banks and Banking Systems[R].Bank for International Settlements，December 2010.

[180]Bianchi J，Mendoza E G.Optimal Time-Consistent Macroprudential Policy[R].National Bureau of Economic Research，2013.

[181]Clerc L，Derviz A，Mendicino C.Capital Regulation in a Macroeconomic Model with Three Layers of Default[J].International Journal of Central Banking，2015,11(3)：9－63.

[182]苗永旺，王亮亮.金融系统性风险与宏观审慎监管研究[J].国际

金融研究,2010(8):59—68.

[183]张华.对当前中国金融宏观审慎监管组织模式的思考[J].西南金融,2010,(8):15—17.

[184]李亚奇.宏观审慎政策内涵、构建难点及经验借鉴[J].内蒙古财经大学学报,2017(01):30—33.

[185]李宗怡,冀勇鹏.对我国实施银行业宏观审慎监管问题的探讨[J].当代财经,2003(7):42—46.

[186]孙涛.中国金融安全预警体系研究[J].国际金融调研,2002(31):25—29.

[187]李妍.宏观审慎监管与金融稳定[J].金融研究,2009(8):52—60.

[188]闫海.后金融危机时代的宏观审慎监管工具创新[J].财经科学,2010(10):1—8.

[189]李健全.系统性风险新认识与中国宏观审慎监管探索[J].金融与经济,2010(7):21—28.

[190]何德旭,吴伯磊,谢晨.系统性风险与宏观审慎监管:理论框架及相关建议[J].中国社会科学院研究生院学报,2010(6):5—13.

[191]巴曙松,王璟怡,杜婧.从微观审慎到宏观审慎:危机下的银行监管启示[J].国际金融研究,2010(5):83—88.

[192]周小川.金融政策对金融危机的响应[J].上海国资,2011(2):1—14.

[193]范小云,王道平.巴塞尔Ⅲ在监管理论与框架上的改进:微观与宏观审慎有机结合[J].国际金融研究,2012(1):63—70.

[194]梁颖琳.宏观审慎监管框架下我国金融业监管协调问题研究[J].财经问题研究,2013(4):49—53.

[195]Koehn M,Santomero A M.Regulation of bank capital and portfolio risk[J].The Journal of Finance,1980,35(5):1235—1244.

[196]Kim D,Santomero A M.Risk in banking and capital regulation[J].The Journal of Finance,1988,43(5):1219—1233.

[197]Rochet J C.Capital requirements and the behaviour of commercial banks[J].European Economic Review，1992,36(5):1137－1170.

[198]Shrieves R E, Dahl D.The relationship between risk and capital in commercial banks[J].Journal of Banking & Finance，1992,16(2):439－457.

[199]Besanko D, Kanatas G.The regulation of bank capital:Do capital standards promote bank safety[J].Journal of Financial Intermediation，1996,5(2):160－183.

[200]Blum J.Do capital adequacy requirements reduce risks in banking[J].Journal of Banking & Finance，1999,23(5):755－771.

[201]Jeitschko T D, Jeung S D.Incentives for risk－taking in banking—A unified approach[J].Journal of Banking & Finance，2005,29(3):759－777.

[202]Jokipii T，Milne A.Bank capital buffer and risk adjustment decisions[J].Journal of Financial Stability，2011,7(3):165－178.

[203]Kahane Y.Capital adequacy and the regulation of financial intermediaries[J].Journal of Banking & Finance，1977,1(2):207－218.

[204]Kareken J H, Wallace N.Deposit insurance and bank regulation:A partial-equilibrium exposition[J].Journal of Business，1978:413－438.

[205]Sharpe W F.Bank capital adequacy，deposit insurance and security values[J].Journal of Financial and Quantitative Analysis，1978,13(04):701－718.

[206]Pyle D H.On the theory of financial intermediation[J].The Journal of Finance，1971,26(3):737－747.

[207]Hart O D, Jaffee D M.On the application of portfolio theory to depository financial intermediaries[J].The Review of Economic Studies，1974,41(1):129－147.

[208]Keeley M C, Furlong F T.A reexamination of mean-variance a-nalysis of bank capital regulation[J].Journal of Banking & Finance, 1990, 14(1):69—84.

[209]Jacques K, Nigro P. Risk-based capital, portfolio risk, and bank capital:A simultaneous equations approach[J].Journal of Economics and Business, 1997,49(6):533—547.

[210]Laeven L, Levine R.Bank governance,regulation and risk tak-ing[J].Journal of Financial Economics, 2009,93(2):259—275.

[211]Elsinger H, Lehar A, Summer M, et al. Analyzing Systemic Risk in the European Banking System:A Portfolio Approach[R].Confer-ence Paper,11th Annual Meeting of the German Finance Association, 2004.

[212]Repullo R, Suarez J.Loan pricing under Basel capital require-ments[J].Journal of Financial Intermediation, 2004,13(4):496—521.

[213]Decamps J P, Rochet J C, Roger B.The three pillars of Basel II:optimizing the mix[J].Journal of Financial Intermediation, 2004,13 (2):132—155.

[214]Kopecky K J, Van Hoose D.Capital regulation, heterogeneous monitoring costs and aggregate loan quality[J].Journal of Banking & Fi-nance, 2006,30(8):2235—2255.

[215]Blum J M.Why "Basel II"may need a leverage ratio restriction [J].Journal of Banking & Finance, 2008,32(8):1699—1707.

[216]Ediz T, Michael I, Perraudin W.The impact of capital require-ments on UK bank behaviour[J].Economic Policy Review, 1998,4(3):15 —22.

[217]Rime B.Capital requirements and bank behaviour:Empirical ev-idence for Switzerland[J].Journal of Banking & Finance, 2001,25(4):789 —805.

[218]Ghosh S，Nachane D M，Narain A，et al.Capital requirements and bank behaviour：An empirical analysis of Indian public sector banks [J].Journal of International Development，2003,15(2):145－156.

[219]Van Roy P.The impact of the 1988 Basel Accord on banks' capital ratios and credit risk-taking:an international study[R].Basel Meetings Forthcoming，2005.

[220]Stolz S，Heid F，Porath D.Does capital regulation matter for bank behavior? Evidence for German savings banks[R].Evidence for German Savings Banks(December 2003)，EFMA，2004.

[221]Godlewski C J.Capital Regulation and Credit Risk Taking:Empirical Evidence From Banks in Emerging Market Economies[R].Economics Working Paper Archive at WUSTL，2004.

[222]Hussain M E，Hassan M K.Basel capital requirements and bank credit risk taking in developing countries[R].BIS Working Paper，2005.

[223]Singh M，Vyas R K，Sharma R C.The Relationship Between Capital Ratio and Portfolio Risk of Scheduled Commercial Banks in India [J].International Journal of Business，2009:89－103.

[224]Barth J R，Caprio G，Levine R.The regulation and supervision of banks around the world:A new database[M].World Bank Publications，2001.

[225]Santos J A C.Bank capital regulation in contemporary banking theory:A review of the literature[J].Financial Markets，Institutions & Instruments，2001,10(2):41－84.

[226]Van Hoose D.Market discipline and supervisory discretion in banking:reinforcing or conflit[R].Indiana State University，2007.

[227]黄宪,马理,代军勋.资本充足率监管下银行信贷风险偏好与选择分析[J].金融研究,2005(7):95－103.

[228]胡杰.风险与监管双重影响下的商业银行行为选择[J].经济管理,2006(16):73—79.

[229]吴栋,周建平.资本要求和商业银行行为:中国大中型商业银行的实证分析[J].金融研究,2006(8):144—153.

[230]周光宇,杨博.中国商业银行资本监管有效性实证研究[J].上海金融,2010(1):51—54.

[231]袁鲲,饶素凡.银行资本、风险承担与杠杆率约束——基于中国上市银行的实证研究(2003—2012年)[J].国际金融研究,2014(8):52—60.

[232]熊启跃,杨昊龙.危机以来银行资本监管问题的前沿研究:文献综述[J].金融监管研究,2015(5):91—107.

[233]代军勋,陶春喜.资本和流动性双重约束下的商业银行风险承担[J].统计研究,2016(12):38—43.

[234]朱建武.监管压力下的中小银行资本与风险调整行为分析[J].当代财经,2006(1):67—72.

[235]张强,武次冰.中国商业银行资本充足性监管有效性的实证分析[J].湖南大学学报(自然科学版),2007(11):88—92.

[236]王晓龙,周好文.银行资本监管与商业银行风险——对中国13家商业银行的实证研究[J].金融论坛,2007(7):45—48.

[237]刘夏,蒲勇健.金融混业集团主导下的银行资本监管与风险实证分析[J].中国软科学,2007(8):123—130.

[238]吴俊,康继军,张宗益.中国经济转型期商业银行资本与风险行为研究[J].财经研究,2008(1):51—61.

[239]周文.监管收费与银行资本结构:一个代理模型[J].现代管理科学,2007(10):108—109.

[240]江曙霞,任捷茹.资本充足率监管压力下资本与风险的调整[J].厦门大学学报,2009(4):79—85.

[241]许友传.资本约束下的银行资本调整与风险行为[J].经济评论,

2011(1):79—86.

[242]成洁.资本监管约束下银行资本与风险调整[J].统计研究,2014(2):68—74.

[243]李卉冉,孙英隽.商业银行资本与风险承担行为研究——基于资本监管的视角[J].金融理论与实践,2015(8):76—80.

[244]张敬思,曹国华.资本约束、银行风险承担与经济资本[J].国际金融研究,2016(12):64—73.

[245]张忠军.金融监管法论[M].北京:法律出版社,1998:4—21.

[246]Kingleberger.Manias,Panics and Crashes:A History of Financial Crises[M].Basic Books,NewYork,1978:12—24.

[247]弗雷德里克·S.米什金.货币金融学(第九版)[M].陈雨露,郑艳文,荆国勇,译.北京:中国人民大学出版社,2009:41.

[248]黄健荣.公共管理学[M].北京:社会科学文献出版社,2014:169—170.

[249]张景.金融自由化进程中的中国银行业监管[D].大连:东北财经大学,2010.

[250]Marshall D,Venkataraman S.Bank capital standards for market risk:a welfare analysis[J].European Finance Review,1999,2(2):125—157.

[251]苗雨峰,邓鑫.中国商业银行资本监管研究[M].北京:中国金融出版社,2011:12—13.

[252]叶立新.巴塞尔新资本协议下我国商业银行资本监管研究[D].南京:南京理工大学,2006.

[253]Brealey R,Leland H E,Pyle D H.Informational asymmetries,financial structure,and financial intermediation[J].The Journal of Finance,1977,32(2):371—387.

[254]Berger A N,Herring R J,Szegö G P.The role of capital in financial institutions[J].Journal of Banking & Finance,1995,19(3):393—

430.

[255]江曙霞.银行监督管理与资本充足性管制[M].北京:中国发展出版社,1994:12—23.

[256]Matten C.Managing Banking Capital:Capital Allocation and Performance Measurement(Second Edition)[M].John Wiley & Sons Ltd,2000:27—56.

[257]Hardy D.Bank Capitalization as a Signal[R].BIS Working Paper,2012.

[258]马冰.资本监管制度变革对我国银行业的影响与思考[J].福建金融,2012(10):17—21.

[259]王兆星.我国银行资本监管制度变革[J].中国金融,2014(15):12—15.

[260]Freixas X,Rochet J C.Microeconomics of banking[R].MIT press,2008.

[261]Du Julan,Li D D.Why Banking Regulation? Theory of Banking Regulation Based on Government Failure[R].清华大学演讲稿,2003.

[262]汪莉,吴杏,陈诗一.政府担保异质性、竞争性扭曲与我国商业银行风险激励[J].财贸经济,2016(9):21—35

[263]宋凌峰,阳浪.经济下行、信用反馈和政府性救助[J].管理科学学报,2016(11):103—113.

[264]朱子贤,徐培文.政府担保资产价格泡沫与金融安全[J].浙江金融,2011(10):25—29.

[265]王志刚.政府信用该如何使用[J].中国银行业,2016(10):86—88.

[266]聂新伟.政府"隐形之手"、债务展期与债务违约[J].财经智库,2016(11):121—139.

[267]杨雪冬.恐慌管理与政府信用决策[J].决策,2015(8):12.

[268]Chen Yehning.Banking panics:the role of the first come,first

served rule and information externalities[J].Journal of Political Economy，1999，107(5)：946－968.

[269]Nier E，Yorulmazer T，et al.Network models and financial stability[J].Journal of Economic Dynamics and Control，2007，31(6)：2033－2060.

[270]Gauthier C，Lehar A，Souissi M.Macroprudential capital requirements and systemic risk[J].Journal of Financial Intermediation，2012，21(4)：594－618.

[271]张强,冯超.金融危机后我国上市商业银行系统性风险测算[J].上海金融,2010(12)：32－34.

[272]杨新兰.银行现场检查的帕累托改进[J].中国金融,2016(3)：37－39.

[273]行颖.银行业金融机构不良贷款真实性分析[J].青海金融,2017(01)：54－56.

[274]魏国雄.不良贷款的实与不实[J].中国金融,2015(15)：31－33.

[275]陈振明.公共部门战略管理途径的特征、过程和作用[J].厦门大学学报,2004(3)：5－14.

[276]赵景华,马忻,李宇环.公共战略学的战略拐点理论[J].中国行政管理,2014(1)：65－70.

[277]杨新兰.新加坡金融发展与金融治理的经验借鉴[J].新金融,2015(11)：24－26.

[278]迟福林.二次开放:全球化十字路口的中国选择[M].北京:中国工人出版社,2017：339－375.

[279]王兆星.我国微观与宏观审慎监管变革[J].中国金融,2015(05)：17－20.

[280]中国人民银行.2016年金融稳定报告[M].北京:中国金融出版社,2016：121－128.

[281]王兆星.国际银行监管规则改革趋势和几点思考[J].金融监管研

究,2016(1):1—8.

[282]王胜邦,王瑾.信用风险内部评级法监管改革[J].中国金融,2016(12):28—31.

[283]綦相,朱元倩.交易账户市场风险新规[J].中国金融,2016(11):17—20.

[284]王胜邦,陈璐.银行账户利率风险监管改革[J].中国金融,2016(13):33—36.

[285]王胜邦,王珺.操作风险监管资本改革[J].中国金融,2016(9):41—44.

[286]巴曙松,王思奇,金玲玲.巴塞尔Ⅲ下的银行操作风险计量与监管框架[J].大连理工大学学报,2017(01):36—42.

[287]李岚.浦发银行增强创新服务能力[N].金融时报,2016—11—04.

[288]王兆星.我国银行综合并表监管变革[J].中国金融,2015(1):12—15.

[289]李旭,程江.银行并表监管的影响[J].中国金融,2015(10):38—39.

[290]张晓朴.加强商业银行并表监管[J].中国金融,2014(04):36—38.

[291]张春子.并表监管与银行风险防控[J].中国金融,2011(21):24—25.

[292]丁慧.银行集团并表监管的理论与实践探讨[J].经济社会体制比较,2009(03):6.

[293]中国银行业监督管理委员会.商业银行并表管理与监管指引[Z].2014—12—30.

[294]Rosenberg J V，Schuermann T.A general approach to integrated risk management with skewed，fat-tailed risks[J].Journal of Financial Economics，2006,79(3):569—614.

[295]陈岗.金融混业企业集团风险及监管研究[D].上海:复旦大学,2009.

[296]刘春航,陈璐.银行集团的风险并表:风险计量及评估方法[J].国际金融研究,2009(2):88—96.

[297]马腾.我国银行集团资本充足率并表监管问题研究[J].时代金融,2008(07):44—46.

[298]曾宝华,吴丁杰.激励相容的金融监管体系的主要架构[J].广州市经济管理干部学院学报,2007(1):1—5.

[299]陈刚,张宇,邵鹤令.从差别存款准备金率制度看金融监管创新[J].华东经济管理,2004(4):120—122.

[300]李顺.基于激励相容理论的资本市场监管研究[D].北京:对外经济贸易大学,2007.

[301]纪敏.激励相容:让金融监管效用最大化[N].上海证券报,2005—12—26.

[302]周丹.国家助学贷款的经济学分析[D].南京:南京航空航天大学,2006.

[303]刘学著,王宝成.委托—代理视野中的激励机制设计思路探析[J].商场现代化,2007(1):96—97.

[304]蒋海.金融监管中的激励冲突与调整[J].财经研究,2004(01):50—60.

[305]江曙霞,何建勇.激励相容视角下银行监管机制设计:研究综述和展望[J].制度经济研究,2009(03):187—203.

[306]刘波.美联储2014年综合资本分析评估:评估框架和结果[J].金融发展评论,2014(6):17—21.

[307]杨军.美联储的综合资本监管体系[J].中国金融,2015(22):75—77.

[308]肖远企.系统重要性银行监管框架国际比较与启示[J].中国银行业,2015(5):8—10.

［309］高国华.银行资本监管及其宏观经济效应——基于系统性风险的视角［M］.上海:上海人民出版社,2014:69/39－59.

［310］巴曙松,王璟怡,刘晓依,郑铭.全球系统重要性银行:更高的损失吸收能力［J］.中国银行业,2016(6):74－77.

［311］于忠义.解读巴塞尔协议第二支柱［J］.金融电子化,2016(6):85－86.

［312］招商银行实施新资本协议办公室.完善商业银行内部资本充足率评估程序［J］.中国金融,2010(22):21－22.

［313］Partnoy F.Financial derivatives and the costs of regulatory arbitrage［J］.Journal of Corporation Law,1996(22):211.

［314］Fleischer V.Regulatory arbitrage［J］.Tex.L.Rev.,2010,89:227.

［315］董红苗.制度套利:金融套利的又一种形式［J］.浙江金融,2003(11):32－34.

［316］沈庆劫.监管套利:中国金融套利的主要模式［J］.人文杂志,2010(5):80－85.

［317］侯太领.监管资本套利法律研究［D］.北京:中国政法大学,2011.

［318］黎四奇.后危机时代对监管套利法律问题的检讨与反思［J］.经济法论坛,2012(2):48－67.

［319］沈庆劫.巴塞尔协议与商业银行监管资本套利研究［M］.北京:中国金融出版社,2012:110－120

［320］Cumming C.The economics of securitization［J］.Federal Reserve Bank of New York Quarterly Review,1987(12)3:11－23.

［321］Baer H L,Pavel C A.Does regulation drive innovation? ［J］.Federal Reserve Bank of Chicago Economic Perspectives,1988,12(2):3－15.

［322］Pavel C A,Phillis D.Why commercial banks sell loans:An empirical analysis［J］.Federal Reserve Bank of Chicago Economic Perspectives,1987(7/8):3－14.

[323]Koppenhaver G D.The effects of regulation on bank participation in the guarantee market[J].Research in Financial Services:Private and Public Policy,1989(1):165－180.

[324]Berger A N,Udell G F.Securitization,risk,and the liquidity problem in banking[J].Structural Change in Banking,1993:227－291.

[325]Jagtiani J,Saunders A,Udell G.The effect of bank capital requirements on bank off-balance sheet financial innovations[J].Journal of Banking & Finance,1995,19(3):647－658.

[326]Teply P,Vejdovec O.An Analysis of Economic Capital Allocation of Global Banks[J].World Academy of Science,Engineering and Technology,2012,6(5):953－956.

[327]Elizalde A,Repullo R.Economic and regulatory capital in banking:what is the difference[J].International Journal of Central Banking,2007,3(3):87－117.

[328]武剑.商业银行经济资本配置——理论模型与案例研究[J].国际金融研究,2009(5):69－77.

[329]李雪,王惠,哈莹.经济资本、监管资本与账面资本的比较分析[J].活力,2011(1):1.

[330]沈庆劼.监管资本套利的动因与经济效应研究——兼论对我国新资本协议实施的启示[J].财经论坛,2010(6):29－35

[331]Gropp R,Heider F.The determinants of bank capital structure[J].Review of Finance,2010:30.

[332]Pennacchi G G.Loan sales and the cost of bank capital[J].The Journal of Finance,1988,3(2):375－396.

[333]James C.The use of loan sales and standby letters of credit by commercial banks[J].Journal of Monetary Economics,1988,22(3):395－422.

[334]Passmore W.Can retail depositories fund mortgages profitably

[J].Journal of Housing Research，1992,3(2):305.

[335]Chhikara R K，Hanson S D.Competitive pricing of farmer Mac's mortgage-backed securities and its future viability：A contingent claims analysis approach[J].Review of Agricultural Economics，1993,15(3):547－566.

[336]Merton R C.Financial innovation and the management and regulation of financial institutions[J].Journal of Banking & Finance，1995,19(3):461－481.

[337]杨新兰.资本套利及负外部性防控[J].中国金融,2015(12):41－42.

[338]Samuels S，Harrison M.Saving Risk Weightings－How can European Banks Regain Trust in Risk Weighting[R].Barclays Capital，2011.

[339]Samuels S，Harrison M.The Shrinking European Bank Sector－The RWA debate Rumbles on[R].Barclays Capital，2011.

[340]沈庆劼.商业银行监管资本套利研究[D].天津:天津财经大学,2010.

[341]姜苪栗.浅析存贷比的影响[J].经营者,2015(11):282－283.

[342]温丽伟,张慰.银行类贷款业务的特点、发展趋势及风险防范[J].债券,2014(6):22－28.

[343]中国银行业监督管理委员会.关于规范商业银行理财业务投资运作有关问题的通知[Z].2013－07－12.

[344]周蓉.企业资产证券化的实践思考[J].当代经济,2012(16):146－147.

[345]王雅柔.浅析我国资产证券化的发展[J].青年时代,2015(14):1.

[346]王轶昕,程索奥.中国资产证券化发展的理性分析与现实选择[J].南方金融,2015(6):42－49.

[347]Basel Committee on Banking Supervision.Revisions to the Secu-

ritisation Framework[R].Bank For International Settlements，2014.

[348]Basel Committee on Banking Supervision.Revisions to the Securitisation Framework[R].Bank For International Settlements，2016.

[349]王胜邦,朱元倩.资产证券化资本监管框架的演进及评述[J].债券,2015(05):15—23.

[350]巴曙松,张晓龙,朱元倩.资本和杠杆率双重监管下的商业银行行为分析——基于股东利益最大化视角[J].金融理论与实践,2013(12):1—7.

[351]沈庆劼.引入杠杆率限制能遏制商业银行监管资本套利吗？[J].经济评论,2013(4):135—140.

[352]冯乾,侯合心.资本约束、杠杆率新规与监管效果:来自中国上市银行的证据[J].当代经济科学,2015(7):39—48.

[353]靳玉英,贾松波.杠杆率监管的引入对商业银行资产结构的影响研究[J].国际金融研究,2016(06):52—60.

[354]沈庆劼.引入杠杆率限制能遏制商业银行监管资本套利吗[J].经济评论,2013(4):135—140.

[355]迪米特里斯·肖拉法.巴塞尔资本协议Ⅲ:全球银行业的大挑战[M].游春,译,巴曙松,校.北京:中国金融出版社,2014:43—49.

[356]Miller M H.Financial innovation:The last twenty years and the next[J].Journal of Financial and Quantitative Analysis, 1986,21(04):459—471.

[357]Tufano P.Financial Innovation[M].The Handbook of the Economics of Finance(North Holland)，Harvard Business School，2002:22—34.

[358]Merton R C.Financial innovation and economic performance[J].Journal of Applied Corporate Finance，1992,4(4):12—22.

[359]Silber W L.The process of financial innovation[J].The American Economic Review，1983,73(2):89—95.

[360]Levine R.Financial development and economic growth：views and agenda[J].Journal of Economic Literature，1997,35(2):688－726.

[361]巴曙松,沈长征.如何提升金融服务实体经济的效率[J].财经界，2013(9):22－24.

[362]沈庆劼.监管套利:中国金融套利的主要模式[J].人文杂志,2010(5):80－85.

[363]Finnerty J D.An overview of corporate securities innovation[J].Journal of Applied Corporate Finance，1992,4(4):23－39.

[364]陈琛,张雷.公共政策的经济学分析[J].学习论坛,2009(1):49－50.

[365]Duffie D.Innovations in credit risk transfer:implications for financial stability[R].BIS Working Paper No.255，2008.

[366]何德旭,王卉彤.金融创新效应的理论评述[J].财经问题研究，2008(12):3－8.

[367]吴竞择.金融外部性与金融制度创新[M].北京:经济管理出版社,2003:11－63.

[368]谢平,纪志宏,徐忠,邹传伟.银行信贷出表及其对信用债券市场的影响[R].中国金融四十人论坛,2016.

[369]沈庆劼.商业银行监管资本套利的均衡分析[J].财经理论与实践,2010(11):8－14.

[370]Reinhart C M，Rogoff K S.This time is different:A panoramic view of eight centuries of financial crises[R].National Bureau of Economic Research，2008.

[371]陈琛,张雷.公共政策缺陷的经济学分析[J].学习论坛,2009(1):49－50.

[372]N.格力高利·曼昆.经济学原理(第六版)[M].梁小民,梁砾,译.北京:北京大学出版社,2013:23－76.

[373]Kashyap A，Rajan R，Stein J C.Rethinking Capital Regulation

［R］.Federal Reserve Bank Working Papers，2008.

［374］王兆星.我国银行综合并表监管变革［J］.中国金融,2015(1):12
—15.

［375］刘少林.跨国资产证券化法律问题研究［D］.大连:大连海事大
学,2009.

［376］Landau J P.Procyclicality and the Role of Financial Regulation
［R］.Bank of Spain's Conference，2009.

［377］张金城,李成.银行信贷、资本监管双重顺周期性与逆周期金融
监管［J］.金融论坛,2011(2):15—22.

［378］董盈厚.会计准则、金融监管与顺周期性矫正［J］.江淮论坛,2014
(2):45—50.

［379］Turner A.Leverage，maturity transformation and financial sta-
bility:challenges beyond Basel Ⅲ［R］.Cass Business School，2011.

［380］Kashyap A K，Stein J C.Cyclical implications of the Basel Ⅱ
capital standards［J］.Economic Perspectives-Federal Reserve Bank of Chi-
cago，2004,28(1):18—33.

［381］Borio C.Towards a macroprudential framework for financial su-
pervision and regulation［R］.BIS Working Papers NO 128，2003.

［382］曾刚.消除顺周期缺陷:未来银行监管改革重要内容［N］.中国社
会科学报,2009—11—18.

［383］方芳,刘鹏.后危机时代金融顺周期效应的重新审视［J］.教学与
研究,2011(9):53—59.

［384］刘灿辉,周晖,曾繁华,李章祥.中国上市银行缓冲资本的顺周期
实证研究——基于 A 股 6 家上市银行的动态面板数据研究［J］.管理世界,
2012(3):176—177.

［385］Basel Committee on Banking Supervision.Guidance for national
authorities operating the countercyclical capital buffer［R］.Basel Commit-
tee Working Paper，December，2010.

[386]Ibáñez-Hernández F J，Peña-Cerezo M Á，Araujo A.Counter-cyclical capital buffers：credit-to-GDP ratio versus credit growth[J].Applied Economics Letters，2015,22(5)：385－390.

[387]Drehmann M，Tsatsaronis K.The credit-to-GDP gap and countercyclical capital buffers：questions and answers[R].BIS Quarterly Review，2014.

[388]Hong Kong Monetary Authority.Half-Yearly Monetary and Financial Stability Report[R].Hong Kong Monetary Authority,September，2016：64－65.

[389]陈雨露,马勇.中国逆周期资本缓冲的"挂钩变量"选择：一个实证评估[J].教学与研究,2012(2)：5－15.

[390]李文泓,罗猛.巴塞尔委员会逆周期资本框架在我国银行业的实证分析[J].国际金融研究,2011(6)：81－87.

[391]崔婕,沈沛龙.商业银行逆周期资本缓冲机制的构建[J].金融论坛,2015(2)：38－45.

[392]盛松成.社会融资规模与实践[M].北京：中国金融出版社,2014：11－34.

[393]Hodrick R J，Prescott E C.Postwar US business cycles：an empirical investigation[J].Journal of Money，Credit and Banking，1997：1－16.

[394]张连成,韩蓓.中国潜在经济增长率分析——HP 滤波平滑参数的选择及应用[J].经济管理与研究,2009(3)：22－28

[395]杨云,仲伟周,王立军.我国 M2/GDP 的适度区间及政策含义[J].当代经济科学,2014(3)：47－53.

[396]李怡然,王刚.商业银行风险偏好管理研究[J].金融与经济,2012(12)：43－46.

[397]杨汉.银行股权结构对风险承担的影响研究[D].杭州：浙江理工大学,2015.

[398]杨新兰.资本监管下银行资本与风险调整的实证研究[J].国际金融研究,2015(7):67－74.

[399]VanHoose D.Theories of bank behavior under capital regulation[J].Journal of Banking & Finance,2007,31(12):3680－3697.

[400]Stolz S,Heid F,Porath D.Does capital regulation matter for bank behavior? Evidence for German savings banks[R].German Savings Banks,2004.

[401]Lin Shuling,Hwang Dar-Yeh,Wang Keh Luh,Zhe Wen Xie. Banking Capital and Risk-taking Adjustment under Capital Regulation: The Role of Financial Freedom,Concentration and Governance Control[J].International Journal of Management,Economics and Social Sciences, 2013(2):99－128.

[402]吴俊,张宗益,徐磊.资本充足率监管下的银行资本与风险行为——《商业银行资本充足率管理办法》实施后的实证分析[J].财经论丛, 2008(2):36－42.

[403]张宗益,刘胤.资本约束、风险承担与银行信贷扩张[J].金融论坛,2012(08):13－19.

[404]曹艳华.资本监管压力下的商业银行风险承担行为——基于不同性质商业银行(2004—2007)的比较研究[J].金融论坛,2009(05):45－50.

[405]钟永红.商业银行核心资本充足率影响因素实证分析[J].国际金融研究,2014(1):64－73.

[406]Marcus A J.The Bank Capital Decision:A Time Series-Cross Section Analysis[J].The Journal of Finance,1983,38(4):1217－1232.

[407]张宗益,吴俊,刘琼芳.资本充足率监管对银行风险行为的影响[J].系统工程理论与实践,2008(8):183－189.

[408]张宗益,刘胤,唐先明,吴俊.银行资本调整与风险控制:内生互动与周期性特征[J].管理科学学报,2014(6):60－74.

[409]Titman S, Wessels R. The determinants of capital structure choice[J].The Journal of Finance, 1988,43(1):1—19.

[410]Myers S C, Rajan R G. The paradox of liquidity[R]. National Bureau of Economic Research,1995.

[411]Diamond D W, Rajan R G. A theory of bank capital[J]. The Journal of Finance, 2000,55(6):2431—2465.

[412]Allen F, Carletti E, Marquez R.Credit market competition and capital regulation[J]. Review of Financial Studies, 2011,24(4):983—1018.

[413]Marcus A J. The Bank Capital Decision:A Time Series-Cross Section Analysis[J].The Journal of Finance, 1983,38(4):1217—1232.

[414]Flannery M J, Rangan K P.What caused the bank capital build—up of the 1990s? [J].Review of Finance, 2008,12(2):391—429.

[415]Schaeck K, Cihak M.Banking competition and capital ratios[J]. European Financial Management, 2012,18(5):836—866.

[416]Allen F, Carletti E, Marquez R. Deposits and bank capital structure[J].Journal of financial economics, 2015,118(3):601—619.

[417]Sundaresan S.On the design of contingent capital with a market trigger[J].The Journal of Finance, 2015,70(2):881—920.

[418]Subramanian A. Dynamic Prudential Regulation[R]. Georgia State University, 2012.

[419]Admati A R, DeMarzo P M, Hellwig M F, et al.Fallacies,irrelevant facts and myths in the discussion of capital regulation:why bank equity is not expensive[R].Stanford University Working Paper, 2011.

[420]Gorton G, Lewellen S, Metrick A.The safe-asset share[J].The American Economic Review, 2012,102(3):101—106.

[421]Froot K A, Stein J C.Risk management, capital budgeting and capital structure policy for financial institutions:an integrated approach

[J].Journal of Financial Economics，1998，47(1)：55—82.

[422]Furfine C.Bank portfolio allocation：The impact of capital requirements，regulatory monitoring and economic conditions[J].Journal of Financial Services Research，2001，20(1)：33—56.

[423]Estrella A.The cyclical behavior of optimal bank capital[J]. Journal of Banking & Finance，2004，28(6)：1469—1498.

[424]Peura S，Keppo J.Optimal bank capital with costly recapitalization[J].The Journal of Business，2006，79(4)：2163—2201.

[425]袁吉伟.《银行资本充足率监管征求意见稿》的影响研究[J].金融发展研究，2011(8)：73—76.

致　谢

饮其流者怀其源,学其成时念吾师。书稿即将付梓之际,最难忘的是导师巴曙松教授"专业立身,慎独行远,服务时代"之教诲。巴教授以崇高的社会责任感、诲人不倦的高尚师德、国际化的研究视野和精深的学术造诣,倾心培养每一位学生。

正能量是一种理性健康、积极向上的动力和情感。一路走来,要特别感谢巴教授潜心打造的研究团队以及清华大学、新加坡国立大学、东北大学和中国(海南)改革发展研究院这些智慧平台,始终传递着正能量,致力于培养具有国际战略眼光、决策应变能力、创新意识和实践能力的高层次政府管理人才。在这里,我享受到创新的教学模式、接地气的互动课堂、跨国跨界的交流辩论,聆听到一些国际著名学者关于宏微观经济学、货币金融学、金融工程和公共管理理论的教授,聆听到为我国经济金融改革作出卓越贡献的专家教授迟福林、樊纲、曹远征、常修泽、孙立平、汪玉凯、陈淮等授业解惑,他们济世的情怀令我肃然起敬;在这里,我不仅有机会汲取学术精髓,还升华了一名金融监管者的公仆责任……也感谢殷仲义、李凯、倪红日、王世权等教授在研究规范上悉心授道,感谢新加坡国立大学王志文、邬立恩给予的定量分析指导,感谢我所供职的单位中国银行保险监督管理委员会引领我为民监管、转变作风,并培养我在新加坡国立大学留学深造。最后感谢我的家人们,亲人关爱是我一生的财富,是我砥砺前行的不懈动力。

　　"专业立身"不仅是一种研究品行,而且是一种工作习惯、一种人生态度、一种精神追求。"公心为先,专业立身"已成为我治学从业的座右铭。金融监管不仅需要担当的品格,还需要担当的专业智慧。我敬畏监管事业,并将其视为一门复合型专业,这就需要我在工作中不断学习,把学习型的工作当成一种事业。"专业立身"更是人生智慧的再造,没有终极目标。本书研究还有诸多不完善之处,学应有所思,思应有所获,行应有所进,我将秉持严谨、科学、务实、终身学习的精神努力求索! 为我国金融监管事业作出贡献!